张善斌 著

权利能力论

中国社会科学出版社

图书在版编目（CIP）数据

权利能力论／张善斌著．—北京：中国社会科学出版社，2016.3
ISBN 978－7－5161－7761－7

Ⅰ．①权…　Ⅱ．①张…　Ⅲ．①权利能力－研究　Ⅳ．①D90

中国版本图书馆 CIP 数据核字（2016）第 051493 号

出 版 人　赵剑英
责任编辑　许　琳
责任校对　董晓月
责任印制　何　艳

出　　版　中国社会科学出版社
社　　址　北京鼓楼西大街甲 158 号
邮　　编　100720
网　　址　http：//www.csspw.cn
发 行 部　010－84083685
门 市 部　010－84029450
经　　销　新华书店及其他书店

印刷装订　北京市兴怀印刷厂
版　　次　2016 年 3 月第 1 版
印　　次　2016 年 3 月第 1 次印刷

开　　本　710×1000　1/16
印　　张　17.5
插　　页　2
字　　数　261 千字
定　　价　68.00 元

凡购买中国社会科学出版社图书，如有质量问题请与本社营销中心联系调换
电话：010－84083683

序　言

权利能力概念产生于18世纪后半期至19世纪初的欧洲。以萨维尼为代表的德国学者形成了一整套关于权利能力的理论，从此权利能力成为德国及受其影响的国家和地区民法学的基础概念。1863年《萨克逊民法典》率先使用权利能力概念，明确规定权利能力始于出生，活着出生胎儿就所有有利于他的事项视为其自受孕之时起已出生；权利能力终于死亡。[①] 权利能力首次登入法律殿堂，并成为民法的重要制度。也许由于资料匮乏，我国民法学界对《萨克逊民法典》几乎没有介绍；对于该法典当初为什么会创设权利能力概念，更是无从得知。1896年的《德国民法典》将权利能力制度进一步发扬光大，权利能力制度借着该法典的光环被其他大陆法系国家和地区纷纷效仿，广受肯定，以至于我国民法学界通说认为权利能力制度为《德国民法典》所首创。目前，日本、瑞士、俄罗斯、意大利、西班牙、葡萄牙、韩国、埃及、巴西、美国路易斯安那州以及我国台湾、澳门等许多国家和地区继受了权利能力的概念和制度，难怪徐国栋教授慨叹："在当代世界，找到一部不规定权利能力的民法典，太难了！"此话虽然略显夸张，但足以说明权利能力制度在各个国家和地区被采纳的普遍性，也说明权利能力制度在民法中的重要性。

我国传统语境中没有现代法律意义上的权利能力概念，权利能力制度则起源于清朝末年，权利能力理论来自于日本。我国近现代的民事立法经历了1911年《大清民律草案》、1926年《民国民律草案》

---

① 徐国栋：《寻找丢失的人格——从罗马、德国、拉丁法族国家、前苏联、俄罗斯到中国》，《法律科学》2004年第6期。

以及1930年《中华民国民法典》，在整个民法的近代化过程中，以移植外国法为主旋律：无论是法律理念、法律原则，还是法典结构、法律概念、法律制度等，多来源于西方近代民法。清末，日本法学家松冈义正等外国法律专家被聘为修律顾问，参与我国民法典的起草工作，于是大量的西方民法理论尤其是被日本继受的法国、德国的民法原则和制度将引入了《大清民律草案》。该草案于第一编“总则”、第二章“人”之下专门规定了“权利能力”一节。权利能力概念和制度第一次出现在我国法律草案当中。尽管该草案没有成为正式法律，但其对后世影响巨大。民国初期的民法研究、教学活动及司法实践，基本上都是以该草案为知识背景；松冈义正等参与法典编纂的专家所采的各种学说或观点，大多数也借助该草案的影响而成为国内通说。该草案关于权利能力的许多规定被后来的《民国民律草案》及《中华民国民法典》直接或改头换面后采用。《中华民国民法典》第六条规定：“人之权利能力，始于出生，终于死亡。”至此，权利能力正式成为我国法律概念，权利能力制度成为民法上的重要制度。

1949年以来我国曾先后经历了1954年至1957年、1962年至1964年、1979年至1982年、1998年至2002年四次民法典的起草进程。1955年10月5日的《中华人民共和国民法总则草稿》曾使用了权利能力概念，此后由于各种因素影响，很长一段时间学界对权利能力问题几乎没有讨论，几次的民法草案均不见权利能力的影子，直到1980年8月15日的《中华人民共和国民法草案》（征求意见稿）才恢复使用权利能力概念。1986年的《中华人民共和国民法通则》（以下称《民法通则》）顺理成章地规定了权利能力制度。上世纪末我国再次开启民法典的起草进程，于2002年公布《中华人民共和国民法（草案）》，该草案继续沿用权利能力概念，只是该草案关于权利能力制度的规定与《民法通则》如出一辙，没有任何创新。此后学界纷纷提出了民法典学者建议稿，如梁慧星主持的《中国民法典草案建议稿附理由》、徐国栋主编的《绿色民法典草案》、王利明主持的《中国民法典学者建议稿及立法理由》，这些学者建议稿无一例外地规定了权利能力制度。由于时机不成熟，第四次民法典的制定工作再次被搁浅。

2014年中国共产党十八届四中全会提出“加强市场法律制度建设，编纂民法典”，于是民法典的编纂工作再次被提上议事日程。[①]全国人大常委会确定先行编制单独的民法总则，然后将其他民商事法律整合为统一的民法典的计划。2015年4月20日中国法学会民法典编纂项目领导小组秘书处公布了《中华人民共和国民法典·民法总则专家建议稿（征求意见稿）》（以下简称“法学会建议稿”）。2016年3月1日中国社会科学院民法典立法研究课题组公布了《民法总则建议稿》（以下简称“社科院建议稿”）。紧接着，2016年3月全国人大法工委完成了《中华人民共和国民法总则（草案）》（征求意见稿）（以下简称“民法总则草案”），目前正在征求各方面的意见，预计6月提请人大常委会进行审议。这些民法总则学者建议稿和草案都采用了权利能力概念，都规定了权利能力制度。

从我国清末以来的民事立法来看，无论是未生效的《大清民律草案》、《民国民律草案》，已施行的《中华民国民法典》、《民法通则》，还是1949年以来第一次民法典起草进程中的民法总则草稿（1955年）、第三次起草的民法草案征求意见稿（1980年）、第四次起草的民法草案（2002年）以及正在征求意见的民法总则草案（2016年），都规定了权利能力制度。另外，几部民法典草案学者建议稿、民法总则学者建议稿，也都规定了权利能力制度。可以说，我国未来民法典继续规定权利能力制度既延续了立法传统，又有现行法作为支撑，更为重要的是立法机关、学术界已经就此问题达成了共识。即将出台的民法总则规定权利能力已成定局。

那么，民法总则该如何规定权利能力？

先来看看民法总则草案和两部民法总则学者建议稿是如何规定的。民法总则草案规定：“中华人民共和国民法调整平等主体的自然人、法人、其他组织之间的人身关系和财产关系。”该规定与法学会建议稿第2条的规定完全相同，与社科院建议稿第2条的规定相比，

---

① 可以将此次民法典的编纂称之为1949年以来的第五次民法典起草工作。

只存在“其他组织”抑或“非法人团体”称谓上的区别。可见，无论是民法总则草案，还是两部民法总则学者建议稿都明确将自然人、法人、其他组织（或者称非法人团体）规定为平等的民事主体，也就是，其他组织和自然人、法人一样是民法上的人，具有同样的法律人格。但是，民法总则草案规定了自然人的权利能力、法人的权利能力，没有规定其他组织的权利能力。法学会建议稿也只规定了自然人的权利能力（第 14 条、第 16 条）和法人的权利能力（第 61 条），没有规定其他组织的权利能力。社科院建议稿的规定有些区别，该建议稿规定了自然人的权利能力（第 15 条、第 16 条、第 17 条）、法人的权利能力（第 78 条、第 81 条），没有笼统规定非法人团体的权利能力，而是规定非法人团体中的非法人社团或财团具有部分权利能力（第 109 条）；另外，该建议稿在第 15 条“民事权利能力的定义”下规定了自然人的权利能力的定义（第 2 款）。民法总则草案和《民法通则》、2002 年民法草案一样，规定了“自然人的民事权利能力一律平等”，法学会建议稿第 16 条、社科院建议稿第 16 条第 1 款有完全相同的规定。

从上述规定来看，立法机构和法学界已经就民事主体和权利能力达成如下共识：(1) 自然人、法人、其他组织都是民事主体；(2) 自然人、法人具有权利能力，部分其他组织没有权利能力；(3) 自然人权利能力一律平等。当然，还存在一些分歧：除了其他组织和非法人团体的不同称谓外，要不要给权利能力下定义以及如何下定义；所有其他组织都没有权利能力，还是其他组织中的非法人社团或财团具有部分权利能力。

存在分歧的问题，自然需要进一步讨论；有些问题即使已经达成共识，仍然需要进一步斟酌：

关于权利能力的定义。民法总则草案和法学会建议稿都没有规定权利能力的定义，社科院建议稿第 15 条“民事权利能力的定义”标题下第 2 款规定：“自然人的民事权利能力是自然人享受民事权利、承担民事义务的资格。”[①] 这一规定表明权利能力是享有权利、承担义务的资格，而不是成为民法上主体的资格，似乎可以得出权利能力有别于人格的结论。但如果从抽象的、概括的意义上理解这里的权利、义务，则权利能力又与人格无异。因此，单从该定义还是难以明确权利能力之含义，必须结合相关具体规定才能揭示权利能力之真意。遗憾的是，无论是民法总则草案、法学会建议稿，还是社科院建议稿，在不同条文中使用权利能力概念时，常常置换语境，导致关于权利能力的规定前后矛盾，这种矛盾的根源在于对权利能力定义的偏差和对权利能力制度的价值及功能的模糊定位。

关于其他组织的权利能力。如果权利能力等同于人格，则所有民事主体都应具有权利能力。民法总则草案及法学会建议稿规定了自然人、法人具有权利能力，其他组织没有权利能力，这种处理模式显然与其他组织是民事主体、能够以自己的名义从事民事活动的规定存在逻辑矛盾。社科院建议稿似乎认识到了这一问题，在第 109 条规定非法人社团或财团“具有部分民事权利能力”，这显然是从享有权利的范围角度来理解权利能力，承认部分非法人团体在具备人格的前提下享有部分权利。但这种处理问题的模式仍然存在问题：首先，既然权利能力为享有权利的资格，那么权利能力只存在有或无，不存在全部或部分之分，因为无论哪一类民事主体都不可能享有法律提供的“全套”权利，如果说非法人社团或财团仅仅具有部分权利能力，那么自然人、法人同样仅具有部分权利能力。其次，只要是民事主体，当然具有权利能力。第 109 条仅规定非法人社团或财团具有部分权利能力，将“非法人团体”中的个人独资企业、合伙企业、非法人的中外合作经营企业、外资企业等排除在外，缺乏正当理由，而且与第 2 条确定的民事主体包括自然人、法人、非法人团体的规定相矛盾。再

① 在“民事权利能力的定义”标题之下，仅对自然人的民事权利能力下定义，没有起到一般定义的作用，不能涵摄法人、其他组织的权利能力，甚至可能造成自然人的权利能力与法人、其他组织不同的错觉，不如直接规定：“权利能力是民事主体享有权利、承担义务的资格。”

次，该建议稿第114条规定："行为人对其以非法人团体的名义作出的法律行为产生的债务，承担连带责任；数人行为的，作为连带债务人承担责任。"行为人和非法人团体一起承担连带责任，当以非法人团体是责任主体为前提。既然非法人团体是主体，毫无疑问具有权利能力，至少应该和非法人社团或财团一样具有部分权利能力。虽然第116条规定了"非法人团体的准用规定"，以缓解非法人团体没有权利能力的问题，但非法人团体是主体，本身具有权利能力，何以准用？最后，该建议稿对非法人社团或财团界定不清，其关于非法人社团或财团的设立要件、诉讼能力、财产、责任承担等的规定难以将非法人社团或财团与合伙企业、非法人的中外合作经营企业等区别开来。

关于权利能力一律平等的问题。民法总则草案和两部学者建议稿高度一致地规定了"自然人的民事权利能力一律平等"，与《民法通则》的规定完全相同，似乎没有讨论的余地，但是，民法总则草案和两部建议稿都在第一章"一般规定"中明确规定了平等原则，即"民事主体的法律地位一律平等"（或者"民事主体在民事活动中的法律地位平等"），而在权利能力方面却只规定了"自然人的民事权利能力一律平等"，没有规定法人权利能力一律平等。如果此处的权利能力是指人格，那么不仅自然人的权利能力一律平等，自然人与法人之间、法人与法人之间的权利能力同样是平等的；如果权利能力是指享有权利的资格，涉及享有权利的范围，那么不仅自然人与法人之间、法人与法人之间的权利能力存在差异，而且自然人之间的权利能力也不可能一律平等，因为各个国家或地区的法律都有关于对外国人、无国籍人享有权利范围的限制性规定。很显然，权利能力一律平等的规定并不是经过充分论证的逻辑结论，其正当性不无疑问。

上述问题涉及权利能力含义的界定，涉及权利能力的属性识别，涉及权利能力制度的价值定位，涉及人格与权利能力关系立法模式的选择等。对于这些问题，学界一直存在不同认识。既有学者认为权利能力是抽象的，是人格之别称，又有学者认为权利能力是相对具体的，是可以受限制甚至被剥夺的；既有学者认为自然人的权利能力具有自然属性和伦理性，也有学者认为权利能力具有技术性、法定性。即使同一学者，也可能在不同意义上使用权利能力概念。于是，权利能力有时被用于表彰主体资格（人格），如规定权利能力一律平等；有时被用于表彰享有权利的资格（权利范围），如规定部分权利能力。在同一部法律的不同条文中使用不同意义的权利能力概念，难免发生抵牾。

问题的症结在于权利能力承载了过多的功能，因此必须厘清权利能力的含义，对权利能力重新定位。围绕着这一论题，本书运用历史的方法、逻辑的方法和比较的方法，从权利能力的源头即罗马法人格制度入手，探讨罗马法上人格之性质、功能和特征，分析权利能力制度产生的原因，反思现行权利能力制度存在的问题，比较分析关于人格与权利能力的不同立法模式，提出重新定位权利能力的新思路。期望为我国权利能力理论研究添砖加瓦，也期望对正在进行的民法典的制定有所助益。

目　录

第一章

导　　论

一　问题的提出

权利能力是民法学的基本概念，关于权利能力的理论则是民法学最基础的理论。权利能力是任何一个民法学者都无法回避的话题。目前，我国民法学界关于权利能力存在如下通说[①]：第一，权利能力是指民事主体参与民事法律关系，享有民事权利和承担民事义务的资格。第二，只有民事主体才享有权利能力，自然人、法人是民事主体，享有权利能力；合伙组织不是民事主体，不具有权利能力。[②] 第三，自然人的权利能力始于出生终于死亡，法人的权利能力从成立时发生，至撤销或解散时消灭。第四，自然人的权利能力一律平等；自然人的权利能力不能被限制或剥夺。第五，法人的权利能力存在差异，法人的权利能力受其性质、法令、目的事业范围的限制。

上述观点，似乎已成定论，不应有任何怀疑。但事实上，这些观点仍存在不足，甚至前后矛盾，不能自圆其说。例如：

1. 如果认为权利能力是指民事主体参与民事法律关系，享有民

---

① 佟柔主编：《中国民法学 · 民法总则》，中国人民公安大学出版社 1990 年版，第 90—99 页、第 157—160 页。王利明主编：《民法》，中国人民大学出版社 2000 年版，第 52—54 页、第 82 页。梁慧星：《民法总论》，法律出版社 2007 年版，第 65—66 页、第 88—90 页、第 117 页、第 125—128 页。魏振瀛主编：《民法》，北京大学出版社、高等教育出版社 2010 年版，第 51—55 页、第 83—84 页。马骏驹、余延满：《民法原论》，法律出版社 2010 年版，第 52—54 页、第 76—87 页、第 121—123 页。

② 关于合伙组织是否为民事主体，目前多数学者持肯定观点。如果合伙组织为民事主体，当然具有权利能力。

事权利和承担民事义务的资格，而且这里的民事法律关系是从抽象意义而言的，那么民事主体所享有的权利能力的确是平等的。但是民事主体只有参与具体的民事法律关系，才能享有具体的权利和承担具体的义务。而一个民事主体不可能也没有必要参与所有类型的民事法律关系，因此不同的民事主体所参与的民事法律关系是不同的，其享有权利和承担义务的范围是存在差异的，尤以法人不得享有自然人特有权利最为显著。可见，这一通说前后矛盾。对此，学界提出了特殊权利能力、相对权利能力以及“从抽象的人到具体的人”等学说，但这些学说并未厘清权利能力的内涵，当然也不可能解决权利能力平等性与差异性之间的矛盾。

2. 如果认为权利能力是参与民事法律关系的资格，那么，只有享有该资格才能参与民事法律关系，反之凡是参与民事法律关系者均享有该资格。根据我国现行法律规定及司法解释，经登记的法人分支机构、合伙组织、个人独资企业、个体工商户均可参与相应的民事法律关系（如订立合同），可以起诉和应诉，但现行法并没有规定它们具有权利能力。没有权利能力却可参与相应的民事法律关系，没有权利能力却有当事人能力，显然难以自圆其说。

3. 自然人于出生之前（胎儿状态）及死亡之后不具有权利能力，但胎儿利益仍受法律保护，自然人死亡之后的某些权利似乎仍然存在，难以解释。另外，设立中的法人、清算中的法人与法人是否为同一主体，它们的权利能力和行为能力有何不同？企业法人被撤销、被吊销营业执照及自行解散后，未办理注销登记手续，其主体资格是否仍然存在？其权利能力和行为能力如何？法人人格否认理论，否认的是法人的权利能力、行为能力还是责任能力，抑或与法人能力没有关系，只是股东有限责任的？企业法人的目的事业范围，究竟是限制企业法人的权利能力、行为能力，还是责任能力？对这些问题，传统理论难以给出令人信服的答案。

4. 自然人的权利能力与行为能力并不同时产生，但同时消灭。法人的权利能力与行为能力同时产生，但却可以先后消灭，即两者存续时间有差异。那么，权利能力、行为能力之设计对民事主体的法律意义何在？为什么此设计于自然人与法人间存在差异？民事主体除了享有权利能力和行为能力外，是否还享有其他能力？各能力之关系如何？这些问题尚待进一步研究。

此外，关于法律人格、主体资格、权利能力等概念的关系，关于民事能力制度在民法中的地位和作用，关于民事能力的体系、结构及各民事能力相互之间的关系，等等，都是理论研究的薄弱点或空白点。

权利能力不仅是民法学者无法回避的话题，而且也是我国民事立法必须面对、司法实践必须解决的问题。从我国自清末以来一百多年的立法活动来看，无论是《大清民律草案》《民国民律草案》《中华民国民法典》，还是《中华人民共和国民法通则》（以下称《民法通则》）及2002年12月17日的《中华人民共和国民法草案》（以下称《民法草案》）都使用了权利能力概念。从近年来学者起草的民法典或者民法总则的学者建议稿来看，无论是梁慧星、王利明、徐国栋、尹田、杨立新分别主持的民法典草案（或者民法典总则编），还是2015年4月20日中国法学会民法典编纂项目领导小组秘书处公布的《中华人民共和国民法典·民法总则专家建议稿（征求意见稿）》（以下称《民总建议稿》）都使用了权利能力概念。可以肯定，我国未来民法总则或者民法典会继续采用权利能力概念。但在何种意义上使用这一概念，立法者不得不作出抉择。权利能力问题不仅与民法理论研究、民事立法相关，而且与司法实务也有密切联系。例如，胎儿是否具有权利能力？人死亡之后是否还具有权利能力？合伙组织等社团是否具有权利能力？对这些问题认识不同，则判决结论迥异。

中国共产党十八届四中全会之后，全国人大法工委正式启动了民法典的编纂工作，决定首先进行民法总则的起草。民法典的制定再次成为学界关注的热点。厘清权利能力概念、理顺人格与权利能力的关系、研究权利能力的功能和内容等，为民法典的制定、为司法实践提供理论依据已是当务之急。因此，研究权利能力不仅具有理论价值，而且具有现实意义。

二 国内外研究现状和趋势

研究权利能力，首先必须了解人格的概念。法律上的人格理论始于罗马法，[①] 但人格一词产生于近代。罗马法没有也不可能有人格概念，但有表示人格者的词语。

在近现代社会，人格的概念不仅为法学家所重视，而且也是社会学、哲学和心理学等多个学科研究的对象。在法学上，人们又在不同意义上使用人格概念：一是认为人格与权利能力等同，是指一种抽象与平等的法律地位，是取得权利的基本资格；二是认为人格与人、主体等同，是指具有独立法律地位的个人和组织，包括自然人和法人；三是认为人格是指一种应受法律保护的利益[②]；四是认为人格是指可以成为民事主体的资格。[③] 其中，第一种观点是我国民法学界的通说。

关于人格之分类、功能和性质，以前的论著很少涉及，更没有进行深入探讨。人格究竟应如何理解？是否存在抽象人格与具体人格之分？它是指私法上的主体资格（私法人格）还是指一般意义上的法律主体资格（宪法人格）？进而，它究竟是公法概念还是私法概念？对此，学界众说纷纭，莫衷一是。

梁慧星教授同时使用抽象人格与具体人格的概念，认为民法的现代模式的集中表现之一就是具体的人格，即从抽象的法人格中分化出若干具体的、独特的法人格类型，如劳动者、消费者和公害的受害者等。[④] 张翔教授基于古罗马区分公法与私法之观念，认为人格存在公法人格与私法人格两面性，每一个社会的组成人员，既是公法上的人，也是私法上的人，既享有公法上的权利，也享有私法上的权利。[⑤] 姚辉教授主张区分法律人格与事实人格，法律人格关乎主体地位，在

① 尹田：《民法典总则之理论与立法研究》，法律出版社 2010 年版，第 188 页。

② 王利明：《人格权法研究》，中国人民大学出版社 2012 年版，第 5—7 页。

③ 余能斌主编：《民法学》，中国人民公安大学出版社、人民法院出版社 2003 年版，第 79 页。

④ 梁慧星：《民法总论》，法律出版社 2007 年版，第 4—5 页。

⑤ 张翔：《自然人格的法律构造》，法律出版社 2008 年版，第 38 页。

民法体系上属于民事主体范畴；事实人格则是人之作为人的要素或条件，是一系列利益的总称，是人格权的客体。①

徐国栋教授主张人格是某个市民社会的主体资格，无论是对外处理与其他市民社会成员的关系，还是对内组织和管理自己市民社会的人口，都是公法的内容。罗马法上人法的内容可以分为两个部分，第一是关于3种身份的规定，第二是以家父权为轴心作出的关于家庭法的规定；前者解决的是人格问题，后者解决的是家庭的秩序问题；"前者是公法的；后者是私法的"②。尹田教授也认为，人格作为一个历史范畴，表现的是自然人的一般法律地位，即人的宪法地位。罗马法上的人格是区分自然人不同社会地位的工具，一些人压迫另一些人的法律技术工具，人格被直接用于不平等之阶级的区分。③ 许多学者受此影响，认为人格是组织社会的工具，人格是公法概念。目前，关于罗马法上人格的性质，存在两种不同观点：一是"公法说"，以徐国栋教授、尹田教授为代表，认为罗马法上的人格是公法上的概念；二是"公私法兼容说"，以姚辉教授为代表，认为罗马法上人格是公私法兼容、人格与身份并列、财产关系和人身关系合为一体的概念。④

实际上，罗马法上的人格是以公法规定为前提的私法概念。罗马法将反映交易资格的通商权与反映身份等级的通婚权等相分离，前者解决商品交换所要求的平等问题，属于私法范畴；后者解决身份等级所要求的不平等问题，属于政治或者公法范畴。

关于权利能力的形成，由于学者往往从罗马法直接跳到《德国民法典》，并多从《德国民法典》本身寻找产生的原因，对于中世纪人格制度缺乏关注，尤其是对中世纪中后期主体制度已由家庭人格转为

① 姚辉：《人格权的研究》，载杨与龄主编《民法总则争议问题研究》，清华大学出版社2004年版，第85—88页。

② 徐国栋：《"人身关系"流变考》，载《中国民法百年回顾与前瞻：学术研讨会文集》，法律出版社2003年版，第13—16页。

③ 尹田：《民事主体理论与立法研究》，法律出版社2003年版，第135—136页。

④ 姚辉：《人格权的研究》，载杨与龄主编《民法总则争议问题研究》，清华大学出版社2004年版，第82页。

个体人格以及中世纪人格制度的特点没有深入研究，因此存在理论上的空白点。另外，关于《法国民法典》为什么没有采用人格概念，也没有创设权利能力概念，以及《德国民法典》为什么要创设权利能力，学界没有系统研究。

对传统权利能力理论，学界很少检讨。自从台湾学者曾世雄对权利能力存在必要性提出质疑[①]以来，内地学者才开始反思，甚至有学者提出废除权利能力制度。[②] 目前，学者对权利能力概念存在不同理解，形成了不同观点，如一般权利能力和特殊权利能力说、相对权利能力说、部分权利能力说等。关于人格与权利能力的关系，学者提出了同义说、异义说以及折中说等不同主张。对人格与权利能力两者关系的历史渊源和发展脉络，学界基本没有涉及。关于权利能力的特征，虽然存在不同表述，但学界研究较少。自然人权利能力一律平等，而自然人与法人之间、法人与法人之间权利能力存在差异，对这种通说存在的逻辑矛盾，学界有所关注但没有深入研究，更没有提出解决问题的思路。

当然，近年来已有学者对权利能力以及与之相关联的主体资格、主体性等问题展开专题研究，如张代恩的《民事主体权利能力研究》[③]、张翔的《自然人格的法律构造》[④]、崔拴林的《论私法主体资格的分化与扩张》[⑤]、周清林的《主体性的缺失与重构：权利能力研究》[⑥]、王春梅的《民事主体的历史嬗变与当代建构》[⑦]、刘召成的《准人格研究》[⑧] 等。但是，这些论著或者是侧重于对权利能力的基

---

① “民法上权利能力之设计，对自然人而言，似属多余，对于组织体而言，平添不少待克服之问题。”曾世雄：《民法总则之现在与未来》，中国政法大学出版社 2001 年版，第 79 页。

② 傅强：《论废除民事权利能力制度的必要性》，《新视野》2005 年第 5 期。

③ 张代恩：《民事主体权利能力研究》，博士学位论文，中国政法大学，2001 年。

④ 张翔：《自然人格的法律构造》，法律出版社 2008 年版。

⑤ 崔拴林：《论私法主体资格的分化与扩张》，法律出版社 2009 年版。

⑥ 周清林：《主体性的缺失与重构：权利能力研究》，法律出版社 2009 年版。

⑦ 王春梅：《民事主体的历史嬗变与当代建构》，人民出版社 2011 年版。

⑧ 刘召成：《准人格研究》，法律出版社 2012 年版。

础问题甚至是对法哲学问题进行论证，缺少实证研究和立法例的比较分析；或者是对主体资格塞入过多的内容，如认为主体资格包括权利能力、行为能力、责任能力，并以此区分主体资格的不同类型，导致主体资格与享有权利的资格混同、主体资格与主体类型混同；或者是在更加宽泛的语境下研究民事主体制度，如分析群体事件、贫富悬殊、户籍制度、宪政制度等对民事主体制度的影响，主张加强建立社会主义市场经济、推进市民社会与政治国家的彻底分离、完善民主协商、完善宪政制度等，这些实际上超越了民法讨论的范围。

就国外立法而言，受德国影响，越来越多的国家或地区的民法典规定了权利能力，以瑞士为代表的国家更是将人格与权利能力两个概念并用。大陆法系国家的学者对人格、权利能力的研究也相对丰富，如奥地利学者埃里希对权利能力的论述、德国学者关于相对权利能力的研究、葡萄牙学者平托对人格与权利能力关系的论述、日本学者对权利能力尤其是法人权利能力的深入研究等。值得注意的是，德国民法学者对权利能力存在不同理解，而且这些学者的论述基本不涉及人格；俄罗斯学者一方面坚持自然人权利能力一律平等，另一方面又认为法人权利能力与自然人权利能力不同，权利能力概念含义不清，难以自圆其说。另外，英美法系国家没有权利能力制度，学者对此似乎没有研究兴趣，因此收集到的英美法系国家学者关于人格、权利能力问题的研究资料很少。

从我国近年的民事立法活动来看，2002 年全国人大法工委公布的《民法草案》，王利明、梁慧星、徐国栋分别主持编写的民法典学者建议稿，以及 2015 年中国法学会民法典编纂项目领导小组的《民总建议稿》，无一例外地规定了权利能力，可以说，我国未来民法典或者民法总则规定权利能力应该是顺理成章的事。遗憾的是，这些立法文件和学者建议稿对权利能力均采传统民法理论，没有严格区分人格与权利能力，同时又规定对权利能力予以限制，甚至只规定自然人和法人具有权利能力，其他组织没有权利能力。很明显，起草者对于权利能力究竟该如何定位、如何处理人格与权利能力的关系缺乏深入研究，以至于《民法草案》、民法典建议稿和《民总建议稿》关于权利能力的规定都存在前后矛盾的现象。

总之，传统民法理论存在缺陷，人格与权利能力相区别的观点为有力之新说，有逐渐被学界认可之趋势，而且采取两者并存的立法模式的国家或地区逐渐增加。按照这一观点，人格是抽象的，权利能力是具体的。如此，权利能力的含义、功能、性质等更加清晰明确。

三　本书的写作思路

本书的总体写作思路是寻找权利能力的源头、考察权利能力的形成、剖析传统理论存在的问题、提出重新定位权利能力的新观点。

本书正文分为四个部分：

第二章“权利能力之源头——罗马法上的人格”通过对罗马法上人格制度的考察，主要论证如下观点：（1）罗马法上的人格与现代民法中的人格在本质上是相同的，都是指成为民法上的主体资格，是享有权利和承担义务的前提条件。人格是私法上的特定概念，尽管人格以公法的规定为前提，某些公法也存在资格问题（如公民资格），但不存在所谓的公法人格。（2）罗马法上的人格是以家庭为载体的团体人格，不直接体现生物人的个体人格；人格变更（包括人格减等、人格升等）实际上是生物人社会地位的变化，可能影响以家庭为单位的人格变动，但并不涉及生物人私法上的主体资格。（3）罗马法上的人格主要涉及交易资格和婚姻资格，人格制度之目的在于解决财产、婚姻、继承等私法问题，其功能在于协调身份社会与商品经济之间的矛盾和冲突。（4）罗马法上的人格是以公法规定（身份等级）为前提的私法概念，是特定社会经济生活的产物。人格不是阶级划分的工具，而是阶级划分在法律上的体现。人格虽然以公法规定为前提，具有组织社会之功能，但将人格归入私法范畴更为恰当。（5）罗马法上的人格具有以下特点：与身份兼容即主体资格与身份关系合为一体、和自然人分离、具有团体性，以及家庭之间的人格平等与个人之间的地位不平等并存，等等。本章的写作目的，在于通过论证罗马法上的人格是私法概念、其功能是解决私法上的主体资格，为本书最终提出人格与权利能力并存的立法建议作铺垫。

第三章“权利能力之形成——从人格到权利能力”首先简要介绍中世纪人格制度，然后再进一步分析是何原因促使《法国民法典》放弃了人格概念，最后重点剖析《德国民法典》创立权利能力概念之原因。本章主要论证如下观点：（1）中世纪人格制度缺乏关于人格的系统规定，当时的人格仍然具有团体性，而且身份等级决定人格的有无及享有权利的范围；个体人格逐渐被确认，但个体人格可以被剥夺，如民事死亡制度。（2）关于法国为什么没有采用人格概念，也没有创造权利能力或者其他新的概念，本书认为可能存在以下原因：一是民法典制定之前所有法国人均已具备民事主体资格；二是公私法的划分导致对罗马法人格概念的抛弃；三是通俗易懂的立法理念不需要抽象的概念；四是奴隶制的存在以及主权观念的影响导致权利主体仅限于法国人；五是极端个人主义思想影响下缺乏创造新概念的动力。（3）关于为什么《德国民法典》确立权利能力制度，本书认为主要原因在于：一是受德意志民族逻辑严密、概念抽象的思维方式的影响；二是法典编纂对法律概念的要求；三是法人成为“人”的需要，罗马法上的人格面具一直以来都是套在以家长为代表的自然人的头上，观念上难以适用于法人，相反，权利能力是个新名词，适用于法人不会产生前述困难；四是人格具有太多公法因素，而权利能力从创造之初就是为了解决私法上享有权利的资格问题，属于纯粹的私法概念。本章的写作目的在于分析权利能力的形成过程和原因，揭示当初设计权利能力的初衷，为权利能力的重新定位做准备。

第四章“权利能力之检讨——权利能力功能消退”对现行权利能力制度进行反思和检讨。在这一部分，主要论证如下观点：（1）现行权利能力制度设计存在缺陷，其既要解决民事主体资格问题，又要解决享有权利的范围问题，承载了过多的功能，必须给权利能力减负；在权利能力存废问题上，本书主张保留权利能力制度；（2）创设权利能力的目的是为了使用清晰、准确的概念表述民事主体享有权利的资格，但权利能力概念被用于不同层面、不同语境，甚至被用于公法领域，清晰、准确的概念目标变成了泡影；（3）传统权利能力制度不承认胎儿、合伙组织等具有主体资格，但承认其具有部分权利能力，这一制度设计不仅在法律逻辑上存在矛盾，而且也不能满足社会发展的需要。本章的写作目的在于论证权利能力革新之必要性。

第五章“权利能力之革新——权利能力价值重新定位”通过比较不同国家和地区的民法典，归纳关于人格、权利能力的规定存在四种不同立法模式，即法国模式、埃塞俄比亚模式、德国模式和瑞士模式；分析近代以来民事主体制度存在伦理人格向法律人格演变的趋势；在此基础上，进一步论证以下观点：（1）人格与权利能力是不同层面的概念，人格是成为民事主体的资格，而权利能力则是民事主体参与民事法律关系、享有权利和承担义务的资格，两者分别解决不同的法律问题；（2）权利能力可以分为一般权利能力与特殊权利能力，一般权利能力是法律不作特别限制的、民事主体都可以享有的、民事主体之间没有区别的权利能力，而特殊权利能力则是法律赋予特定民事主体享有的、其他民事主体不享有的权利能力；（3）自然人与法人之间、法人与法人之间的权利能力存在差异（因性质、法律规定、目的范围而存在差异），甚至自然人相互之间的权利能力也可能因法律规定而存在差异。

简言之，本书试图从罗马法上的人格入手，论证人格的含义、功能和性质，探究《德国民法典》创设权利能力的缘由，分析传统权利能力理论存在的问题，在此基础上提出人格与权利能力关系的新模式，重新定位权利能力，为我国未来民法典的制定建言献策。

四 研究方法

任何理论研究都必须借助一定的方法才能完成，法学研究不能不谈方法。方法是理论研究的工具，学者通常会自觉或者不自觉地选择某种方法对法学命题展开研究。法学方法本身也成为研究对象，并由此形成了法学方法论。法学方法论是目前学界热门话题，但其不在本书的研究范围之内。就研究方法而言，本书采取了历史的方法、逻辑的方法和比较的方法。

首先是历史的方法。权利能力制度起源于罗马法上的人格制度，经过中世纪到近代的演变，由《德国民法典》最终确立，因此，对权利能力的研究不能仅仅局限于当下的法律规定、司法实践和学者观点，应该把握权利能力制度的来源、形成和发展趋势，也就是应该从罗马法上的人格到德国法上的权利能力的形成过程、从权利能力制度确立以来一百多年的发展变化中寻找答案。基于此，从人格到权利能力历史演进的脉络构成了本书的框架结构。

其次是逻辑的方法。权利能力是学说汇纂理论的产物，学说汇纂学派注重概念清晰、准确、逻辑结构严谨，因此对于从人格到权利能力演进的把握，以及对于现行法律规定的权利能力的反思和变革，必须遵循严格的法律逻辑。权利能力作为民法上的重要概念，含义必须清晰、确定，并且一以贯之，否则将出现不同理解甚至落入逻辑陷阱无法自拔的现象。所以，逻辑方法仍然是必不可少的分析工具。

最后是比较的方法。既然是以从人格到权利能力、从伦理人格到法律人格的演变为线索，那么比较的方法同样是必不可少的。本书通过对 25 部民法典的分析，归纳出关于人格、权利能力的四种不同立法模式，并在此基础上对不同模式进行比较，寻找最适合于我国未来民法典的模式。无论是纵向的、历史的法律制度的比较分析，还是横向的、各个国家或地区的现行法律制度的比较分析都不可或缺。

第二章

权利能力之源头——罗马法上的人格

权利能力之称谓，在德语中为“Rechtsfahigkeit”，在法语中为“Capacite de Jouissance de Civil”，在英语中为“Legal Capacity”，在日语中为“権利能力”。在法律规定中，《德国民法典》《瑞士民法典》《意大利民法典》《俄罗斯民法典》《日本民法典》等均使用“权利能力”的概念。我国《民法通则》称为“民事权利能力”。有学者认为，《民法通则》的这种表述，“使公民在民法上的地位与其他部门法上的地位区别开来，应该说是更科学地反映了民事主体权利能力的本质”[①]。也有学者认为，“《民法通则》沿用《苏俄民法典》用的‘民事权利能力’概念，而不用‘权利能力’，以区别法理学上所称的一般的权利能力”[②]。实际上，权利能力为民法特有概念[③]，就如同物权、债权一样，不需要在前面加“民事”予以限定，其他法学领域使用这一概念，只能与民法学中的含义相同。因此，本书使用“权利能力”的概念。

近代法律意义上的权利能力概念，是自然法学者 Christian Wolff 还是 1811 年《奥地利民法典》的起草者 Franzvon Zeiller 第一次提出，

---

① 佟柔主编：《中国民法学·民法总则》，中国人民公安大学出版社 1990 年版，第 90 页。

② 魏振瀛主编：《民法》，北京大学出版社、高等教育出版社 2010 年版，第 50 页。

③ 张俊浩主编：《民法学原理》（上册），中国政法大学出版社 2000 年版，第 61 页。徐国栋教授对此有过经典表述：“既然有‘权利’之定语，已说明‘能力’是‘民事’之物，再加上‘民事’，岂不画蛇添足？所以，只有在众人不明了‘权利’与‘民事’之关联的中国，才会使用‘民事权利能力’的奇怪表述。”（徐国栋：《民法哲学》，中国法制出版社 2009 年版，第 137 页）

尚存争议，但“可以断言，权利能力概念产生于18世纪后半期至19世纪的欧洲”①。至于是哪部法律第一次使用权利能力概念，有学者认为是《奥地利民法典》②，也有学者提出质疑③。但没有争议的是，1896年《德国民法典》在立法上采纳了权利能力概念并产生了重大影响。之后，瑞士民法、旧中国民法、意大利民法、俄罗斯民法等纷纷跟进，都采纳了权利能力的概念。值得一提的是，以前的《日本民法典》没有采用权利能力概念，而是称为“私权的享有”。经过2004年民法“现代语化”修订后《日本民法典》才正式使用权利能力概念。④

目前，关于权利能力的通说似乎已成定论，不得怀疑。但认真琢磨，仍有研究之余地。通说认为，权利能力为人格之别称，是享有权利、承担义务的能力（地位或资格），因此权利能力又称法人格或人格。既然权利能力与人格具有相同的法律含义，那就意味着两者没有什么差异或者至少没有本质差异。如果是这样，那为什么以《德国民法典》为代表的近现代民法弃简就繁，没有援用人格概念，而是用含义并不清晰的权利能力这一新概念予以替代？权利能力果真是人格的替代品吗？人格概念为什么要被替代？

一般认为，人格理论始于罗马法。⑤ 那么，罗马法上的人格应如何理解？它是指私法上的主体资格（私法人格）还是指一般意义上的法律主体资格（宪法人格）？进而，它究竟是公法概念还是私法概

---

① ［日］北川善太郎：《民法总则》，有斐阁2001年版，第120—121页。

② 梁慧星：《民法总论》，法律出版社2007年版，第65页。

③ 李永军：《论权利能力的本质》，《比较法研究》2005年第2期，注释［19］。《奥地利民法典》确实没有权利能力的概念（参见《奥地利普通民法典》，周友军、杨垠红译，清华大学出版社2013年版）。

④ 修订前后的民法典分别参见：《日本民法典》，王书江译，中国人民公安大学出版社1999年版；《日本民法典》，渠涛译，法律出版社2006年版。

⑤ 梅仲协先生认为，“人格二字，源于罗马”（梅仲协：《民法要义》，中国政法大学出版社1998年版，第53页）。学界多赞成这一观点，参见江平主编《法人制度论》，中国政法大学出版社1994年版，第1页；尹田：《民事主体理论与立法研究》，法律出版社2003年版，第3页；马俊驹：《人格和人格权理论讲稿》，法律出版社2009年版，第33页。

念？对此，学界尚无定论。本章试图从人格的概念入手，分析罗马法人格之本质、性质，归纳罗马法人格之特征，研究目的在于揭示罗马法人格实际上是以自由人身份、市民身份等公法因素为前提的私法概念，为进一步探究《德国民法典》创设权利能力之目的以及权利能力之本质作铺垫，也为重新定位权利能力做准备。

第一节　人格之含义

一　人格之语源

虽然人格理论始于罗马法，但罗马法并没有现代法律意义上的人格概念，只是出现了人格概念起源的某个词语。至于人格源于罗马法中的哪一个词语又存在不同认识：（1）认为人格源于“persona”。[①]（2）认为人格对应“caput”。“拉丁文‘caput’一字，本作头颅解，在法律用语上，作人格解，作权利之总合解，极言权利之于人之身份，其重要性之大，有如头颅之于人之生命也。”[②]（3）认为persona和caput都具有或派生出“人格”的含义[③]。究竟罗马法上有没有与人格相对应的词语？如果有，哪个词才是人格之语源？

众所周知，罗马法上关于人的称谓有三个词：homo、caput、per-

---

① ［日］星野英一：《私法中的人——以民法财产法为中心》，王闯译，载梁慧星主编：《民商法论丛》（第8卷），法律出版社1997年版，第160页。曾世雄教授认为，“究竟现代民法中相当普遍被认同之权利能力一辞，由何而来，追根探底，似与罗马法上之persona，有所瓜葛。”（曾世雄：《民法总则之现在与未来》，中国政法大学出版社2001年版，第77页）。尹田教授亦认为，罗马法上与人格有关的persona一词，后来成为现代法理论上人格（personality、personalité）的辞源（尹田：《论人格权的本质——兼评我国民法草案关于人格权的规定》，《法学研究》2003年第4期）。

② 陈朝璧：《罗马法原理》，法律出版社2006年版，第36页。此外，还有学者认为“……caput就被转借指权利义务主体，表示法律上的人格”［周枏：《罗马法原论》（上册），商务印书馆1994年版，第97页］；或者认为“罗马法中尚无权利能力一词，但却有了相应的概念——‘人格’（caput）”（江平、米健：《罗马法基础》，中国政法大学出版社2004年版，第108页）。

③ 黄风：《罗马私法导论》，中国政法大学出版社2003年版，第79页。

sona。其中，“homo”指生物意义上的人即自然人[①]，自然人未必具有人格，例如奴隶不能作为权利义务主体，而只能作为自由人权利的客体。“caput”原意为头颅或书籍的一章，在古罗马，户籍登记时每一家长在登记册中代表家庭占有一章，家属（妇女、家子）则名列其下，暗含着个人与家庭的归属关系，因此，该词的使用表明了个人在家庭中的地位和身份。当时只有家长才能代表家庭享有完整的人格，所以 caput 被用于指权利义务主体。[②]“persona”一词经历了词义变迁过程，最初指演戏时使用的面具，并引申出“角色”的含义，当它被用来指人时，在相当长的时间是不区分人的类别的。在现代法律人看来，“人（person）”这个词是指任何能够行使权利承担义务的实体，但在罗马法学家看来，“人（persona）”这个词没有这样的含义。因此，奴隶也是人（persona），但他不是现代法律意义上的人。罗马人没有在术语上将那些能够行使权利承担义务的人区别于不能行使权利承担义务的人。[③]“persona 一词也有哲学、神学上的意义……既被用于天使也被用于人。”[④] persona 和 caput 两词均与法律上的人即权利主体发生关联，在后来的发展中，这两个词在使用上逐渐趋同，都被用来指拥有某种身份或社会地位的人，它们与另一拉丁文“status（身份、地位）”产生了密切的联系，都具有或派生出“人格”的

---

① 关于生物意义上的人是否为自然人，亦即关于自然人的含义，存在不同理解：一是认为自然人“就是基于自然规律出生的人”；二是认为自然人和生物意义上的人是两个不同的概念，前者具有严格的法律意义，只有同时具备“自然规律出生之人”和法律人格两个要素者才能称为“自然人”。本书采第一种观点。

② 周枏：《罗马法原论》（上册），商务印书馆 1994 年版，第 97 页。

③ ［英］巴里·尼古拉斯：《罗马法概论》，黄风译，法律出版社 2000 年版，第 59 页。

④ ［日］星野英一：《私法中的人——以民法财产法为中心》，王闯译，载梁慧星主编：《民商法论丛》（第 8 卷），法律出版社 1997 年版，第 162 页。星野英一还认为，这种观念通用于中世纪，直至近代，在继承这一传统的同时，康德及其以后的哲学确立了作为伦理上自由的主体具有承担责任的能力，所以 persona 具有尊严的人格这一意义。因此人们认为 persona 的思想是人文主义的表现。

含义。[①] 经学者考证，persona 的“角色”含义，肇始于古罗马，经中世纪经院哲学演绎，其词意逐渐被确定为人格者，即表示理性的、个别体的存在。[②]

由此可见，persona 和 caput 均被用来指拥有某种身份或社会地位的人，因此这两个概念译为法律上的“人”或“人格者”更为恰当[③]，而不能直接译为人格。如果将人格与罗马法上的 persona 或 caput 相对应，并进而得出古罗马就有了人格概念，确有不妥。据日本学者村上淳一考证，近代法律上的人格概念不是从古罗马开始有的，直到宗教教义才出现了近代人格的概念。但是中世纪的罗马法学，以及进入近世后的法学著作中依然没有出现法律上的人格这一概念。[④]也有学者考证，人格概念为法国学者所创。《法国民法典》开现代民法之先河，其第 8 条规定凡法国人均享有私权。法国学者受罗马法上“persona”的影响，创造“人格（personalité）”一词，并以“人格”之有无（以法国国籍表彰人格），作为区分自然人是否适用法国民法

① 黄风：《罗马私法导论》，中国政法大学出版社 2003 年版，第 79 页。徐国栋教授认为除了 Caput 和 Persona 两个表达相当于现代的权利能力的术语外，还有 Capacitas、Capax、Facultas 表达能力的术语，前两个术语表达概括的能力、间接的能力，后三个术语表达具体的能力、直接的能力（徐国栋：《罗马私法要论：文本与分析》，科学出版社 2007 年版，第 56—58 页）。

② ［俄］尼古拉·别尔嘉耶夫：《人的奴役与自由：人格主义哲学的体认》，徐黎明译，贵州人民出版社 1994 年版，第 16 页。转引自姚辉《民法的精神：法学学术随笔》，法律出版社 1999 年版，第 165 页。

③ 曾世雄：《民法总则之现在与未来》，中国政法大学出版社 2001 年版，第 75 页。从另外两个学者的表述来看，也可以得出这一结论。“具有人格者，则别称为 persona”（梅仲协：《民法要义》，中国政法大学出版社 1998 年版，第 53 页）。“当一个人（homo）具备足以使其获得权利能力的条件时，在技术用语上被称为‘persona（人）’，即便他不是罗马人。”（［意］彼德罗·彭梵得：《罗马法教科书》，黄风译，中国政法大学出版社 1992 年版，第 29 页）

④ ［日］村上淳一：《道德上的人格·法律上的人格·法人》，《法学协会杂志》98 卷 6 号（1981 年）。

的标准。[1]

人格概念究竟是何人于何时最早提出，已无从考证。但可以肯定的是，法律意义上的人格概念应为近现代学者所创。罗马法没有完全相对应的词语，但已有表示法律上的人、人格者的概念 persona 和 caput。现代法律意义上的人格一词与罗马法上的 persona 有关。

二　人格之内涵

在近现代社会，人格的概念不仅为法学家所重视，而且也是社会学、哲学和心理学等多个学科研究的对象。当然，由于研究角度不同，各学科对人格的理解存在明显差异。哲学家注重从个体性、人的价值和人的自由意志等方面来理解人格的意义；社会学家则常常从人在社会中的角色和地位、个体与社会的关系、个性的发展等方面来理解人格的内涵；心理学家则注重从每个人的个性出发对人格展开研究，以揭示人的内心活动。

在法学上，人格是内涵最为丰富、最为抽象的概念之一。人们在不同意义上使用人格概念：（1）人格是指一种抽象与平等的法律地位，是取得权利的基本资格。在这一意义上的人格概念，经常与权利能力概念相互替代。这是我国民法学界的通说。（2）人格是指具有独立法律地位的个人和组织，包括自然人和法人。此人格概念经常与人、主体、权利主体、民事主体等概念相互替代。（3）人格是指一种应受法律保护的利益，这是从人格权的客体角度来理解的。当然，人格权的标的并不是主体本身，也不是作为法律资格的权利能力，而是与民事主体不可分离的人格利益。[2]（4）人格是指可以成为民事主体的资格。人格学说中的“人”是指民事主体，“格”是指成为这种

---

① 曾世雄：《民法总则之现在与未来》，中国政法大学出版社2001年版，第77页。另外，作者在该书第75—76页指出，“以今日法国法学论著观之，权利能力虽未正位，但已用于解释人格之含义矣。”

② 前三种观点参见王利明：《人格权法研究》，中国人民大学出版社2012年版，第5—7页。

主体的资格。所以，“人格者，民事权利主体资格之称谓也”①。

尽管人们对人格的理解随着历史的发展而不断变化，但在同一时期法律意义上人格的含义应该是确定的，不能因人而异，否则无法进行正常的对话。因此有必要对上述观点逐一分析，以确定人格概念的基本含义。首先，虽然人格和权利能力都是表彰某种资格，但实际上人格与权利能力并不是同一层面上的概念。有学者认为权利能力存在不同含义，即抽象意义上的权利能力和具体意义上的权利能力，前者等同于人格，后者则与人格不能等同。② 这一观点仍未解决问题。③其次，人格与“人（主体、法律主体、权利主体）”不是同位概念，人格不是“人”的代名词，而是“人”在法律上所具有的特质。在英语中，person 和 personality 也是两个含义不同的概念，其中前者对应中文的“人”，而后者则对应“人格”。④ 因此，从第二种含义上理解人格，是将通过法技术处理的抽象的资格等同于该资格的载体，显然不足取。再次，人格也不同于人格利益。人格是民事主体的资格，而人格利益是一种应受法律保护的利益；人格由法律直接规定，各民事主体之间并无差异，而人格利益则与具体的民事主体相联系，体现为社会对该民事主体所给予的综合评价，属于精神的范畴，各民事主体的人格利益并不完全相同；人格与民事主体不可分离，人格不得转让、抛弃，不得被剥夺，而部分人格要素则可以被民事主体处分和利用，如自然人有权通过合同许可他人使用自己的姓名、肖像，企业法人有权转让其名称。另外，人格利益不是人格权的客体，而是人格权

---

① 江平主编：《法人制度论》，中国政法大学出版社 1994 年版，第 1 页。

② 尹田：《民事主体理论与立法研究》，法律出版社 2003 年版，第 12 页。

③ 对此，将在后面进一步阐述。

④ 布莱克法律词典对这两个词语有明确解释。“person”：1. A human being. 2. An entity (such as a corporation) that is recognized by law as having the rights and duties of a human being. 3. The living body of a human being 〈contraband found on the smuggler's person〉. ” personality”：The legal status of one regarded by the law as a person；the legal conception by which the law regards a human being or an artificial entity as a person. see*Black's Law Dictionary*, Abridged Seventh Edition, Copyright 2000 By West Grop, pp. 932, 933.

的内容，人格权的客体是人格要素。[①]

本书认为，人格是指能够成为私法上人的资格，通称民事主体资格[②]，是一个国家通过法律规定或认可的一定客观存在能够成为民事主体的资格或条件，人格与人（民事主体）、权利能力、人格利益不能混同。[③]

三 关于人格概念之相关观点剖析

（一）区分抽象人格与具体人格的观点

梁慧星教授在分析现代民法模式时认为：民法的现代模式的集中表现之一就是具体的人格，即从抽象的法人格中，分化出若干具体的法人格。其典型的例子，是在劳动法、消费者保护法及环境保护法上，形成了劳动者、消费者和公害的受害者独特的法人格类型。[④] 也有学者认为，抽象人格又称一般的法律人格、一般人格，相对于具体人格，它具有抽象性、平等性和独立性，以及终身性、不可变更性、不可转让性等特点。在我国民事主体制度上，虽然确立了抽象人格制度，但在其具体规定上又以具体人格为标准赋予其不同的利益机会、划定不同的“起跑线”。所以，目前中国实行的是带有明显具体色彩的抽象人格制度。[⑤] 这种区分抽象人格与具体人格的观点显然不正确。理由是：

① 马俊驹：《从人格利益到人格要素——人格权法律关系客体之界定》，《河北法学》2006 年第 10 期。

② 私法主体在我国民商法及其理论上通称为民事主体、民事权利主体，也称为民商事主体；也有学者区分民事主体与商事主体。本书在同一含义上使用民事主体与私法主体概念。

③ 关于主体资格概念，崔拴林博士有比较详细的阐述，参见崔拴林：《论私法主体资格的分化与扩张》，法律出版社 2009 年版，第 6—33 页。

④ 梁慧星：《民法总论》，法律出版社 2007 年第 3 版，第 4—5 页。梁慧星教授在该著作中认为，民法的近代模式集中表现为抽象的人格、私的所有、私法自治，民法的现代模式集中表现为具体的人格、私的所有的社会制约、受规制的竞争、社会责任。

⑤ 曹新明、夏传胜：《抽象人格论与我国民事主体制度》，《法商研究》2000 年第 4 期。

1. 法律上的人格本身就是抽象的概念。黑格尔在区别人格与意志特殊性时曾论及抽象人格概念的本质。“意志的特殊性诚然是整个意识的一个环节，但抽象人格本身还没有把它包含在内”，这里的意志的特殊性，是“作为情欲、需要、冲动、偶然偏好等等而存在”①，因而本质上是具体的；而人格与之相反，“因为在人格中特殊性尚未作为自由而存在，所以关于特殊性的一切东西，在这里都是无足轻重的”②。因此，人格其本质是抽象的，“人格一般包含权利能力，并且构成抽象的从而是形式的法的概念、和这种法的其本身也是抽象的基础”③。马克思对此曾有过经典表述：“人格脱离了人，自然就是一个抽象。”④ 近代法律上抽象人格观念是随着资产阶级人文主义思想和自然法思想的传播而逐渐形成的，就德国民法而言，人格制度的基础就是康德、黑格尔的抽象的伦理人格，由此决定了法律人格最本质特征就是抽象性。

2. 抽象人格是近现代民法的重要标志。众所周知，在 18 世纪以前的欧洲社会是身份等级制社会，人的法律地位依其性别、身份等级、宗教信仰、所属的职业团体等不同而有所差异。可以说，在几千年的文明史中，人类绝大多数时间是生活在不平等的社会里。以个体人格平等为条件的民事主体制度，是近代民法的产物。近代的社会变革，使得法律从身份的法、等级的法发展到平等的法，独立的、自由的个人只服从于国家，而不再依附于各种领主或封臣，也不再依附于家庭。个人摆脱了身份的束缚，获得了人身自由。人们之间的关系完全按照契约设定，原有的基于土地及其他生产资料而形成的领主与隶农间的隶属关系、主人与奴仆之间的身份关系、师傅与徒弟之间基于

① ［德］黑格尔：《法哲学原理》，范扬、张企泰译，商务印书馆 1961 年版，第 46 页。

② 同上书，第 47 页。

③ 同上书，第 46 页。

④ 《马克思恩格斯全集》第 1 卷，人民出版社 1956 年版，第 277 页。

手工业者合作的关系等一扫而光，取而代之以各种形态的契约。① 梅因称之为"'从身份到契约'的运动"②。于是，近代民法承认所有的人的法律人格完全平等，这里的人是不考虑知识、社会及经济方面的力量之差异的"抽象性的人"。③ 正因如此，抽象人格被学者认为是由欧洲大陆法所确立的民法近代模式的集中表现之一。对于一切人，不分国籍、年龄、性别、职业，都具有平等的人格，"在民法典上，被抽象为'人'这一法人格"④。这一抽象人格理念深刻影响了从近代到现代、从西方到包括中国在内的世界各国的立法。

3. 现代民法，存在所谓"从抽象的人向具体的人"的转变，即法律强调对弱势群体的保护，但这并不是要否定抽象人格，而是坚持抽象人格的同时维护实质正义。

法律人格的一般平等只是一种法律地位的平等即资格平等，但并不意味着人的社会地位的事实平等。"私法塑造的是一般平等的人格，而其面对的保护对象，则是各种不平等的具体的人。事实上，人注定是不平等的，因为人生下来就是不平等的。"但是，"人应当被平等对待，因此法律人格或人的私法地位不过是在人的不平等条件下应当如何被平等对待的问题"⑤。人格的平等只能是赋予了人以平等的精神力量而已。"法律平等意味着、直到今天还意味着，在分配正义的意义上其并非实质正义。即使是形式正义也仅是在彷徨中被加以贯彻。"⑥

---

① ［日］我妻荣：《债权在近代法中的优越地位》，王书江、张雷译，中国大百科全书出版社 1999 年版，第 9 页。

② ［英］梅因：《古代法》，沈景一译，商务印书馆 1959 年版，第 7 页。

③ ［日］星野英一：《私法中的人——以民法财产法为中心》，王闯译，载梁慧星主编《民商法论丛》（第 8 卷），法律出版社 1997 年版，第 154 页。

④ 梁慧星：《民法总论》，法律出版社 2007 年版，第 4 页。

⑤ 王利民：《论人的私法地位：从一个制度的分析》，法律出版社 2007 年版，第 114 页。

⑥ ［德］罗尔夫·克尼佩尔：《法律与历史：论〈德国民法典〉的形成与变迁》，朱岩译，法律出版社 2003 年版，第 61 页。

正是由于近代民法“仅注重形式的平等，而未注重实质的正义”[①]，因此，被抽象人格的平等这一表面现象所掩盖的因人与人之间实际上的不平等而产生的诸问题，如贫富悬殊问题、劳动者保护问题、消费者的保护问题等始终存在，当经济发展到垄断资本主义阶段，这些社会矛盾越来越突出，产生了“令人难以忍受的后果”。对此，需要法律采取相应的对策，作出相应的调整。在这一背景之下，“法律人格”发生了“从自由的立法者向法律的保护对象”“从法律人格的平等向不平等的人”“从抽象的法律人格向具体的人”的转变，在其背后则是“从理性的、意思表示强而智的人向弱而愚的人”的转变。此正所谓民法上对人的对待向现代法的变迁。[②]

这些变化是否意味着对抽象的、平等的法律人格的否定？拉德布鲁赫认为，在现代社会，人的概念仍然是个平等性概念，在这个概念中，强者与弱者、占有者与非占有者、弱小的个人与异常强大的经济组织都被等同对待。“没有这个平等性概念，私法就是不可思议的，因为正如我们看到的那样，私法属于矫正正义的领域，也就是平均交换成果的领域，而只有在交换成果的主体被平等对待的情况下，成果才能用同一单位来计量。”“社会法律观”仍然是从“人的平等性概念”出发，不会将平等性概念分解成雇主、雇员、工人、职员等不同类型。“之所以是雇主、雇员、工人、职员，只是因为他们不同的身份背景，但即使在这些背景中，他们也被视为平等的人。”[③] 克尼佩尔也认为，“基于人的性别、肤色和世界观倾向不同而在法律中规定人在民法中享有不同的、歧视的地位，直至今日都难以存在”[④]。因此，现代民法从抽象的法律人格向具体的人的转变，并不是否定抽象的法律人格，而是强调保护弱者，是为了更好地维护实质正义，是对

① 王利明：《民法总则研究》，中国人民大学出版社 2003 年版，第 78 页。

② ［日］星野英一：《私法中的人——以民法财产法为中心》，王闯译，载梁慧星主编《民商法论丛》（第 8 卷），法律出版社 1997 年版，第 175 页。

③ ［德］G. 拉德布鲁赫：《法哲学》，王朴译，法律出版社 2005 年版，第 133 页。

④ ［德］罗尔夫·克尼佩尔：《法律与历史：论〈德国民法典〉的形成与变迁》，朱岩译，法律出版社 2003 年版，第 62 页。

近代民法进行修正和发展的结果。① 另外，对弱者采取更多的保护措施，并不是把他们作为身份低下的人对待，更“不是意味着向旧的身份制的复归或新的身份制的出现”，对弱者的保护“是在坚持法律人格平等原则的同时进行的”。② 有学者认为，“民法的现代模式并非完全取代近代模式，而是构成两者共生的现象”③。那么，真的存在具体人格与抽象人格共生吗？

4. 不能任意创造所谓的具体人格概念。黑格尔在论述“抽象概念”、“具体的”或“具有一般的”概念时特别提及，与抽象概念不同，我们不能任意形成具体的概念。④ 人格概念本身就是抽象的，是对各种不同的、具体的人的共同性即能够成为人的资格的抽象概括，不能从抽象的人格推导出所谓的具体人格。因为如果存在与抽象人格相对应的具体人格，那么具体人格中人格之含义与抽象人格中人格之含义应属同一，都是指能够成为私法上人的资格。从这一意义上理解，对弱势群体的保护、对某一特别法律（如劳动法、消费者权益保护法）的适用是否会产生“具体人格”呢？回答显然是否定的。理由是：人格制度是为了解决主体资格问题，而劳动法、消费者权益保护法以及对格式条款的规制等法律规定决不涉及主体资格。尽管也涉及劳动者、消费者等资格判断并以此决定是否适用相关法律规定，但此时的资格与私法意义上的主体资格无关，因为无论是否为劳动者、消费者，他们都已经是私法上的主体，仅仅在是否适用劳动法、消费者权益保护法等特别保护之规定时需要进一步考量。如果将是否适用某一具体法律规定的资格判断也称之为人格有无之判断，并进而认为不同法律适用涉及不同的具体人格，那

① ［日］北川善太郎：《关于最近之未来的法律模型》，李薇译，载梁慧星主编《民商法论丛》（第6卷），法律出版社1997年版，第286页。

② ［日］星野英一：《私法中的人——以民法财产法为中心》，王闯译，载梁慧星主编《民商法论丛》（第8卷），法律出版社1997年版，第192页。

③ 梁慧星：《民法总论》，法律出版社2007年版，第6页。

④ ［德］卡尔·拉伦茨：《法学方法论》，陈爱娥译，商务印书馆2003年版，第334页。

么，动物保护法对动物之识别也应该属于具体人格之判断，这显然是荒谬的。

本书认为，法律意义上的人格本身就是抽象的概念，不存在与之相对的具体人格。我们在探讨人格制度时，都是在抽象人格的意义上使用人格概念。现代民法“从抽象的法律人格向具体的人”的转变，表明法律由追求形式正义向追求实质正义的转变，即强调对弱势群体的保护，但绝不能由此证明现代民法放弃了抽象人格的概念，转而规定各种具体人格。

（二）区分公法人格与私法人格的观点

张翔教授认为罗马法分为公法与私法，相应地，人格也就产生了“公法人格”与“私法人格”的两面性——每一个社会的组成人员，均既是公法上的人，也是私法上的人。在公法领域，法律使人享有选举权、被选举权，并担任国家的公职；在私法领域，法律使人享有不同的私法权利。[①] 王利民教授认为法律人格，有公法人格与私法人格之分，两者密切联系、相互依存。公法人格是私法人格存在的基础，而私法人格则是具有公法人格的表现。公法人格是根据本国法确定的，原则上每个人只有一个国家的公法人格，本国法确定的公法人格是一个国家据以承认外国人私法人格的根据，私法人格不具有本国性或一国性，而是一种世界性或人类共同体范围内的普遍人格。[②] 尹田教授甚至认为，“人格”作为一个历史范畴，表现的是人的一般法律地位（用现代观念来讲，应称为“人的宪法地位”）。“法律人格是人在法律上的根本地位……自然人的‘人格’，是一个宪法上的概念，表现了自然人依宪法规定生而有之的一种基本法律地位。”[③] 这种区分公法人格与私法人格的观点值得商榷。理由是：

① 张翔：《自然人格的法律构造》，法律出版社 2008 年版，第 38 页。

② 王利民：《论人的私法地位：从一个制度的分析》，法律出版社 2007 年版，第 117 页。

③ 尹田：《民事主体理论与立法研究》，法律出版社 2003 年版，第 4、135 页。

1. 区分公、私法是大陆法系的传统。[①] 尽管公私法的划分标准存在主体说、意思说、利益说、社会说等不同观点[②]，但通说认为，私法强调意思自治，调整的是平等者之间的关系，涉及平等者之间的意思，关注的是私人利益。公法则完全否定私权自治的思想，强调国家行为在实现公共利益上的作用，调整的是权力者与服从者之间的关系，关注的是公共利益。公法有两个主要部分，一是宪法性法律，规定国家性质、国家机关组织及其活动的原则，规定公民的基本权利义务等；二是行政性法律，调整对公共事务的行政管理以及行政机关与个人的关系。此外，刑法、刑事诉讼法也属于公法。私法包括民法、商法等。[③]

但是，公、私法的划分，并不必然产生公法人格与私法人格之两面性，因为罗马法的公法主体（个人）与私法主体（家庭）并不同一。就罗马法的私法主体而言，罗马人经历了从家族到家庭再到个人的漫长法律认识过程。[④] 在罗马早期，罗马人认为建立法律关系的先是家族与家族，后来是家庭与家庭，也就是罗马私法将法律关系主体奠定在家庭这一层次。在家庭之间，因交易、婚姻等形成一系列关系，这些关系反映着家际社会秩序，人们把调整这些关系的规则称为法，具体表现为市民法。市民法仅仅是承认家庭的存在和家父的权力。[⑤] 因此，罗马法上的民事主体是家庭而不是个人，与现代社会显然不同。罗马人在贯彻家庭主体观念时，在技术上，使用了家父代表

① 20 世纪以来，由于政治、经济、社会发生了很大变化，出现了法律理论基础与当代生活状况极不一致的现象，于是大陆法系法学家把法律分为公法、私法以及一套兼有公私法要素的混合法（如劳动法）。[美] 约翰·亨利·梅利曼：《大陆法系》，顾培东、禄正平译，法律出版社 2004 年版，第 98、103 页。

② [日] 美浓部达吉：《公法与私法》，黄冯明译，中国政法大学出版社 2003 年版，第 23—32 页。

③ [美] 约翰·亨利·梅利曼：《大陆法系》，顾培东、禄正平译，法律出版社 2004 年版，第 98、103 页。

④ 龙卫球：《民法总论》，中国法制出版社 2002 年版，第 170 页。

⑤ [意] 朱塞佩·格罗索：《罗马法史》，黄风译，中国政法大学出版社 1994 年版，第 25、97 页。

方式，即家父只不过是作为人格载体的家庭的代表而已，家庭成员的人格被家父所代表的家庭人格所吸收。[①] 到罗马后期，个人通过特有产制度才具有一定程度的主体性。相反，罗马公法是以个人为主体而非家庭，只要是达到一定年龄的罗马市民就可以享有在公众会议上的表决权、当选罗马执政官的任职权以及担任军事指挥官的权利等，家父与家子享有同样的公权利。由此可见，罗马法上只有家父既具有公法主体资格同时又代表家庭行使私法上的权利，达到一定年龄的家子虽然具有公法上的主体资格，可以享有公法上的权利，但不是私法上的主体，其人格被家庭所吸收。既然罗马私法与公法各异其主体即两者的主体并不完全重合，如何得出人格具有公法人格与私法人格两面性？即使在现代社会，也仅就同一国籍之自然人而言存在着公法主体（一个国家的公民）与私法主体（民法上的人）之双重性，但绝对不能推而广之得出“公法人格”与“私法人格”重合之结论。

2. 罗马法人格是一个特定的私法概念。[②] 虽然对罗马法人格的法律性质及具体制度存在不同观点，但法学界始终是以一个特定的人格概念为讨论基础。尽管人格的构成要件（自由身份、市民身份和家父身份）涉及公法因素，但人格中之“人”应是指私法上的人，人格中之“格”也就是成为私法上人的资格，人格之内容也主要涉及交易权、婚姻权、遗嘱能力等私法内容。正是由于人格更多地具有私法性，所以我们在研究罗马法人格时，主要从私法角度来讨论。张翔教授主张“人—人格基础—人格—权利、义务的享有和承担”的人格理论的基本逻辑框架[③]，认为人格乃是“法律主体”，而非“法律关系主体”（权利义务主体），将私法上的人理解为法律人（私法上人的上位概念，不仅包括私法上的人即私法主体，还包括其他法律领域的主体），将人格理解为法律上的人格（不仅仅是私法上的人格），进

① 关于罗马法上人格为家庭人格，本人已有专门论证，不再赘述。参见张善斌：《人格与人格权相关问题探讨》，《法学评论》2011 年第 6 期。

② 关于罗马法人格之性质，在后面有专门论述。

③ 张翔：《自然人格的法律构造》，法律出版社 2008 年版，第 15 页。

而将法律人格划分为公法人格与私法人格。这一观点显然是扩大了人格内涵和外延，此“人格”已非私法上之彼“人格”了，当然其所称的“私法人格”与本书所理解的人格大致相当。

3. 公法人格的概念模糊、内涵不清。就现代社会而言，并不存在统一的、涵盖所有公法领域的公法人格。宪法主要规制公民和国家的关系；刑法上能够成为犯罪主体者为自然人和单位；行政法上的主体为行政管理机关与相对人（包括自然人、法人、合伙企业、个人独资企业、个体工商户等）；诉讼法上的主体为法院及其诉讼参加人。[①] 公法人格究竟是一般的公法人格，还是不同公法所规定的不同的公法人格？如果真的存在公法人格，那么公法人格中的“人”究竟是仅指公民还是自然人，或者还包括其他？对此，主张公法人格者没有说明。

4. 私法人格以公法的规定为前提，但绝不是以“公法人格”为前提。这涉及如何处理公法与私法相互关系的问题。对此，存在公法优位主义与私法优位主义的对立。公法与私法在地位上的优劣反映了历史的变迁与时代的进步。公法优位主义，认为公法地位优于私法，私法被包括在公法之中，实际上是一切专制国家的法制。私法优位主义，认为私法应居于优越地位，其根据为“社会契约论”，表现为法治国家的制度。[②] 拉德布鲁赫认为，公法与私法的概念不是实证法的

---

① 关于民事诉讼法是属于公法还是属于私法，存在不同观点。有学者认为，公法和私法的划分仅适用于实体法，任何一种法律关系或者属于公法，或者属于私法，舍此别无他属。诉讼法从其本质上说既不属于公法也不属于私法，只能将诉讼法视为一个独立的法律领域（［德］卡尔·拉伦茨：《德国民法通论》（上册），王晓晔等译，法律出版社2003年版，第8—9页）。本书认为，民事诉讼法是介于公法与私法之间的法律，同时具有两者的性质，不宜简单地将其纳入公法或者私法。民事诉讼法在程序方面的规定尤其是强制执行方面的规定无疑体现公法性质，但关于诉讼权利和实体权利的处分（如诉讼中的一方主动放弃权利而撤诉、当事人案外和解撤诉、调解结案、决定不上诉、在执行中和解等）只能是私法性质的规定。主张公法说的学者，正是看到了民事诉讼法公法性质的一面或者说国家干预民事关系的一面，而主张私法说学者则看到了其保护私权利以及当事人对诉讼权利和实体权利处分的一面（正因如此，罗马法将民事诉讼纳入私法范畴）。但从目前民事诉讼法的立法目的、价值取向、具体法律规定以及最高人民法院的司法解释来看，将其纳入公法更为可取，当然民事诉讼法属于公法中与私法最为接近的法律。

② 梁慧星：《民法总论》，法律出版社2007年版，第35页。

概念，而是先验的法律概念。对于自由主义来说，私法是法律的核心，公法是一个狭义的保护性框架，它保护私法（私权），尤其是私有财产。超个人主义保守立场和个人主义的社会立场则主张公法优先于私法，“私法只表现为一个个人积极性在包罗万象的公法领域中暂时且可撤销的发挥空间”，即私法在公法所划定的范围内发挥作用。[①]无论是公法优位主义还是私法优位主义，也无论是自由主义还是超个人主义，私法的许多制度都是以公法的规定为前提的。罗马法人格就是以公法规定的自由人与奴隶的划分、罗马市民与异邦人的划分为根据和前提，将自由人身份、市民身份作为人格之要件。现代社会也是如此，就自然人而言，人与人之间在法律地位上平等首先是由宪法规定的，外国人和无国籍人的法律地位也是由一国公法（国籍法）和相关国际公法规定的。[②] 法人也是如此，法人的设立条件和程序均由有关行政法规定。由此可见，私法人格以公法的规定为前提，正如培根所言：“私法诞生于公法的保护之下。”[③]

但是，决不能得出这种结论：“公法人格是私法人格存在的基础，而私法人格则是具有一定公法人格的表现。”[④] 理由是：（1）如果公法人格是指所谓的宪法“人格”，[⑤] 则私法人格与公法人格没有任何联系，因为现代社会普遍承认所有自然人，无论是本国人、外国人还

---

① ［德］G. 拉德布鲁赫：《法哲学》，王朴译，法律出版社 2005 年版，第 127—129 页。拉德布鲁赫认为，超个人主义保守立场和个人主义的社会立场虽然都主张公法优先于私法，但二者对公法优先权的起因问题的认识存在差异，“前者认为国家相对于个人具有不可动摇的优先权，后者则认为国家作为经济弱势个体的保护才具有优先权”（第 129 页）。

② 外国人、无国籍人既是私法上的概念，也是公法上的概念，但它们是根据一国公法即国籍法划分的。根据 1954 年联合国《关于无国籍人地位的公约》第 1 条的解释：无国籍人“是指任何国家根据它的法律不承认是其国民的人”。

③ ［德］G. 拉德布鲁赫：《法哲学》，王朴译，法律出版社 2005 年版，第 127 页。

④ 王利民：《论人的私法地位：从一个制度的分析》，法律出版社 2007 年版，第 117 页。

⑤ 作为私法人格存在基础之公法人格究竟是指宪法“人格”还是指其他公法“人格”，王利民教授在前引著作中并没有说明，从其关于“所谓公法上的人，即享有一个国家公法权利并承担公法上义务的自然人，一般称之为公民”（第 31 页）的概念及其他相关论述来看，可以判断其所称公法人格为宪法“人格”。

是无国籍人，均具有私法人格，私法人格与国籍没有任何关系。当无国籍人在任何国家具有私法人格时，还能说公法人格是私法人格的基础吗？[①] 如果此时仍坚持公法人格是私法人格存在的基础，该公法人格肯定不可能是宪法"人格"，因无国籍人本无宪法"人格"可言。那么该公法人格到底是指什么？主张公法人格者显然无法自圆其说。（2）私法人格与所谓的公法人格不具有对应性。连王利民教授也认为公法人格是根据本国法确定的，原则上一个人只有一个公法人格，相反，"私法人格不具有本国性或一国性，而是一种世界性或人类共同体范围内的普遍人格"[②]。一般认为，私法上的主体包括自然人（本国公民、外国人、无国籍人）、法人、其他组织、特定情况下的国家等，而宪法主要规范本国公民。在这种主体不对应的情况下，还能说公法人格是私法人格存在的基础，私法人格是公法人格的表现？果真如此，法人的公法人格又是什么？（3）如果在《法国民法典》制定之时提出这一主张可能还有其合理性，因为当时该法典偏重个人主义，将民法主体限定为法国人，非法国人原则上不适用法国民法，不享有私权，从而导致私法主体与公法主体的重合。该法典忽略了法人、协会、团体甚至家庭自身。[③] 但在私法主体多元化的现代社会，在人们努力探讨"在私法中消解公法""私法从公法的约束中解放出来"[④] 的当下，该主张显然不合时宜，甚至错误。

5. 人格是一种资格，但不能反过来说资格就是人格或者用人格

---

① 王利民教授认为无国籍人取得私法地位只能是一种例外而不能成为普遍情况，但这一例外足以推翻其关于一个人只有首先取得公法上人的地位才可能成为私法上的人并获得内外国法上的私法地位的结论。

② 王利民：《论人的私法地位：从一个制度的分析》，法律出版社 2007 年版，第 117 页，注脚②。

③ ［法］雅克·盖斯旦、吉勒·古博：《法国民法总论》，陈鹏等译，法律出版社 2004 年版，第 100 页。

④ 人们的努力并没有改变公法对私法的约束，拉德布鲁赫指出："好似经历了划时代变化的自由主义法就体现在我们身处其中的社会法之中，体现在承担保障私权，尤其是保障财产自由和合同自由义务的公法约束之中。"［德］G. 拉德布鲁赫：《法哲学》，王朴译，法律出版社 2005 年版，第 128、130 页。

替代资格。从张翔教授使用的氏族人格、贵族人格、平民人格、公法人格、私法人格等概念来看，似乎人格等同于身份、资格，由此反推，不同的身份、资格将产生不同的人格。例如，国籍是指一个人属于某一国家的国民或公民的法律资格①，如果将具有某国国籍称之为具有某国人格，显属滥用人格概念。人格作为法律的概念是私法特有的，就像权利能力、物权、债权等概念一样，不能随意滥用。

本书认为，罗马法人格与现代民法中的人格在本质上是相同的，都是指成为民法上主体的资格，是享有权利和承担义务的前提条件。② 人格是私法上的特定概念，尽管人格以公法的规定为前提，也尽管某些公法也存在资格问题（如市民资格），但不存在所谓的公法人格。

（三）区分法律人格与事实人格的观点

姚辉教授认为："法律上的人格，即具有独立法律地位的民事主体和作为民事主体必备条件的民事权利能力。法律上人格包括民事主体和权利能力两种含义。""事实上的人格，是人之作为人的要素或者条件。""事实人格是民事主体依法享有而与特定人身或组织不可分离的人格利益。""这是作为权利客体的一系列利益的总称，而不是取得权利的资格或权利本身。"基于人格利益而产生的权利，即为人格权。"法律人格关乎民事法律关系主体地位的确立，在民法体系上属于民事主体范畴；事实人格作为人格权的客体，则是民事权利体系中的内容。""法律人格的产生，早于事实人格。"③

这种区分法律人格与事实人格的观点显然站不住脚。该文在三种

---

① 梁西主编：《国际法》，武汉大学出版社2004年版，第199页。

② 本书主张两者本质相同并不是否定两者之间存在的差异，如罗马法关于人格的载体、人格的构成要素、人格的取得和消灭等方面均与现代民法不同，但人格制度之设计目的主要是为了解决交易资格以及由此产生的诉讼资格等问题。这涉及到罗马法人格之功能，将在后面进一步论述。

③ 姚辉：《人格权的研究》，载杨与龄主编：《民法总则争议问题研究》，清华大学出版社2004年版，第85—88页。

不同意义上使用事实人格概念：一是认为“事实上的人格，是人之所以为人的要素或者条件”。但没有说明这里所称之“人”是指生物人还是指法律上的人，如果是指生物人，则“人之所以为人的要素或者条件”应该是指人与母体分离、活着出生、具备人的形态等；如果是指法律上的人，则指法律所规定的成为民事主体（包括自然人、法人、其他民事主体）的条件或资格，此时的事实人格实际上就是法律人格。从法律人格与事实人格之划分来看，可以推断该文所称之“人”应指生物人，事实人格也就顺理成章地理解为生物人之所以成为人的要素或条件。二是认为“事实人格是民事主体依法享有而与特定人身或组织不可分离的人格利益”“是法律所确认和保护的利益”。这一解释让人难以理解。如果说事实人格是自然人之所以成为人的要素或条件，那么自然属性上的“要素或条件”又何以一下子变成了法律上的“人格利益”？对此，该文并没有论证，让人觉得这一概念转换颇具戏剧性。三是认为“法律人格的产生，早于事实人格”；“就价值形态而言，有了人类社会，便产生各种事实人格，然而作为法律上的概念，事实人格中的诸多要素，在民法中的正式确立距今不过几百年”；而法律人格早在罗马法就存在了。这一观点更让人费解。罗马法没有关于人格权的规定，当然就不可能存在所谓人格权客体的人格利益意义上的“事实人格”。该表述既涉及到了自然属性上的“要素或条件”，又涉及到了人格权的确立和保护。事实上人格究竟是指“要素或条件”，还是指法律保护之人格权客体？该文既要从奴隶所享有的自然法上的人格来论证事实人格的存在，又要将事实人格定位于法律保护的人格利益，确实煞费苦心。

本书认为，法律意义上的人格是指私法上的主体资格，所谓的“事实人格”实际上就是人格要素，人格权的客体是人格要素而非人格利益。人格与人格要素应予以区别。

除了以上几种观点之外，还有学者将人格分为私法上的人格与自然法上的人格。妻子和子女在市民法上都属于他权人，受家父权的支配，但他们在事实上的地位并不低。“在罗马人的家庭中，妻子的地位并不低，一点儿也不低。”[①] 子女也受到尊重，成年子女还可以参与家庭事务的讨论。奴隶在事实上的地位，因每个奴隶的能力不同，存在很大的差异。某些受过良好教育的奴隶则可以充当医生、教师或者私人秘书，甚至帮助主人从事贸易活动或者担任主人财产的经营人，为主人获得利益，并且接受较好的待遇。[②] 奴隶参加礼拜、丧葬、殡仪会等宗教方面的人格从未受到过否认。[③] 当然，这里的“人格”并非实在法上概念。受斯多葛学派影响的罗马法学家认为，根据自然法，所有人均是自由平等的，只有实在法才在他们之间造成了差异。[④] 这种基于自然法观念所称之人格，以及宗教人格、社会人格等，只是套用“人格”一语罢了，并非真正存在另外一种“人格”。自然法上的或者宗教上的所谓人格不能与市民法上的人格混为一谈。以奴隶为例，奴隶的实际生活也许并不可怕，甚至个别奴隶主对待奴隶温和友善，但法律总是对奴隶不利。根据市民法，奴隶没有人格，奴隶是物，是会说话的工具，就像牲畜一样。[⑤] 另外，罗马法上的人格以家庭为载体，是团体人格，家父为团体人格的代表；所谓自然法人格、宗教人格则是个体人格。值得注意的是，崇尚人人平等的自然法思想

---

① ［德］奥托·基弗：《古罗马风化史》，姜瑞璋译，辽宁教育出版社 2000 年版，第 21 页。甚至有学者认为，人类历史上只有两个妇女与男子在法律上平等的时期，一个发生在古罗马，另一个发生在现代的欧美（参见徐国栋：《罗马私法要论：文本与分析》，科学出版社 2007 年版，第 108 页）。

② 有学者认为，在古罗马早期，奴隶数量较少，通常和主人住在一起，关系很简单，因此他们的生活也许挺舒适。因为像奴隶这样值钱的财产是不会受到无休止的虐待和拷打的（参见［德］奥托·基弗：《古罗马风化史》，姜瑞璋译，辽宁教育出版社 2000 年版，第 94 页）。

③ “这种对奴隶的社会人格的承认以及关于其法律人格的理想观念，也影响到法学。”但奴隶的法律地位没有得到改善，只是有一些很慎重的变化，人们避免违反奴隶在法律上绝无能力的基本原则（［意］彼德罗·彭梵得：《罗马法教科书》，黄风译，中国政法大学出版社 1992 年版，第 33 页）。在这里作者使用了宗教方面的人格、社会人格等概念，以便与法律人格相区别。

④ 鄂振辉：《自然法学》，法律出版社 2005 年版，第 20—23 页。

⑤ ［英］巴里·尼古拉斯：《罗马法概论》，黄风译，法律出版社 2000 年版，第 69 页。正是由于不容改变的法律状况导致屡屡发生对待奴隶骇人听闻的残酷行为，才最终爆发一次又一次的奴隶起义。

和基督教观念不仅对罗马法后期的人格制度产生了积极影响[①]，而且也是推动民事主体从家庭一元结构向家庭和个体二元结构并最终向个体一元结构发展的重要因素。这里只讨论罗马市民法上的人格。

第二节　人格之功能

一　问题之提出

关于罗马法人格之功能，以前的论著很少涉及，更没有进行深入探讨。徐国栋教授2002年4月6日在“中国民法百年：回顾与前瞻”会议上发表《“人身关系”流变考》一文[②]，提出人格实质上是关于社会阶层或者阶级的划分，是作为组织社会身份制度的一种工具，人格具有公法性质等观点。此后，人格之功能的问题受到了学界的关注。尹田教授也发表了一系列论著，主张罗马法人格是“区分自然人不同的社会地位”“一些人压迫另一些人的法律技术工具”[③]，认为“人格”作为一个历史范畴，表现的是人的一般法律地位（人的宪法地位），在罗马法上，“人格”被直接用于不平等之阶级的区分。[④] 许多学者受此观点的影响，认为人格是组织社会的工具，人格是公法概念。[⑤] 这些观点似乎已成定论。

① 罗马后期的国教即基督教对罗马私法也有消极作用。“基于基督教的嫉妒性和顽固性，宗教身份成为了人格的构成要素。正统基督教徒拥有完整人格，非基督教徒和异端教徒则承受部分或全部权利能力之剥夺的惩罚。”汪琴：《基督教与罗马私法：以人法为视角》，法律出版社2011年版，第373页。

② 徐国栋：《“人身关系”流变考》，载《中国民法百年回顾与前瞻学术研讨会文集》，法律出版社2003年版，第10—40页。此后，徐国栋教授又撰文，进一步阐述其关于人格是组织社会的工具，人格是公法概念等观点（参见徐国栋：《寻找丢失的人格——从罗马、德国、拉丁法族国家、苏联、俄罗斯到中国》，《法律科学》2004年第6期）。

③ 尹田：《论法人人格权》，《法学研究》2004年第4期。

④ 尹田：《民事主体理论与立法研究》，法律出版社2003年版，第135页。

⑤ 李永军：《论权利能力的本质》，《比较法研究》2005年第2期；付翠英：《人格·权利能力·民事主体辨思——我国民法典的选择》，《法学》2006年第8期。

但仔细琢磨，仍存疑虑：（1）人格之载体究竟是自然人还是家庭？如果说人格是阶级划分工具，则人格之载体应该是自然人，因为阶级划分是以自然人为对象的。如前所述，罗马法上民事主体是以家父为代表的家庭，而非自然人。（2）属于不同阶级的家庭在人格之享有方面是否存在差异？如果说人格是阶级划分工具，则属于不同阶级的家庭在人格之享有方面肯定不同。但现有资料表明，除了奴隶不能享有人格外，同为自由人、均具有市民身份但分属于不同阶级的贵族家庭、平民家庭之间的人格却没有什么区别。（3）最初的罗马人是否都当然具有完全人格？如果说人格是阶级划分工具，则所有罗马人尤其是作为统治者均应具有完全人格，但通说认为只有具备家父身份的罗马市民才具有完全人格，具有市民身份但不具有家父身份者只能是不完全人格人。（4）通说所称的作为完全人格人之家父与不完全人格人之家子是否属于同一阶级？如果说人格是阶级划分工具，那么他们应该分属于不同的阶级，即所有贵族中的家父、平民中的家父、骑士中的家父以及后来逐渐被赋予市民身份的拉丁人、意大利人、异邦人中的家父应属于同一个阶级，相应地，他们中的家子则属于另外一个阶级。实际上，贵族的家子按照通说虽然不具有完全人格但仍然是贵族，平民的家父虽然具有完全人格但仍然是平民。由此看来，“人格是阶级划分工具”的观点需要重新检讨。

本书试图从罗马社会结构、经济基础入手探讨人格之功能，分析人格之法律性质，进而探究罗马法人格之本质。①

二　人格之虚假功能：阶级划分的工具②

在论述人格与阶级划分的关系之前，有必要先简单介绍罗马社会阶级等级状况和罗马人格区分之基本内容，只有对这两者充分了解，

① “所谓本质，是指事物本身所固有的、决定事物性质、面貌和发展的根本属性。”《现代汉语词典》，商务印书馆 1992 年版，第 52 页。

② 关于人格与阶级划分的关系，笔者已经发表相关论文（张善斌：《再论人格与阶级划分的关系——对人格为阶级划分工具观点的反驳》，《法商研究》2009 年第 2 期），不应赘述，但为保持本书逻辑结构的完整性，仍予简要论述，特此说明。

才可能进一步讨论人格与阶级划分的关系。

1. 罗马社会的阶级、等级划分及其矛盾和斗争

古罗马建于公元前753年。[①] 罗马是个多民族的国家，包括古拉丁人、特拉人、希腊人、萨宾人、埃特鲁斯人等。各民族皆有自己的风俗习惯、宗教甚至法律——家族内部适用的家法。[②] 随着社会的发展，在罗马人内部逐渐形成贵族、平民、骑士等不同阶层。此外，罗马领土扩张产生了罗马人与拉丁人、意大利人、异邦人的区分。罗马建国之时，奴隶制度已经盛行。“一切人不是自由人就是奴隶。”[③] 自由人与奴隶的划分是最重要的阶级划分。奴隶与奴隶主之间的矛盾是罗马奴隶制社会的主要矛盾，它影响到其他各集团之间的矛盾。[④] 奴隶没有法律人格、在阶级划分中属于被统治阶级，两者完全吻合，可以说奴隶没有人格正是阶级划分在法律上的反映。但自由人之间尤其是贵族与平民、贵族与骑士、罗马市民与拉丁人、意大利人、异邦人之间的矛盾和斗争与人格是否有直接关系则需要进一步分析。

罗马最初的自由人由贵族（及其食客，或称门客）与平民组成。

---

① 古罗马的历史一般分为以下几个阶段：王政时期（公元前753年—公元前510年）、共和国时期（公元前510年—公元前27年）、帝政分政时期（公元前27年—公元284年，也称为元首制时期）、帝政专政时期（公元284年—公元641年，也称为君主制时期、绝对君主制时期）。公元395年罗马帝国正式分为东西罗马两部分，西罗马于公元476年灭亡。西罗马灭亡后，东罗马仍然维持着奴隶制度，一直延续至公元1453年灭亡。参见周枏：《罗马法原论》（下册），商务印书馆1994年版，第926—930页。

② ［法］古郎士：《希腊罗马古代社会研究》，李玄伯译，中国政法大学出版社2005年版，第300—301页。罗马人是否为几个民族的混合，存在不同观点，肯定者如阿庇安。［古罗马］阿庇安：《罗马史》（上卷），谢德风译，商务印书馆1979年版，第25页。否定者认为罗马人是纯粹种族。［德］特奥多尔·蒙森：《罗马史》（第一卷），李稼年译，商务印书馆2004年版，第41页。

③ ［罗马］查士丁尼：《法学总论——法学阶梯》，张企泰译本，商务印书馆1989年版，第12页。

④ ［古罗马］阿庇安：《罗马史》（上卷），谢德风译，商务印书馆1979年版，译者序第5页。

罗马城邦是在贵族和平民这两个阶层的两元状态中发展的。[①] 贵族是最原始的公民，而平民则是被强迫移居到罗马来或者自愿移居到罗马来的其他公社的居民。[②] 只有贵族才是享有充分权利的罗马人民，他们共同领有土地，在父权制的基础上生活着并为了解决最重要的问题而召开库里亚会议。平民是随着经济发展和对外扩张而新增加的人口，包括外来民和被征服地区的居民。他们是人身自由的人，可以拥有土地，但不能享有政治上的权利，不能担任任何官职；既不能参加库里亚会议，也不能参与征服得来的国有土地的分配。“他们构成被剥夺了一切公权的平民。”[③] 甚至他们与贵族之间的婚姻也被认为是非法的。[④] 在君王制后期及共和国时期，罗马的宪制、政治和社会历史的发展以贵族和平民的斗争为其特点，这一斗争随着平民的完全胜利而告终。经过平民与贵族的斗争，罗马城邦在政治、经济和社会力量的平衡中得以巩固，由此，共和国宪制得到确立并发展到顶峰。[⑤] 在平民与贵族长期尖锐复杂的斗争中，核心问题是：法律的制定、债务的取消、土地的分配以及行政长官的选举（担任高级官吏职位的权

---

① ［意］朱塞佩·格罗索：《罗马法史》，黄风译，中国政法大学出版社 1994 年版，第 66 页。“罗马城邦历史的进程。最初只包括贵族及客人；稍后平民加入。继以拉丁人，再以意大利人，而终于各省人。”［法］古郎士：《希腊罗马古代社会研究》，李玄伯译，中国政法大学出版社 2005 年版，第 320 页。

② 美国学者摩尔根也认为，在罗马，“一个人之所以是平民，就因为他不是任何一个氏族的成员”。这些平民可能是从邻近部落成群来到这个新城市的冒险者，可能是在战争中被俘而后来被释放的那些人，也可能是混杂在移植于罗马的氏族中的那些无族籍的人；另外，有一些破落的氏族和一些不足规定的人数的氏族都可能被排除出来了。这些人就是罗马的平民，他们既然是平民，所以他们也就不是罗马氏族社会的成员。［美］路易斯·亨利·摩尔根：《古代社会》（下册），杨东莼等译，商务印书馆 1977 年版，第 323 页。关于贵族与平民的起源的理论除了本书的观点之外，还存在两种不同学说。参见［俄］科瓦略夫：《古代罗马史》，王以铸译，生活·读书·新知三联书店 1957 年版，第 72 页。

③ ［德］恩格斯：《家庭、私有制和国家的起源》（中译本），人民出版社 1999 年版，第 132 页。

④ ［俄］科瓦略夫：《古代罗马史》，王以铸译，生活·读书·新知三联书店 1957 年版，第 71 页。

⑤ ［意］朱塞佩·格罗索：《罗马法史》，黄风译，中国政法大学出版社 1994 年版，第 64、142 页。

利）等。[①] 古罗马先后颁布了一系列法律，反映着这些问题上的斗争和妥协。公元前451—公元前450年的《十二表法》是两大阶层斗争的早期产物，当时平民们所寻求的不是改革法律，而是公开法律。公元前445年《卡努列优斯法》废除了贵族与平民不得通婚的禁令，并规定将国有土地的一部分和新征服土地的一半分给平民。公元前367年的《李其尼和塞斯蒂法》接受了平民主要的经济要求以及他们最重要的政治要求：在每一年中，执政官中的一人必须是平民护民官；而且在不久之后，平民就被允许担任所有执法官的职务。公元前286年《霍尔滕西法》的颁布使平民会决议取得与法律相同的效力[②]，标志着平民与贵族的平等化进程取得了重大进展。

骑士阶层是在罗马社会随着军事组织的发展和演变而逐渐产生的[③]，他们享有比平民更高的社会地位，而且与显贵阶层存在经济上的各种联系，但骑士与显贵阶层之间仍然存在着一些摩擦和对立。骑士们常常同平民结盟，参加反对显贵阶层的斗争。例如，审判员以前只能由元老院阶层担任，骑士们为了同样能够担任审判员，经过长期斗争终于在公元前123年和公元前122年通过了一系列《森布罗尼法》，从此骑士可以担任审判员。[④]

随着罗马的扩张和对外经济交往的增加，社会关系日益复杂，罗马的统治者不仅要处理贵族与骑士、平民之间以及自由人与奴隶之间的关系，而且还不得不面对两个问题：其他城邦或其他民族的法、罗马人与

---

① ［古罗马］阿庇安：《罗马史》（下卷），谢德风译，商务印书馆1976年版，第1页；由嵘主编：《外国法制史》，北京大学出版社2007年版，第70页。

② 关于平民会决议获得与法律相同效力之规定究竟始于哪一部法律，还存在其他说法。有观点认为始于公元前449年的《瓦勒里和奥拉兹法》，也有观点认为始于公元前339年的《布布里利和菲洛尼法》（［意］朱塞佩·格罗索：《罗马法史》，黄风译，中国政法大学出版社1994年版，第93—94页）。不论哪一种说法，都表明争取平民会决议获得与法律相同效力，使之成为法律渊源是平民与贵族斗争的重要内容。

③ ［意］朱塞佩·格罗索：《罗马法史》，黄风译，中国政法大学出版社1994年版，第34、60、179、280—281页。

④ 同上书，第287—288页。

异邦人之间的关系。① 对第一个问题，罗马允许各城邦保留自己的法律，遵循法律上的属人主义原则；对第二个问题，罗马在扩张过程中分别采取联盟和兼并等不同形式，对各城邦区别对待。② 就联盟而言，按照同罗马关系的远近程度（或者称为独立程度）的不同将这些与罗马联盟的各城邦可以分为四个部分：一是联盟；二是殖民区；三是意大利法城；四是拉丁法城。各个联盟城邦在行政管理方面保持着自己的自主性，甚至保持着主权，它们拥有自己的行政管理机构，有着自己的执法权，按照自己的法律生活。随着罗马进一步强大，最后各城邦完全为罗马所吞食，他们的宗教、主权、法律也就逐渐归于消灭。③ 就兼并而言，被兼并地区的居民一般不再取得市民籍，而继续作为异邦人，处于罗马国家的权力之下。罗马在被兼并地区建立行省④，委派拥有充分治权的行省总督负责治理。这些来自于其他国家或者其他行省的属民被称为异邦人，他们有自己共同体的法律并且可以在其内部适用，他们享有通商权，但不能适用罗马法享有婚姻资格和遗嘱能力，不能享有政治权利，甚至曾经不享有诉权（不适用市民法），只是随着外事裁判官的出现和裁判官法的发展才根据万民法受到保护。由此，罗马通过各种各样的统治形式赋予各城邦人不同身份和地位：拉丁人身份、意大利人身份、异邦人身份等。⑤

罗马人将各城邦人区分为拉丁人、意大利人、异邦人等不同等

---

① ［意］朱塞佩·格罗索：《罗马法史》，黄风译，中国政法大学出版社 1994 年版，第 229 页。

② ［法］古郎士：《希腊罗马古代社会研究》，李玄伯译，中国政法大学出版社 2005 年版，第 311 页。［意］朱塞佩·格罗索：《罗马法史》，黄风译，中国政法大学出版社 1994 年版，第 205 页。

③ “各邦的一切失陷：先宗教，次政府，终私法。”［法］古郎士：《希腊罗马古代社会研究》，李玄伯译，中国政法大学出版社 2005 年版，第 314 页。

④ 公元前 227 年，出现了最初的行省：西西里和萨丁，并开始创设两名裁判官治理行省。参见［意］朱塞佩·格罗索：《罗马法史》，黄风译，中国政法大学出版社 1994 年版，第 221 页。

⑤ 拉丁人又可以分为早期拉丁人、殖民地区拉丁人和尤尼亚拉丁人（黄风：《罗马私法导论》，中国政法大学出版社 2003 年版，第 84—87 页）。还有一类人被称为归降人，他们也是居住在罗马城内的自由人，但其社会地位非常糟糕，甚至比一般异邦人的地位还低，有的学者称之为“艾里亚拉丁人”。

级确实与他们享有私法上的权利范围有关联，但更多的是政治问题。这些身份区别在不同时期可能基于不同原因而改变，并导致享有权利范围的变动，但引起变化的原因却是政治上的：（1）如前所述，意大利人争取市民籍是为了参与土地分配。罗马的意大利同盟者对罗马拒绝给予自己市民籍感到愤愤不平，公元前91年—公元前88年，他们通过内战迫使统治者给予全意大利人市民籍。[①] 内战的起因是只有罗马市民才能够土地分配。（2）逐渐赋予部分拉丁人市民籍是统治者进行管理的政治手段。例如在帝国初期，许诺给予市民籍不断地吸引这些尤尼亚拉丁人和其他拉丁人参加公益活动，这类公益活动包括：修建房屋，向罗马运输粮食，参加消防队，养育儿童，等等。作为结果，部分拉丁人被赋予市民籍。[②]（3）公元212年，卡拉卡拉皇帝颁布《卡拉卡拉告示》授予帝国的所有臣民以罗马市民籍，把所有的人都变成为市民。那么，卡拉卡拉皇帝为什么如此慷慨地将意大利人通过内战才获得的市民籍授予帝国的所有臣民？真正原因在于宗教方面。罗马人信仰的是多神教，但卡拉卡拉皇帝时期，基督教在罗马帝国有迅猛扩展之势，他授予一般居民以市民权，是想使他们信仰罗马教，用以抵制基督教的影响。这实际上仍然是政治问题。[③] 当时的基督教还是异教，基督徒被认为是异教徒而遭到迫害；直到君士坦丁皇帝于公元313年颁布米兰敕令，承认基督徒不再为异教徒，基督教同其他宗教一样可以被自由信仰，最后狄奥多西皇帝实际上使基督教成为国教。[④]

这些事实足以说明：平民、骑士与贵族之间为了实现公平而展开

① ［英］巴里·尼古拉斯：《罗马法概论》，黄风译，法律出版社2000年版，第9页。

② 同上书，第65页。

③ 关于卡拉卡拉皇帝授予殖民区拉丁人以市民权的意图，存在增税说、扩大罗马教影响说、整合帝国人民说（徐国栋：《罗马私法要论：文本与分析》，科学出版社2007年版，第36—38页）。无论是税收、宗教，还是整合帝国人民，都属于政治、经济范畴，虽然这会影响到享有权利的范围，但直接目的决不是为了改变已有人格制度。

④ ［美］斯塔夫里阿诺斯：《全球通史：从史前史到21世纪》（上），董书慧等译，北京大学出版社2005年版，第133页。

的斗争主要涉及土地分配以及立法、行政、司法等诸多方面，罗马人与拉丁人、意大利人、罗马统治下的异邦人之间的矛盾也主要是土地分配、税收或宗教信仰等方面，与私法上人格之享有毫无关系。由此可以得出这样的结论：作为自由人的平民、骑士拉丁人、意大利人、异邦人家庭同样可以享有私法上的人格，享有与贵族家庭相同的私法权利，只是享有权利的范围和拥有财富的多少不同。

2. 罗马自然人基于人格之分类

通说认为，人格应具备的要件为自由身份、市民身份和家族身份①，同时具备该三种身份者为完全人格人，不具有家父身份者为不完全人格人，三种身份都不具有者则为无人格人。本书坚持人格之载体为家庭，人格并不涉及自然人个体，或者反过来说，自然人个体无所谓人格不人格，但为了论证人格与阶级划分的关系，笔者仍然借用学界通说，将自然人分为完全人格人、不完全人格人、无人格人，以此来论证这种分类与阶级划分是否存在对应关系。

（1）完全人格人。完全人格人是指同时具备自由人身份、市民身份、家族身份的人。要取得完全人格，首先，必须具备自由人身份，也称自由权。在罗马法中，所有人不是自由人就是奴隶。因此，判断一个人是否具有人格，具有决定性意义的标准就是看他是否属于自由人。其次，必须具备市民身份，也称市民权。罗马法遵循的是法的属人主义原则，即每个人都根据自己城邦的法成为法律主体。因此，罗马人一直坚持市民法仅适用于罗马市民，而不适用于异邦人。罗马人与异邦人之间，以及异邦人相互之间的关系适用“万民法”。《卡拉卡拉告示》颁布后，所有帝国的臣民均变成了市民，意味着市民法同

① 意大利学者彼德罗·彭梵得将人格的要件归纳为三个方面，即人的存在、自由身份和市民身份，似乎可以推断他将家族身份排除在人格的要件之外。但其在论述“家父”时又认为，家父是指没有活着的男系尊亲属的人，在家父既无卑亲属又无从属人的情况下，家父地位变成了一种单纯的主体条件，在取得自由身份和市民身份后，这种主体条件对于人格来说是最为至关重要的，“甚至在整个古典时代之前，它在私法关系中几乎同前几种条件一样地重要。”在此情况下，家父身份又是人格的要件之一（［意］彼德罗·彭梵得：《罗马法教科书》，黄风译，中国政法大学出版社 1992 年版，第 29—40、125 页）。

样适用于异邦人，实际上标志着市民身份已不再是罗马人格的要件。①最后，必须具备家族身份，也称家父身份或家族权、家父权。罗马法上的民事主体是家庭而非个人，“家庭是法定单位，家庭的首脑——‘家父（paterfamilias）’是唯一为法律承认的完人”②。罗马人在技术上通过家父代表家庭承受法律上的人格。根据是否享有家父身份可将家族团体中的人分为“家父”和“家子”。所谓家父是指具有自由人身份和罗马市民身份、没有任何活着的男性直系尊亲属的人。家子包括家父的所有子女，即直系卑亲属，无论是儿子还是孙子，无论是男性还是女性，无论是婚生的还是收养的。在家庭中，家父是“自权人”，家子则属于“他权人”③。

作为完全人格人，“家父”不仅在社会上是自由的、是市民法的权利主体，而且不受任何来自家庭权力的支配，充分享受与家庭有关的各项财产性权利和人身性权利④，甚至包括对家子的生杀予夺之权。⑤ 一般认为家父所享有的权利包括：①通商权，也叫交易资格，即根据市民法实施财产性法律行为的权利；②通婚权，也就是婚姻资

① 罗马市民籍的扩展，导致罗马法适用范围的扩展，标志着罗马法主体领域的彻底开放，也意味着所有新市民被纳入罗马法的调整范围（［意］朱塞佩·格罗索：《罗马法史》，黄风译，中国政法大学出版社 1994 年版，第 418—419 页）。这一变化导致市民法同样适用于异邦人，因此对于新市民（异邦人）而言，市民法与万民法之间的区别已无实际意义。

② ［英］巴里·尼古拉斯：《罗马法概论》，黄风译，法律出版社 2000 年版，第 65 页。

③ 所谓“自权人”是指拥有独立于罗马的家庭权力的人，即具有从不属于任何人的家庭权力的人，自权人一般是指家父。“他权人”是指处于他人权力管制之下的人，他权人分为三种：属于家父权者、属于夫权者、属于家主权者，即家子、妻子、奴隶（陈允、应时：《罗马法》，商务印书馆 1939 年版，第 44 页）。奴隶属于广义上的他权人。也有学者认为，他权人是分别处于家长权、夫权和买主权支配之下的市民［周枏：《罗马法原论》（上册），商务印书馆 1994 年版，第 107 页］。

④ 黄风：《罗马私法导论》，中国政法大学出版社 2003 年版，第 88 页。

⑤ 有学者将家父权归纳为以下几方面：家父对家子有生杀予夺之权；家父有出卖家子之权；家父有否决婚姻及离婚权；家父有监护亲子之权；家父有家子之一切财产权；家父得以遗嘱为家子指定监护人之权；家父得为家子指定继承人之权；家父因其家子被损害时得向他人请求损害赔偿之权（丘汉平：《罗马法》，中国方正出版社 2004 年版，第 81—82 页）。

格，即与罗马市民缔结合法婚姻的权利；③遗嘱权，也称遗嘱能力，又分为“主动遗嘱能力”（即通过订立遗嘱处置其财产的权利）、“被动遗嘱能力”（即根据他人遗嘱成为继承人的权利）；④诉权，即权利被人否认或被人侵害时，诉诸法院请求确认权利或排除障碍的权利[①]；⑤表决权，即推选执政官和在民众会议上发表意见的权利；⑥任职权，即担任公共职务的权利。

（2）不完全人格人。不完全人格人又可分为：具有市民身份的不完全人格人和不具有市民身份的不完全人格人，前者指处于他人权力管制之下具有市民身份的自由人即“他权人”，后者指不具有市民身份的自由人即拉丁人、意大利人、异邦人。

拉丁人，是指介于罗马市民和异邦人之间的自由人，又可根据其享受权利的多少而分为早期拉丁人、殖民区拉丁人和尤尼亚拉丁人三等。早期拉丁人，也称为古拉丁人，是指早期居住在拉齐奥地区的居民或者与罗马城邦结盟的其他城邦的居民，其地位几乎与罗马市民相同，享有通婚权、通商权、表决权、任职权等，但不享有“遗嘱能力”。在共和国时期，所有早期拉丁人均获得了罗马市民身份，这一类拉丁人身份由此而消灭。从公元前268年起，罗马人在其征服地区建立了大量的殖民区，居住在该殖民区的拉丁人称为殖民区拉丁人，他们只享有通商权和表决权，一般不享有通婚权。尤尼亚拉丁人是因公元19年《尤尼亚法》的颁布而产生的一种拉丁人类别，这种身份主要被授予那些不符合取得罗马市民籍条件的解放自由人，一般只享有通商权，没有通婚权和遗嘱权，也不享有某些政治上的权利。就民事权利而言，所有拉丁人均享有通商权，一部分拉丁人享有遗嘱权，少量拉丁人享有通婚权。[②] 异邦人（外国人），泛指被罗马征服地区

① 陈朝璧：《罗马法原理》，法律出版社2006年版，第50—51页；黄风：《罗马私法导论》，中国政法大学出版社2003年版，第95—96页。

② ［英］巴里·尼古拉斯：《罗马法概论》，黄风译，法律出版社2000年版，第64—65页。尤尼亚拉丁人是解放自由人或者叫被解放的奴隶，他们虽然也拥有交易权，但没有“死因交易资格”，因此在他们死后，财产仍落入旧主人手中（［意］彼德罗·彭梵得：《罗马法教科书》，黄风译，中国政法大学出版社1992年版，第34—37、40页）。

的不享有市民和拉丁人身份的自由人（从一定意义上讲，居住在罗马城内的归降人，也被称为异邦人）。[①] 意大利人最初也被称为异邦人，只是后来他们取得了一定的特权而有别于其他异邦人。卡拉卡拉皇帝颁布《卡拉卡拉告示》授予帝国的所有臣民以罗马市民籍，把所有的人都变成为市民后，市民身份不再是人格取得之要件，拉丁人、意大利人、异邦人身份归于消灭，他们能够取得完全人格，但在政治上的权利仍与罗马人有所区别。

（3）无人格人。自由人身份、市民身份、家族身份三者均不享有者，则无人格可言，不能成为民事权利的主体。[②] 无人格人包括奴隶和敌国人。在法律上，奴隶是物，他本身并没有任何权利，他只是权利的客体，就像牲畜一样。敌国人，是指与罗马处于交战和不友好状态的国家的人民。罗马法对敌国人的生命财产一概不予保护，听任罗马人自由处置，或杀戮，或强使为奴而掠夺其财产。另外，还有一种蛮民，罗马人认为他们是尚未开化的人，因此对其不提供任何法律保护，市民法、万民法对他们均不适用，当然也就不具有人格，即使在查士丁尼时期，他们也不能取得市民资格。[③]

值得注意的是，在不同历史时期罗马法根据人格对人的分类是不同的。在共和国中期，自然人分为：完全人格人，即家父；不完全人格人，即他权人、拉丁人、意大利人、异邦人；无人格人，即奴隶、敌国人。后来，拉丁人、意大利人、异邦人取得罗马市民身份，相应地拉丁人、意大利人、异邦人变成为完全人格人（家父）和不完全人格人（他权人）。在罗马后期，随着社会发展，家子的地位有所改善，被允许拥有特有产，最终逐渐取得一定的财产权利。

---

① 周枏：《罗马法原论》（上册），商务印书馆 1994 年版，第 101—106 页。

② 有学者认为，“无家族权未必无自由权和市民权，一般不影响其作为民事权利的主体”（江平、米健：《罗马法基础》，中国政法大学出版社 2004 年版，第 109 页）。这一观点值得商榷，因为罗马法将民事主体限制在家庭层面，个体不是市民法关注的对象，即使具有自由身份、市民身份，作为个体的家父和家子，都不是民事主体，何谈“一般不影响其作为民事权利的主体”？

③ 周枏：《罗马法原论》（上册），商务印书馆 1994 年版，第 106 页。

以上通说，可以归纳为：①具有自由身份、市民身份的人（按照现代称谓，就是罗马公民）中，家父是完全人格人，享有广泛的私法上的权利和公法上的权利；家子是不完全人格人，不享有私法上的权利，但具备一定条件者可以享有公法上的权利。②具有自由身份、不具有市民身份的人（非罗马公民之自由人）中，家父是不完全人格人，都享有通商权，早期没有（后来逐渐享有）通婚权和遗嘱权，家子不享有私法上的权利；家父、家子是否享有某些公法上的权利，在不同时代存在差异。③自由身份、市民身份都不具有的人为奴隶或敌国人，是无人格人，既不享有私法上的权利，更不享有公法上的权利。

由此可见，完全人格人既包括了属于统治阶级的贵族家庭的家父，也包括了平民家庭的家父。不完全人格人既包括了属于统治集团的贵族家庭的家子，也包括了平民家庭的家子，还包括了非罗马市民的自由人家庭的家父和家子。部分不完全人格人可以享有私法上的权利，只是其享有权利的范围受到限制而已；具有市民身份的不完全人格人也可以享有公法上的权利。无人格人除了奴隶，还包括敌国人，奴隶是被统治阶级，但敌国人显然不在阶级划分范围之内。结论：传统民法关于完全人格人、不完全人格人、无人格人的区分与阶级划分并不具有一一对应关系。

3. 阶级划分不是人格区分之结果，而是人格区分之前提

人格与阶级划分的关系，涉及民法与政治的关系问题。对此，本书认为，一方面，政治制度决定了民法的地位和民法的具体规定，如原苏东社会主义国家民法的变化；另一方面，基于科学的法律传统，民法脱离政治而独立存在并且不断地继续发展，如合同或所有权等民法的核心制度，正所谓“政治逝矣，民法长存”。[①] 人格与阶级划分的关系同样如此。

首先，人格制度与阶级划分是两个不同层面的问题。(1) 目的不

---

① ［德］迪特尔·施瓦布：《民法导论》，郑冲译，法律出版社 2006 年版，第 41—42 页。

同。人格制度是一项重要的法律制度，主要涉及家庭之间的交往（如婚姻、交易等）和家庭内部管理（如对家子的管教、对家族内部纠纷的裁决等）[①]；人格制度的目的主要是为了确定民事主体资格，筛选合格的民事主体，进而确定权利义务的归属等。而阶级划分则是政治问题，主要涉及各阶层的政治地位、参与国家管理的权力以及可能获得的政治利益等；进行阶级划分的主要目的是通过分析各阶级在社会中的地位以及发展变化，揭示社会发展的规律。（2）依据不同。人格制度是实在法上的制度，人格之要件、分类、得丧变更等内容均由立法者确定，体现立法者的意志；而阶级划分以人们在社会中的地位和作用为划分标准，是不以人的意志为转移的，不是人为的结果。（3）分类不同。按照通说，罗马法将人分为完全人格人、不完全人格人、无人格人三类，这一分类相对稳定，从共和时期逐步确立到西罗马灭亡一千多年基本没有变化。在古罗马，除了奴隶与奴隶主这一最基本的阶级划分之外，还存在贵族、骑士与平民，罗马人与拉丁人、意大利人、异邦人等阶级或等级的划分。阶级或等级划分因政治原因处于不断变动之中，如在授予所有罗马居民市民籍之后，原来存在的拉丁人身份、意大利人身份和异邦人身份归于消灭。当然，奴隶与奴隶主之间的矛盾，以及无产者和小土地所有者对大土地所有者的斗争贯穿于整个罗马历史。[②]（4）结果不同。如前所述，基于人格制度对人的分类与阶级划分并不一一对应。在罗马法上，不论属于罗马市民的哪个阶层，只有家父才代表家庭具有完全人格，才享有财产权利，家子不能享有财产方面的权利，因此罗马贵族、骑士、平民家庭

① 有学者认为：“罗马家庭自身所具有的基本特点使它具有政治组织的性质，在历史发展进程中，这种性质逐渐消退。”（［意］朱塞佩·格罗索：《罗马法史》，黄风译，中国政法大学出版社 1994 年版，第 14 页）这种观点有其合理性，但当家庭成员均能独立、直接享有政治权利的时候，家庭政治组织的性质应该已经消退。相反，在私法领域，家庭作为一个人格单位，家庭成员包括家父和家子的私权均被家庭所吸收，家庭的团体性虽在罗马帝国后期似乎有所缓和，但仍然一直延续到西罗马帝国灭亡，其影响甚至漫及资产阶级革命之前。

② ［古罗马］阿庇安：《罗马史》（上卷），谢德风译，商务印书馆 1979 年版，第 1 页。

中的家父都是完全人格人，他们所具有的人格和所享有的私权在性质上并无差异，但他们的社会地位、所享有的政治权利和所拥有财产的多少却存在巨大差异，因此他们分属不同的阶级或阶层。相应地，贵族家子、平民家子甚至拉丁人家子、异邦人家子同样是不完全人格人、同样不能享有财产权利和婚姻自由，但他们不可能属于同一阶级。由此可见，基于人格对人的分类与基于社会地位对人的阶级划分是截然不同的两个问题，不仅区分标准不同而且所作的分类也不对称。因此，即使按照通说，人格无论如何不是阶级划分的标准，更不是阶级划分的唯一标准。

其次，人格区分与阶级划分存在一定的联系。阶级划分是人格区分之前提，人格区分是阶级划分在法律上的必然反映。阶级划分等政治问题是通过公法尤其是宪法性规范①（如关于任职权、立法权、市民籍等法律）来实现的，而这些公法规定正是人格制度之基础，人格制度将阶级划分所要确定的相关问题通过法律形式固定下来，并最终为统治阶级服务。例如，奴隶阶级作为被统治阶级没有社会地位、毫无政治权力和政治利益可言，反映在法律上，奴隶既无交易资格，也无婚姻资格；他们不是主体，而是权利标的。② 再如，平民与贵族的持久斗争为古代“市民社会”的形成和发展争取了空间，为罗马私法的发达创造了条件，最终平民获得了与贵族同等的权利；意大利人通过内战获得了罗马市民籍，卡拉卡拉皇帝基于政治目的主动授予所有居民市民籍，这些政治斗争不仅导致阶级等级划分发生了变化，而且也使他们的人格充实程度发生了变化，拉丁人、意大利人、异邦人同罗马人一样都能够以家庭为单位取得完全人格，享有性质相同的私

---

① 古罗马没有现代意义上的宪法，但这并不意味着罗马社会不存在宪法性规范。相反，正是一系列宪法性规范的存在，可以从三种不同的角度即官制、元老院和民众会议，按照亚里士多德的理论规则，对各种不同的统治形式作出君主制、贵族政治和民主制这三种不同的划分（［意］朱塞佩·格罗索：《罗马法史》，黄风译，中国政法大学出版社 1994 年版，第 202 页）。

② ［意］彼德罗·彭梵得：《罗马法教科书》，黄风译，中国政法大学出版社 1992 年版，译者序第 3 页。

法权利，尽管他们之间享有权利的范围还存在一定差异。

最后，阶级划分对人格区分的影响是根本性的，但不是唯一的。民法作为规范综合体，其构成部分可以分为两种，“一是那些长期发挥作用的结构；二是因时所生、常属短命的元素”①。前者实际上是指不受政治因素左右而存在并将继续发展下去的制度或规定②；后者则是特定历史时期的特殊原因产生并最终被抛弃的元素，如后来经证明是错误而被更正的规定，或者为解决历史遗留问题而设置并在该问题被解决后丧失效力的制度等。罗马法上的人格制度关于罗马人（不论贵族和平民）、拉丁人、意大利人、异邦人均享有通商权的规定，是商品经济在法律上的反映，也是自由贸易的基础，是民法长期发挥作用的元素，这与阶级划分没有关系。但罗马法关于剥夺奴隶的人格，限制拉丁人、意大利人、异邦人通婚权、遗嘱权的规定，显然是受当时政治制度的影响，正是阶级、等级不同身份在法律上的反映，因此注定将被抛弃。另外，人格区分也不能完全反映阶级等级划分。在共和国时期，平民、骑士与贵族均具有自由人身份和市民身份，家父代表家庭同样可以取得完全人格，但他们之间的等级划分一直存在，平民、骑士为争取政治上平等的斗争延续了几世纪。至帝国后期，所有的居民均具有罗马市民身份，此时除了自由人与奴隶之区别外，自由人以家庭为单位在人格上并没有什么区别，但自由人仍然存在等级区分，在政治权利和利益的享有方面仍存在较大差异。

本书认为，自然人（无论是通说主张的个体人格，还是笔者主张的家庭人格）在人格方面的差异是有关身份、等级的政治制度在私法上的必然反映；人格制度与其他法律制度一样具有组织、管理社会的功能；尽管人格制度与阶级划分存在着一定的关联，但不能反过来认

① ［德］迪特尔·施瓦布：《民法导论》，郑冲译，法律出版社2006年版，第43页。

② 有些制度或规定可能受政治影响暂时被抛弃或者被扭曲，但从长远来看这些制度最终仍然会继续发挥作用并不断完善，如新中国成立后特别是在文化大革命时期，由于受左的思想影响，民法的基本原则（如平等、意思自治等）和许多具体制度（如所有权制度、合同和债的制度等）都被抛弃，但随着改革开放和社会经济发展，这些原则和制度最终又重新在民法中规定并不断完善。

为人格制度是阶级划分的工具。对人的阶级划分与基于人格制度对民事主体的筛选是两个不同层面的问题，阶级划分不是人格制度之结果，而是人格区分之前提。

三 人格之真实功能：主体资格的标准

罗马是身份等级社会，每一个人都具有特定身份。所有自然人首先被区分为自由人与奴隶，自由人又进一步分为罗马市民与外国人（非罗马市民）；罗马市民又有贵族、骑士、平民之分，外国人又分为拉丁人、意大利人、异邦人。这些身份直接影响到他们能否享有以及能享有什么政治权利，也直接影响到他们的私法地位以及享有私法权利的范围。在这种不平等的身份等级制度之下，罗马时期简单商品经济却空前繁荣，出现了所谓的“罗马治下的和平”时期。[①] 建立在身份上的社会及身份的法律基础之上的人格制度是如何适应商品经济发展要求的呢？拥有罗马市民身份的贵族、骑士、平民之间的人格真的不平等吗？罗马人在与外国人在进行商品交换时，他们之间的人格也是不平等的吗？

商品是“天生的平等派”，由于价值规律的作用，人们在从事商品交换活动时，应该是平等的、互利的。商品交换的实现，必须要求交换者具有独立的人格，享有财产自主权和合同自由权，以及当自己的权益受到侵害时的损害赔偿请求权。民法是“将经济关系直接翻译为法律原则”[②]，是“以法律形式表现了社会的经济生活条件”的“准则”[③]。商品经济的内在要求必然表现为民法上平等的主体制度、

① 当时，地中海变成了罗马帝国的内海，曾经阻碍贸易的土匪和海盗行径已经绝迹，关税壁垒和各种杂费也几乎全被削减，国内贸易十分发达；此外，罗马人和所有邻近地区进行贸易，甚至通过陆上丝绸之路和海上贸易从印度、中国等亚洲国家进口香料、宝石、调味品和最受欢迎的丝绸。与罗马早期相比，罗马帝国时期的贸易范围和贸易额都有了质的增长。“这个庞大的、有着牢固天然边界线的帝国是一个繁荣的、实际上自给自足的经济单元。”［美］斯塔夫里阿诺斯：《全球通史：从史前史到21世纪》（上），董书慧等译，北京大学出版社2005年版，第89—91、127页。

② 《马克思恩格斯选集》第4卷，第484页。

③ 同上书，第249页。

确定财产归属的所有权制度、等价交换的债和合同制度。问题在于，罗马是一个因身份等级制度造成的人与人之间不平等的社会，身份等级制度与商品经济内在要求之间必然存在矛盾和冲突。因此，罗马法人格制度既要反映商品经济关于交易主体平等方面的要求，又要反映和维护身份等级制度。

有学者认为，罗马法的人法作为对权利主体的规范，其理论体系的逻辑起点是商品经济发展所要求的平等，但这种交易上权利主体平等的要求和当时社会各阶层政治地位显然不平等的社会现实发生冲突。解决的办法，就是引入“人格”的概念。从各种不平等的具体的人中抽象出最一般的法律人格。使具备自由人身份的各个阶层均被抽象的人格所涵摄，政治地位不平等的各阶层均享有平等的法律人格。当然，这种平等只是一种理念，是机会平等、资格平等，而不是结果平等。人与人的差别性和结果不平等性都被这一抽象理念面纱所遮掩。另外，人格本身又是一个开放的体系，无论是罗马人还是异邦人、无论是贵族还是平民，只要具备足以使其成为法律上人的条件时，在技术用语上被称为“persona（人）”。抽象人格借由权利或身份的取得、变更、丧失的自由平等而成为人格上的平等，实际上是法律“拟制的平等”，由此，“使人的不平等和法律关系主体的平等得到调和”①。

这一观点很好地解释了贵族与平民之间的交易资格问题，但异邦人的交易资格则经历了漫长发展过程。在所有商品经济社会中，价值规律决定了私法问题具有同一性，其同一性既表现在商品被生产出来之后通过货币在市场上交换，还表现在这种经济结构必然会打破领土界限。② 罗马在对外交往时遵循的是法的属人主义原则，即每个人均根据自己城邦的法而成为主体，罗马人根据罗马法生活，异邦人根据

① 姚辉：《人格权的研究》，载杨与龄主编：《民法总则争议问题研究》，清华大学出版社 2004 年版，第 84—85 页。

② ［德］罗尔夫·克尼佩尔：《法律与历史：论〈德国民法典〉的形成与变迁》，朱岩译，法律出版社 2003 年版，第 10—11 页。

他们自己城邦的法生活。[①] “法律的价值与效力只存于邦内公民之间”，“法律对于奴隶不存在，对于外人亦然”。[②] 异邦人因不适用罗马私法而不可能具有完全人格，当时的法律除了规定异邦人不能与罗马人结婚、不能继承罗马人的财产之外，还规定异邦人不得拥有土地，甚至规定其财产不受法律保护。“一个外国人若不投靠一个罗马庇护人，赖以作为门客生活，他本人以及他的财产便不会受法律保护。他的财物宛如海滩上任人拾取的无主贝类，罗马公民从他手里夺走任何物件，都算是正当收获。”[③] 异邦人不能享有权利，其贸易行为一概不被法律认可，以及必须投靠一个罗马庇护人才能获得法律保护的制度设计严重阻碍贸易发展，于是罗马分别与其他城邦签订条约，允许这些城邦的人在罗马享有某种权利，承认罗马人与他们所订立的契约有效。这些条约既是异邦人及其行为在法律上得到承认和受到保护的依据，也是罗马人与异邦人之间的贸易关系向前发展的基础和保障。[④] 据此，罗马人与异邦人进行商品交换时相互将对方作为完全人格人对待，按照市场规则公平交易。随着罗马人与异邦人接触日益频繁，交换日益发展，为了解决罗马市民与异邦人之间因交换关系所产生的实际问题，在公元前 242 年开始设立外事裁判官，专门处理异邦人之间以及罗马人与异邦人之间的争议，并逐渐形成了一整套规范即“万民法”。[⑤] 万民法的产生使得异邦人能够与罗马人平等地进

---

① [意] 朱塞佩·格罗索：《罗马法史》，黄风译，中国政法大学出版社 1994 年版，第 229 页。

② [法] 古郎士：《希腊罗马古代社会研究》，李玄伯译，中国政法大学出版社 2005 年版，第 157 页。

③ [德] 特奥多尔·蒙森：《罗马史》（第一卷），李稼年译，商务印书馆 2004 年版，第 141 页。

④ [意] 朱塞佩·格罗索：《罗马法史》，黄风译，中国政法大学出版社 1994 年版，第 233 页。

⑤ “‘万民法’概念有着双重的含义：一个是理论上的含义，它的根据是存在一种所有民族共有的法并且认为自然理由是这种普遍性的基础；另一个是实在的和具体的含义，它指的是产生于罗马人与异邦人之间的那种罗马法体系，一般来说，这种法适用于罗马人与异邦人。”（[意] 朱塞佩·格罗索：《罗马法史》，黄风译，中国政法大学出版社 1994 年版，第 239—240 页）

行交易，并且可以通过诉讼获得法律保护。至此，所有的自由人（以家庭为单位）均具有通商权，即不论是罗马市民相互之间，还是罗马市民与拉丁人、异邦人之间，尽管他们的身份等级不同，但都能够自由、平等地进行贸易；他们都是私法主体，都具有相同的人格。在《卡拉卡拉告示》授予帝国所有臣民以罗马市民籍之后，市民身份不再是人格取得之要件，万民法也就融入市民法之中了。

但是，抽象的人格只能解决贸易问题，这还不能完全满足统治阶级关于身份等级的要求。如前所述，罗马贵族与平民之间以及罗马人与异邦人之间尽管在通商权方面完全平等，但在通婚权、遗嘱权、诉权等方面以及在能否参与土地分配、是否享有政治权等方面则存在明显差异，这正是身份等级制度在人格制度上的反映。这种身份等级差异随着社会发展逐渐被消除，如自古就有并且《十二表法》加以重申的贵族与平民不得通婚的禁令在公元前445年被《卡努勒亚法》废除，从此平民可以与贵族自由通婚[①]；再如，早期拉丁人可以享有通商权、通婚权以及表决权、任职权等，可以享有遗嘱继承能力（即接受遗嘱继承的权能，又称被动的遗嘱能力），但没有“遗嘱能力”（即订立遗嘱的能力，又称主动的遗嘱能力），后来早期拉丁人均获得了罗马市民籍，这一差别由此消灭。[②] 意大利人、异邦人也因先后取得罗马市民籍而获得与罗马市民相同的权利范围。奴隶可以因解放而获得自由人身份，被解放的奴隶叫作解放自由人，其原来的主人被称为“庇主”；解放自由人虽然也能够成为罗马市民，成为权利主体，但其权利仍然受到一定限制如不得随便对庇主提起诉讼，对庇主负有一定的劳作义务和财产方面的义务，庇主对解放自由人的遗产享有某种法定继承权等。[③]

笔者认为，是否享有通商权即能否参与商品交换是判断是否具备主

---

① ［意］朱塞佩·格罗索：《罗马法史》，黄风译，中国政法大学出版社1994年版，第87页。

② 黄风：《罗马私法导论》，中国政法大学出版社2003年版，第86、365—366页。

③ 同上书，第82—84页。

体资格的标准，也就是说只要享有通商权能够进行商品交换，那么该自然人（或者他所代表的家庭）肯定具备主体资格，具备人格，因为商品交换以参与交换者享有独立平等的人格、对各自的产品享有所有权或处分权，遵循自愿、公平、等价有偿原则为前提条件。根据前面的介绍，所有自由人以家庭为单位都可以享有通商权，这就意味着他们都可以成为权利主体，都具备人格。否则，无法解释罗马当时的简单商品经济如此发达的现实情况。很难想象，如果因等级差异导致人格不平等，使得平民只能与平民交易，贵族只能与贵族交易，平民不能与贵族平等交易，那么贵族房屋的建造、日常生活资料的生产只能由贵族亲自动手了。更难以想象，如果拉丁人、意大利人、异邦人不能成为权利主体，没有人格，其财产不能为法律所保护，他们还会继续与罗马人从事贸易活动？如果真是这样，罗马商品经济还会如此发达？事实证明，罗马法律将反映交易资格的通商权与反映身份等级的通婚权等相分离，前者解决商品交换所要求的平等问题，属于私法范畴；后者解决身份等级所要求的不平等问题，属于政治或者公法范畴。

通商权决定交易资格，根据通商权之有无可直接判断人格之有无。通婚权和遗嘱权确定身份等级，但不直接涉及人格之有无，只影响享有权利的范围，因为即使没有通婚权和遗嘱权的异邦人仍然具有通商权，而且他们可以根据自己的法律享有婚姻资格和遗嘱能力。通婚权、遗嘱权的差异不影响通商权的制度设计既迎合了统治阶级关于身份等级方面的要求，又巧妙地回避了身份等级制度对商品交换的不利影响。正是这一有效调和身份等级与商品经济发展要求的人格制度，充分调动了人们的积极性，有力地促进了商品经济的发展。这恐怕正是罗马人的聪明之处。

有学者在总结罗马经济繁荣的原因时认为，“数百年间，促使帝国经济繁荣的因素有许多，包括适当有效的行政管理、稳定的币制、大规模的公共工程以及帝国内外广泛的贸易等”①。可以说，促使罗

① ［美］斯塔夫里阿诺斯：《全球通史：从史前史到21世纪》（上），董书慧等译，北京大学出版社2005年版，第127页。

马商品经济发达的重要原因在于完善的法律，在于产生了调整私人财产关系的发达的私法，在于建立了完备的人格制度、所有权制度和合同制度。“这正是商品关系在法律上的要求和反映，成为后世民法的范本和基础。”[①] 正因如此，罗马法被认为“是我们所知道的以私有制为基础的法律的最完备形式”[②]，是“商品生产者社会的第一个世界性法律”[③]。

第三节　人格之性质

一　问题之提出

关于罗马法上人格之性质，我国大陆学者此前没有深入讨论，自从徐国栋教授、尹田教授提出人格具有公法性质之后，这一问题逐渐浮现出来。目前，关于人格之性质，存在两种不同观点：(1)“公法说”，认为罗马法上的人格是公法上的概念。“人法”首先要解决的是自由人的身份、市民的身份和家父的身份所构成的城邦正式成员的身份问题，亦即人格的拥有问题（公法领域），然后解决“作为一个私的团体”（即家庭）首脑的家父身份，即家父权的展开，亦即家庭内部关系问题（私法领域）。而由于此种“人格”实质上是关于社会阶层或者阶级的划分，是作为组织社会身份制度的一种工具，所以，在罗马法上，“人格”具有公法性质。[④]“法律人格是人在法律上的根本地位……自然人的‘人格’是一个宪法上的概念……”[⑤] 由此得出民法中的人格问题是一个公法问题

① 佟柔主编：《中国民法》，法律出版社1990年版，第1、10页。

② 《马克思恩格斯选集》第3卷，第143页。

③ 《马克思恩格斯选集》第4卷，第248页。

④ 徐国栋：《“人身关系”流变考》，载《中国民法百年回顾与前瞻：学术研讨会文集》，法律出版社2003年版，第13—18页。

⑤ 尹田：《民事主体理论与立法研究》，法律出版社2003年版，第4页。

的结论。[①] (2)“公私法兼容说”，认为罗马法上所谓人格（caput），是公私法兼容、人格（personality）与身份（status）并列、财产关系和人身关系合为一体的概念。[②]

笔者认为，上述两种观点均存在疑虑。就“公法说”而言，既然人格为公法概念，那么人格一定是为了解决公法问题，例如有人格者可以享有公权利，无人格者不享有公权利。但实际上无论是否为完全人格者，只要是罗马公民均可以享有公权利。无论是完全人格人的家父还是不完全人格人的家子，符合条件者都能享有任职权、表决权等公权利。这说明人格与公权利没有必然联系。另外，权利能力是民法特有概念，是纯粹的私法概念。如果人格是公法概念，为什么说权利能力是人格之别称？为什么说《德国民法典》使用权利能力取代了罗马法人格概念？用一个私法概念替代公法概念的说法显然违背了法律逻辑关于概念使用的准确严密之一般要求。就“公私法兼容说”，该观点没有指明人格概念中哪些因素或内容涉及公法问题、哪些涉及私法问题，或者人格概念本身既解决公法问题又解决私法问题。另一方面，罗马法上的人格与身份有关，但财产关系与人身关系是分离的，如家子可以参与婚姻法律关系，但家子不能享有财产权；再如异邦人可以享有通商权（以享有财产权为前提），但不能享有通婚权、遗嘱权。由此观之，这两种观点均不能令人信服，仍有进一步探讨之必要。

实际上，罗马法上的人格是以公法规定为前提的私法概念。对此，下面从人格制度为私法上的制度、人格制度主要是为了解决私法问题、人格取得之前提条件、人格变动之效果、人格之载体等多个方面进行论证。

---

① 徐国栋：《寻找丢失的人格——从罗马、德国、拉丁法族国家、苏联、俄罗斯到中国》，《法律科学》2004 年第 6 期。

② 姚辉：《人格权的研究》，载杨与龄主编：《民法总则争议问题研究》，清华大学出版社 2004 年版，第 82 页。

二　人格制度为私法上的制度

罗马人较早形成了公私法区分的观念。[①] 罗马法学家乌尔比安关于公私法的划分的观点最具代表性，它反映着国家与个人之间的对立。公法调整政治关系以及国家应当实现的目的，"有关罗马国家的稳定"；私法调整个人之间的关系，为个人利益确定条件和限度，"涉及个人福利"。[②] 查士丁尼《法学阶梯》接受了这一观点，认为"公法涉及罗马帝国的政体，私法则涉及个人利益"[③]。经中世纪注释法学派的传播，19 世纪以法、德为代表的法典编纂和法制改革过程中，公私法的划分得到了广泛运用。公私法的划分已成为大陆法系的传统。尽管这一划分被普通法系法学家攻击为既不准确，也无必要，而且令人茫然，但大陆法系法学家对这种划分基本上是持赞同态度的。[④] 按照这一划分，人格制度究竟是公法上的还是私法上的制度？换言之，规定人格制度之市民法究竟是公法还是私法？笔者认为，市民法虽有少量公法规范，但更具私法属性；由市民法规定的人格制度属于私法上的制度。理由如下：

在罗马法学家的观念中，市民法属于私法。"古典时代的罗马法以及这一时代或查士丁尼时代法学家们的兴趣都集中在私法方面。"[⑤] 究其原因，有学者认为，这可能是由于当时法学家有意回避公法问题。因为公法仿佛是个徒有其名的、无用的，甚至是危险的对象。罗

---

① 有学者认为公法与私法的区别在罗马似乎不久之后就出现了（［美］艾伦·沃森：《民法法系的演变及形成》，李静冰等译，中国政法大学出版社 1992 年版，第 187 页）；也有学者考证，公法和私法的划分始于罗马法学家乌尔披亚努斯［周枏：《罗马法原论》（上册），商务印书馆 1994 年版，第 83 页］。

② ［意］彼德罗·彭梵得：《罗马法教科书》，黄风译，中国政法大学出版社 1992 年版，第 9 页。

③ ［罗马］查士丁尼：《法学总论——法学阶梯》，张企泰译本，商务印书馆 1989 年版，第 5—6 页。

④ ［美］约翰·亨利·梅利曼：《大陆法系》，顾培东、禄正平译，法律出版社 2004 年版，第 96—97 页。

⑤ 沈宗灵：《比较法研究》，北京大学出版社 1998 年版，第 91 页。

马法学家们谨小慎微地避开了这个危险的禁区。“自然法学派结束了这种忌讳，公法问题才进入了法学家们的钻研范围。”① 查士丁尼《法学阶梯》明确指出：“这里所谈的是私法，包括三部分，由自然法、万民法和市民法的基本原则所构成。”② 需要说明的是，市民法概念是发展变化的，早期的市民法是指一个共同体内部的法律规范的总体，包括公法和私法；后来的市民法则指调整私人之间关系的私法规范，是适用于共同体中的私法的组成部分。从《学说汇纂》之中保留的原始文献来看，公元2世纪之后的法学家，主要遵循了后一种含义。③

从查士丁尼《民法大全》的内容来看，它主要是调整私人之间因财产、婚姻、继承等而发生的社会关系，具私法性质。具体来看，4卷本的《法学阶梯》只论述私法（所涉及的内容通常被确定为人与家庭、物、财产和物权、债和死因继承等），附加一些刑法和程序法的媒介性主题。50卷本的《学说汇纂》也是如此，仅第1卷和最后1卷有关于公法的叙述。12卷的《法典》中有关公法内容相对多一些，主要内容仍是私法，公法内容集中在最后3卷，但对公法根本没有作完整或系统的叙述。《民法大全》里没有我们所理解的宪法或行政法，刑法也只是在私法周围发展，基本上是有关私人（犯法者和受害者或其家属）的事务，刑法实际上从未成为“公法”部分，从未达到私法那样的发展程度。难怪有学者认为，从这一意义上说，公私法

---

① ［法］勒内·达维德：《当代主要法律体系》，漆竹生译，上海译文出版社1984年版，第59页。

② ［罗马］查士丁尼：《法学总论——法学阶梯》，张企泰译本，商务印书馆1989年版，第6页。对公私法的划分标准还存在其他不同观点。这与“公”“私”这两个词模棱两可的含义有关，“公”是一个介于国家和社会之间的概念，它既可以接近前一个含义，比如国库；又可以接近后一个含义，比如公共经济、公共崇敬；也可能是两者兼有的，比如公共财富（［意］彼德罗·彭梵得：《罗马法教科书》，黄风译，中国政法大学出版社1992年版，第9页）。

③ ［意］阿尔多·贝特鲁奇：《从市民法到民法——关于一个概念的内涵及其历史发展的考察》，薛军译，载《民法总则论文选萃》，中国法制出版社2004年版，第103页。

之分在罗马法，特别是在罗马法学中，并没有实际意义。① 甚至慨叹“从《民法大全》里决不可能真正了解罗马公法”②。值得说明的是，市民法虽有公法方面的内容，但公法内容中并没有关于人格的规定。意大利罗马法学者桑德罗·斯奇巴尼教授将《法学阶梯》《法学汇纂》尤其是《查士丁尼法典》中的公法内容，选择编辑成《公法》一书，从《公法》目录来看，其包括税法、军事法、帝国官制、城邦及城市役务、帝国与教会的关系等六个部分，主要涉及宪政、军事、税收、城市管理和教会等方面的法律规范。③ 从《公法》涉及的内容来看，有两点值得注意：一是部分内容仍涉及私法问题，如默示遗产信托④、诉讼消灭时效⑤、国库财产的出卖⑥，等等；二是并没有关于人格的规定。在《民法大全选译》丛书的其他卷册中也只有关于法的渊源和关于犯罪行为的规定，仍然没有关于人格的规定。由此推断，人格制度是由私法规定的内容。

从罗马法的传播来看，中世纪及以后的罗马法著作尤其是注释性的罗马法著作对于公法略而不论，大学讲授罗马法时，也主要讲授罗

---

① 沈宗灵：《比较法研究》，北京大学出版社 1998 年版，第 119 页。这种分析有一定道理，但笔者认为，在简单商品经济有了较大发展、政治上实行帝国专制统治和奴隶制、一般平民在政治上地位低下甚至无地位的社会环境下，私法相对发达，公法相对落后，是不难理解的。

② ［美］艾伦·沃森：《民法法系的演变及形成》，李静冰等译，中国政法大学出版社 1992 年版，第 188 页。

③ ［意］桑德罗·斯奇巴尼选编：《公法》，张礼洪译，中国政法大学出版社 2000 年版，参见该书目录。该书为《民法大全选译》丛书中的最后一本，在此之前的 11 本分别涉及法的渊源、人法、法律行为、权利的司法保护、家庭法、物和物权、契约和准契约之债、侵权行为和犯罪行为之债、继承等，其中罗马公法的内容只是在关于法的渊源和关于犯罪行为的卷册中有所论及。

④ ［意］桑德罗·斯奇巴尼选编：《公法》，张礼洪译，中国政法大学出版社 2000 年版，第 9—14 页。

⑤ 同上书，第 18—19 页。

⑥ 同上书，第 35—39 页。这部分内容涉及出卖国库财产时价格的确定、所有权的转让、权利瑕疵的担保、欺诈国库的行为无效等，明显属于私法的内容。

马私法。[1] 有学者认为，伟大的民法学家，决不是公法学家；那些研究讲授罗马法的民法学家将罗马法的地位抬得越高，公法的地位越是下降，公法也就与其他渊源相距越远。[2] 对罗马法中私法内容的传播，导致罗马法在后世被认为就是指罗马私法。有学者认为，在罗马法中市民法就其特定的历史意义而言，同公法处于对峙的地位，构成罗马私法最初的和最基本的核心。[3] 也有学者认为，最早的罗马法典《十二表法》就强有力地将行政法、宪法法规以及公共宗教仪式法拒之于法典之外。[4] 甚至有学者认为《十二表法》就是私法。[5] 另外，从我国大陆学者介绍罗马法的著作和大学讲授罗马法来看，陈朝璧的《罗马法原理》、周枏的《罗马法原论》、江平、米健的《罗马法基础》等均只涉及私法，黄风、徐国栋两位学者更是将涉及人格制度的罗马法著作直接称为《罗马私法导论》《罗马私法要论：文本与分析》；开设罗马法课程的大学通常安排民法学者讲授罗马法，当然主要讲授罗马私法。

从罗马法的继受来看，罗马市民法中的私法内容（包括人法的许多内容）为后世所继受。《法国民法典》继承了《法学阶梯》的编排体例而稍加调整，分为人法、物法和债法。[6] 虽然法国民法上的人法已非罗马法上之人法，前者的主体制度也与后者的人格制度已有本质区别，但可以肯定两者在法律属性上是一致的，都具有私法属性，否

---

① 中世纪法学家与古罗马时代法学家们一样，主要兴趣在私法方面。一个明显的例证是：注释法学家在讲授《查士丁尼法典》时，主要讲授前 9 卷（主要是私法问题），而对后 3 卷（主要是公法问题）往往略而不讲（［美］艾伦·沃森：《民法法系的演变及形成》，李静冰等译，中国政法大学出版社 1992 年版，第 25 页）。

② ［美］艾伦·沃森：《民法法系的演变及形成》，李静冰等译，中国政法大学出版社 1992 年版，第 190 页。

③ ［意］朱塞佩·格罗索：《罗马法史》，黄风译，中国政法大学出版社 1994 年版，第 95—109 页。

④ ［美］艾伦·沃森：《民法法系的演变及形成》，李静冰等译，中国政法大学出版社 1992 年版，第 187 页。

⑤ 沈宗灵：《比较法研究》，北京大学出版社 1998 年版，第 91 页。

⑥ 谢怀栻：《大陆法国家民法典研究》，《外国法译评》1994 年第 3 期。

则无从继受。

市民法主要是私法，虽然市民法存在少量公法内容，但人格制度并非公法部分所规定的制度，而是私法上的制度。虽然不能说私法上的制度只能具有私法性质，但可以说私法上的制度应当具有私法性质，至于该制度是否还具有公法性质，则属于另一问题。①

三　人格制度主要是为了解决私法问题

如前所述，罗马法律将反映交易资格的通商权与反映身份等级的通婚权等相分离，通商权解决商品交换所要求的平等的交易资格等问题，属于私法范畴；通婚权解决身份等级所要求的不平等问题，属于政治或者公法范畴。同时享有通商权、通婚权、遗嘱权的为完全人格人，只享有通商权，不享有或者不完全享有通婚权、遗嘱权的为不完全人格人。这种人格制度的设计既满足了统治阶级关于身份等级的要求，也符合商品经济关于交易主体平等的要求，调和了身份等级与商品经济之间的矛盾。笔者认为，人格制度是私法上的制度，它虽然与特定身份相关联，但主要是为了解决私法问题。那些更能体现身份等级的如能否担任执政官、裁判官、是否享有表决权、能否参与土地分配等问题，则是由公法进行规定的，这些问题的解决与人格没有直接关系。

1. 人格涉及的权利主要在私法方面

自由人身份、市民身份和家族身份是取得完全人格的要件，但这三者所要解决的问题并不相同。前两种身份毫无疑问是政治问题、公法问题，因为自由人与奴隶的区分、奴隶主对奴隶的剥削是奴隶社会存在之基础，也是奴隶社会之本质特征；市民身份决定着公法资格，即只有市民才能享有公法上的权利承担公法上的义务。市民所享有的

---

① 徐国栋教授认为，人格问题具有公法性质，“在论述罗马私法的内容时做到绝对的公私分明，似乎是不可能的一件事情”。（徐国栋：《罗马私法要论：文本与分析》，科学出版社 2007 年版，第 8 页）。这一观点值得商榷。私法制度以公法规定为前提并不一定表明该私法制度不再具有私法属性，如公司法、证券法、保险法等商事法律中的许多制度以行政管理的强制性规定为前提，以至于出现了所谓的“私法公法化”，但不能否定这些制度的私法性质。

权利称为市民权，包括任职权、表决权等公权，以及婚姻权、财产权、遗嘱能力、诉权等私权。[①] 与自由人身份、市民身份不同的是，家父身份涉及私法资格，决定能否享有完全人格。以家父权为轴心作出的关于家庭法的规定，解决的是家庭的秩序问题，属于私法范畴。学者认为，罗马人相对于家庭权利和财产权利，将人格划分为“婚姻资格”和“交易资格”[②]，因此，无论是规定家父在代表家子缔结婚姻、代表家庭进行交易，还是规定家庭成员在家族关系中所处的地位和享有的权利，其意义都体现在私法上。[③]

事实上，在公法领域，完全人格者的“家父”与不完全人格者的“家子”并无根本性的区别。只要是符合条件的罗马市民均享有在公众会议上的“表决权”以及当选罗马执政官的“任职权”。罗马市民资格是享有公法权利的必要条件，非罗马市民不享有公法上的权利。“官职对所有公民都是开放的”[④]。任何罗马人只要成年，身心健康，在法律上便能充当君主之位。[⑤] 也就是说，不论是自权人的“家父”，还是他权人的“家子”，均享有公法上的权利。正因如此，“家子”在

① 陈朝璧：《罗马法原理》，法律出版社 2006 年版，第 50 页。

② ［意］彼德罗·彭梵得：《罗马法教科书》，黄风译，中国政法大学出版社 1992 年版，第 29 页。关于人格之内容，学者论著主要涉及交易资格、婚姻资格、遗嘱能力、诉权、公法上的权利等诸方面，由于不具备完全人格者也能平等享有公法上的权利，因此多数学者在论述私法人格之内容时不涉及公法上的权利。私法人格之内容，除了公法上权利之外，究竟涉及哪些内容，又因主张涉及前两者（如彼德罗·彭梵得）、前三者（如巴里·尼古拉斯）、前四者（如陈朝壁、周枏、黄风等）而存在分歧。从现有资料来看，人格内容涉及交易资格、婚姻资格、遗嘱能力、诉权之观点应为通说。

③ 徐国栋教授认为，法律人拥有的能力包括交易权、通婚权、遗嘱能力、投票权、担任公职权、向人民的申诉权、从军权，“上述 7 种权利和能力公私兼备，私的多于公的，除了后四种为公的，其他三种都为私的”。（徐国栋：《罗马私法要论：文本与分析》，科学出版社 2007 年版，第 44—45 页）。

④ ［意］朱塞佩·格罗索：《罗马法史》，黄风译，中国政法大学出版社 1994 年版，第 200 页。

⑤ ［德］特奥多尔·蒙森：《罗马史》（第一卷），李稼年译，商务印书馆 2004 年版，第 61 页。

公法方面是完全有“权利能力”的。[①]但在私法领域，则存在巨大差异。家父代表家庭可以行使的权利或享有的能力包括通商权、通婚权、遗嘱能力和遗嘱继承能力。而家子在私法方面基本上不享有任何权能，不能拥有任何物品，他所取得的任何物品均自动归家父所代表的家庭所有。[②] 有学者认为，“罗马私法就是‘家父’或家长的法”[③]。梅因在论述原始社会与古代法时指出，罗马法学中有这样一个格言，“家父权”并不触及“公法”。父和子在城中一同选举，在战场上并肩作战；当子成为将军时可能会指挥其父，成为高级官吏时，要审判其父的契约案件和惩罚其父的失职行为。但在“私法”所创造的一切关系中，子就必须生活在一个家庭专制之下，家父对家子拥有生杀予夺之权、无限制的肉体惩罚权、身份变更权、婚姻决定权等。这种家庭专制直到最后还保持着严酷性，并且延续了许多世纪。梅因十分感慨地指出，这是“法律史中最奇怪的问题之一”[④]。

既然家子也可以行使公法上的表决权、任职权，这足以说明享有公法上的权利并不以具有私法上人格为前提。反过来，完全人格者可以享有通商权，不完全人格者（如异邦人）也可以享有通商权，则说明通商权之享有并不以完全人格为前提，或者说在交易资格方面，自由人之间并无差异。至于家子不享有任何财产权，是因为在交易中以家庭为主体，以家父为代表，家庭成员的人格被家庭所吸收。另外，禁止异邦人与罗马人通婚，其与罗马人的婚姻不能被法律认可，这是身份等级的体现，但这不仅限制了异邦人，而且也限制了罗马人的婚姻自由。异邦人与异邦人之间的婚姻虽然不能适用罗马法，但按

① ［意］彼德罗·彭梵得：《罗马法教科书》，黄风译，中国政法大学出版社 1992 年版，第 43 页。该书作者将取得公法上的权利的资格也称之为权利能力，本人不敢苟同。权利能力只能是私法概念，故在此加了引号以示区别。

② ［英］巴里·尼古拉斯：《罗马法概论》，黄风译，法律出版社 2000 年版，第 67 页。

③ ［意］彼德罗·彭梵得：《罗马法教科书》，黄风译，中国政法大学出版社 1992 年版，第 115 页。

④ ［英］梅因：《古代法》，沈景一译，商务印书馆 1959 年版，第 79 页。

照他们自己的法律，婚姻可能仍然是合法有效的。因此通婚权与人格没有关系，只是涉及公法规范对行为自由的限制。

总之，罗马法以家父权为轴心作出的关于家庭法的规定，解决的是家庭的秩序问题，当然具有私法性质；以通商权为轴心作出的自由人（以家庭为单位）具有平等的通商权以及关于财产法的规定，解决的是交易秩序问题，更具私法意义。

2. 人格之变更①影响的主要是私法上的权利

具有完全人格的人若因某种原因丧失自由身份、市民身份和家族身份的一部分或全部，或者丧失某一种而取得另一种，这种情况叫作人格变更。人格变更分为人格大变更、人格中变更、人格小变更。人格大变更指丧失自由人身份沦为奴隶并随之丧失市民身份和家族身份，人格大变更实际上是人格的消灭或法律上的死亡。人格中变更指罗马市民丧失市民身份而成为拉丁人或异邦人，包括因被判刑而变为拉丁人、加入外国国籍、被驱逐出境或流放边地；丧失市民身份就当然丧失家族身份。人格中变更与人格大变更的区别，在于人格变更后仍然保有自由人身份，只是不享有市民法所规定的权利。人格小变更指丧失原有的家族身份以及相应的权利义务关系，但却可能在新的家族中取得相应的、甚至更有利的法律地位，因而不一定真正构成对其人格的削弱。② 例如，脱离了父权的家子变为家父，由他权人变为自权人，实际上是完全人格的取得。除了上述人格变更外，在人格不发生变动的情况下，年龄、性别、身体和精神状况、社会地位或职业、宗教、不名誉③、出身和住所等因素也可能影响其享有权利能力的范

---

① 人格变更是罗马法的特有制度，有的罗马法著作将其译为“人格减等”或者“人格降等”，但有学者认为这两种称谓均有不妥，译为“人格变更”可以较好地概括罗马法规定的权利能力变化的各种情况（周枏：《罗马法原论》（上册），商务印书馆 1994 年版，第 108—109 页）。本书赞同后一观点，称“人格变更”。

② 黄风：《罗马私法导论》，中国政法大学出版社 2003 年版，第 91—92 页。

③ 也有学者认为名誉减损构成人格限制。质言之，名誉减损实际上就是人格瑕疵，虽然人格没有变动，但同样直接影响作为民事主体参与民事活动的资格，类似于现代民法中的剥夺权利（江平、米健：《罗马法基础》，中国政法大学出版社 2004 年版，第 111—113 页）。

围。有学者将自权人或他权人、家庭身份或宗亲关系、血缘亲属或血亲关系一起称为变更权利能力的条件。①

由以上两点可得出这样的结论：人格制度设计目的在于“提供适用或不适用民法之标准”②，其所要解决的是私法问题，即财产的归属、财产的处理以及婚姻继承等问题。因此，人格制度并非为公法所设计，只能是私法制度。

四　人格是以公法规定为前提的私法概念

通说认为，罗马法的“人格”带有强烈的等级性、身份性，不同血缘关系、不同等级的人之间，他们的“人格”是不平等的。这里所说的人格不平等除了奴隶因阶级划分而不能成为主体之外，更是指由于身份等级导致自由人享有私权范围的差异，以及法律保护上的不平等，如异邦人在万民法产生之前只能通过庇主才能获得司法保护。正是由于这种差异，有学者认为：“罗马人还坚持了个人应区别对待的思维，在某种程度上认为血缘关系、性别、身体健康和职业、宗教、国别等都应被看成是主体性差别的合理理由。个人因这样那样的差异，在法律上影响他的主体地位。”“这种主体性差别的处理，使原始家族宗法观念支配下的单一性主体结构转化成区分不同等级的个人群体的分裂主体结构。”③

自然人以家庭为单位在人格上的差异是以公法因素为前提的，是阶级、等级划分在私法上的反映，这正是有学者所称罗马法上人格公法性之所在。罗马统治者为什么将这些身份作为人格区分之前提？对此，必须结合罗马人格制度产生的社会背景来分析。一方面，在自然经济条件下，家庭协同体和其他农业协同体对维持经济发展起着重要

---

① ［意］彼德罗·彭梵得：《罗马法教科书》，黄风译，中国政法大学出版社 1992 年版，第 42—43 页。

② 曾世雄：《民法总则之现在与未来》，中国政法大学出版社 2001 年版，第 77 页。

③ 龙卫球：《民法总论》，中国法制出版社 2002 年版，第 177 页。

的作用。[①] 由于采用身份来进行社会分工、组织生产，是生产力不发达情况下便宜的资源配置方式，故人与人之间身份的确定在当时成为必需。另一方面，从政治统治的角度而言，统治者为了给其统治寻找合法的外衣，通过哲学、神学、宗教等意识形态的思想渗透，宣扬人生而不平等，当赋予不同的人以不同的身份成为现实时，通过严守身份就可以达到当时统治者所追求的理想的社会秩序。如此，由公法确定的等级民主制政治格局，不仅影响着法律对人格内涵的认定，而且也导致人格者在实质上不平等，人格也因此具有了所谓公法属性。

人格制度具备组织社会之功能，但不能由此得出人格是公法概念的结论。有学者认为，身份是组织社会的工具。罗马法中的身份都是纵向性的。自由人、市民的身份表现的是个体与国家间的宏观纵向关系，家族的身份表现的是微观纵向关系。总之，罗马法中的人格是公私法因素的混合物。三种性质不同的身份决定一个人格的现实，证明了罗马人公私不分，诸法合一的意识形态。[②] 这一观点显然不能成立。法律是调整社会关系的，当然具有对社会实施组织、管理的功能，但这不是识别法律制度之公私法属性的标准，不能因为人格制度具有组织社会的功能而认为人格具有公法性质。如果是这样，能否将所有民法制度包括物权制度、债权制度、婚姻家庭制度、继承制度等因同样具有对社会的组织和管理功能而统统都纳入公法范畴？显然不能。另外，也不能因为家庭身份表现的是微观纵向关系以及罗马的家庭相当

① 在公元前四世纪时，罗马经济生活的基础是农民经济，是一种原始的务农为本的生活方式。随着罗马的不断对外扩张，罗马的农业经济模式也在逐渐扩大和逐渐发生变化。自帝国时期以后，罗马逐步完成了从一个单一的农业经济社会向农业经济与商品经济并重的社会的转变；在帝国中期以后，商品贸易和商业交换活动已经占据了罗马社会经济的主要地位，商业成为帝国的主要财源（［美］M. 罗斯托夫采夫：《罗马帝国社会经济史》（上册），马雍、厉以宁译，商务印书馆 1985 年版，第 31、250 页）。除了商业之外，还有手工业、信贷业等不同行业，但在简单商品经济之下，农业无疑仍然是罗马社会经济的基础。

② 徐国栋：《寻找丢失的人格——从罗马、德国、拉丁法族国家、苏联、俄罗斯到中国》，《法律科学》2004 年第 6 期。笔者认为，罗马法上人格之取得以公法上之身份为前提，这一状况是特定历史发展阶段的产物，是私法尚不发达的表现，但不能因此认为人格制度具有公法性。

于一个"主权单位"而认为人格具有公法性质。因为罗马法把法律关系的主体奠基在家庭这一层次，认为建立法律关系的应该是家庭与家庭，个人不能成为独立的法律存在，而被他所从属的家庭吸收。[1]每一个自然人在家庭中都有自己的身份和地位，正所谓"长幼有序，尊卑有别"，因此家庭具有一定的管理职能是不容置疑的。早期的罗马家庭是个"政治组织"，但在历史发展进程中这种政治组织的性质逐渐消退[2]，最后，家庭只是作为私法主体与国家相对而立。[3] 如果因为作为人格载体的家庭具有微观管理职能而认为人格具有公法性质，那么现代社会的法人组织同样是一个相对自治单位，具有微观管理职能甚至公法上的职能如社会治安、计划生育等，难道现代民法上的法人制度也具有公法性质？进一步而言，如果因民法上的其他制度（如物权制度、合同制度、婚姻制度等）都是由国家直接规定、赋予或确认，都具有组织社会的功能，而认为它们具有公法性质，那么民法无疑只能归入公法。[4] 如果真是这样，那么公私法之划分就没有任何意义了，因为所有的法律均为公法。本书坚持公私法之划分，认为民法当然属于私法，并认为人格制度属于私法上的制度，具有私法性质。

有学者认为，在罗马法上，"人格"被直接用于不平等之阶级的区分。近代以来，由于普遍平等之自然人人格的确立，罗马法上的

---

① 龙卫球：《民法总论》，中国法制出版社 2002 年版，第 170—171 页。

② ［意］朱塞佩·格罗索：《罗马法史》，黄风译，中国政法大学出版社 1994 年版，第 12—14 页。

③ 在罗马建国初期，罗马家族确实具有政治组织性质。后来家族逐渐衰落，只有家庭仍然作为坚固和独立的组织与国家相对而立。罗马国家虽然尊重家庭的自主权，但家庭只是私法上人格之载体，不再具有政治性质。甚至可以说，在整个真正的罗马时代，罗马私法就是"家父"或家长的法（［意］彼德罗·彭梵得：《罗马法教科书》，黄风译，中国政法大学出版社 1992 年版，第 115 页）。

④ 徐国栋教授不仅认为民法中的人格问题是一个公法问题，而且认为民法中有不少公法因素，尤其在总则、物权法、亲属法部分，进而主张民法是公私混合法（徐国栋：《寻找丢失的人格——从罗马、德国、拉丁法族国家、苏联、俄罗斯到中国》，《法律科学》2004 年第 6 期）。

“人格”的阶级区分功能，才逐渐丧失。[①]以此来论证人格具有公法性质。笔者认为，这是对人格制度的误读，与历史不符。人格不是阶级划分的工具，相反，阶级划分是人格区分之前提。对此，前面已经阐明，不再赘述。

确定什么样的社会存在体可以成为私法上的主体，以及各主体享有权利的范围，完全是国家在特定历史时期的立法政策决定的。政治、经济、社会等方面的考量决定人格之要素，相应地，公法规定则是取得人格的直接依据，国家正是按照一定条件、通过一定程序对特定社会存在体确认或授予其人格的。罗马时期因阶级划分使得奴隶不能成为主体，等级差异导致拉丁人、意大利人、异邦人虽有人格但享有权利的范围受到很大限制。法国在制定民法典时为防止封建势力复辟而忽视了团体的利益，法人没能成为主体。《德国民法典》因经济发展需要认可法人是主体，合伙组织却被排除在外。正是由于公法因素在取得人格、享有权利范围方面具有决定性的意义，所以只有被国家承认和保护的个人之间的法才算是私法。私法“服从国家的监督和可以请求国家的保护”，是私法与公法非区分不可的根本理由。[②]

私法需要国家承认、保护、监督，并不意味着人格具有公法性，更不能因此得出人格表彰的是一种宪法地位的结论。首先，人格的法律属性取决于人格制度设置的目的及其所起的作用。自由人身份、市民身份和家父身份是取得完全人格的要件和前提条件，虽然自由人身份和市民身份是政治问题、公法问题，但不能由此推导出人格具有公法性质。家庭是人格的载体，只有家庭才是真正的私法主体，家父只不过是家庭人格的代表而已。自由人身份、市民身份是对个人的定性，不是对私法上的主体即家庭的定性，这两种身份的公法性当然不能确定人格具有公法性或公私法兼容性。其次，这里所说的宪法，是

---

① 尹田：《论人格权的本质——兼评我国民法草案关于人格权的规定》，《法学研究》2003 年第 4 期。

② ［日］美浓部达吉：《公法与私法》，黄冯明译，中国政法大学出版社 2003 年版，第 22 页。

制度形态的宪法与规范意义宪法的统一。如果从规定国家组织结构、公民的基本权利的角度来理解宪法，那么这种实质性的宪法规范是所有国家必然共有的，罗马时代当然也有这种实质意义上的宪法规范。即便如此，如果因为人格以公法因素为前提就认为其是一种宪法地位无疑有偷换概念之嫌。如果说人格表彰的是一种宪法地位，那么具有市民身份的家子与拉丁人、意大利人、异邦人，同样为“不完全人格人”，应该具有同样的宪法地位，而事实并非如此，家子可以享有全部公权利，拉丁人和意大利人可能享有部分公权利，异邦人不享有任何公权利。相反，家父与家子享有同样公权利，但在私权利方面却存在差异。

总之，罗马法上的人格是一个私法概念，人格制度之目的在于解决私法问题，其功能在于协调身份社会与商品经济之间的矛盾和冲突。人格又是以公法规定（身份等级）为前提的私法概念，是特定社会经济生活的产物。人格主要涉及交易资格、婚姻资格和遗嘱能力，主要解决财产、婚姻、继承等私法问题；人格虽以公法规定为前提，具有组织社会之功能，但将人格归入私法范畴更为恰当。

第四节　人格之特点

基于以上几节的分析，本书认为，罗马法上的人格制度具有以下特点：

一　人格由身份构成

早期罗马法上的人格是由自由人身份、市民身份和家族身份组成的，只有同时拥有三种身份才具有完整的人格。随着万民法的产生，拉丁人、意大利人、异邦人的交易资格得到承认，其财产权利受到法律保护，至此，不具备市民身份的自由人家庭同样具有法律上的人格，尽管其享有的权利范围可能受到一定限制，但民事主体资格则是平等的；到公元212年卡拉卡拉告示之后，市民身份已经不再是人格的构成要素了。罗马法将人格视为一种产生于身份而又反过来体现身份、延续身份的制度，其着眼点并不在于代表家庭的家父本身，而是人格赖以存在的家庭组织。[①] 身份是人格的要素或基础，人格由身份构成。“人格关系内在地包括了身份关系”[②]，所以，有学者称古罗马时代“无身份，即无人格”[③]。在构成人格的三种身份中，自由人身份、市民身份都是阶级、等级划分的产物，具有公法属性；家庭身份以血缘关系为纽带，具有自然属性。而现代社会完全以自然人本身为核心，并不注重其身份。每个人自出生即当然拥有法律人格，自然人的人格一律平等。从人格因身份而区别到无身份差别的人格平等，正体现了“从身份到契约”的运动。[④]

二 人格具有团体性

罗马法把法律关系的主体奠基在家庭层次，即建立法律关系的是家庭与家庭。“在古罗马社会里，财产被认为是属于家庭所有的。”“罗马法和早期的英国法都不知道什么叫做‘个人的权利’。”“对于罗马人来说，自由与其说是个人属性，不如说是社会或群体属性。”[⑤] 在法技术上，罗马法使用了家父代表技术，以家父作为家庭代表，在法律形式上承受这种主体资格。家父因拥有三种身份而被称为完全人格人，但并不意味着其个人可以成为民事主体，这是因为个人不能成为独立的法律存在，个人的法律人格被他从属的家庭所吸收。家父的死亡并不导致其所代表的家庭人格的消灭，“所有原来依附于死亡的族长的种种权利和义务，将毫无间断地依附于其继承人；因为在事实上，这些权利和义务是家族权利和义务，而家族则分明是具有一个法人的特征——它是永生不灭的”[⑥]。由于罗马法将家庭作为人格载体，

---

① 江平、米健：《罗马法基础》，中国政法大学出版社2004年版，第109页。

② 徐国栋：《“人身关系”流变考》，载《中国民法百年回顾与前瞻：学术研讨会文集》，法律出版社2003年版，第21页。

③ 尹田：《无财产即无人格——法国民法上广义财产理论的现代启示》，《法学家》2004年第2期。

④ [英] 梅因：《古代法》，沈景一译，商务印书馆1959年版，第97页。

⑤ [英] 彼得·斯坦、约翰·香德：《西方社会的法律价值》，王献平译，中国法制出版社2004年版，第164、166、201页。

⑥ [英] 梅因：《古代法》，沈景一译，商务印书馆1959年版，第106页。

排除了个人拥有人格的可能，因此罗马法上的人格具有团体性。

当然，罗马时期的家庭不同于现代的家庭：一是罗马家庭形式上是自然家庭的集合体，即只要共同“家父”不死所有自然家庭就均服从其权利的人的集合体；而现代家庭不存在家父权，存在血缘关系的各自然家庭相互独立。二是罗马家庭在法律上构成单一体，即不论家庭由多少人或者多少个自然家庭组成，家庭总是被当作一个独立的民事主体看待，家庭享有独立法律人格；而现代家庭各成员之间保持独立，每个成员都是民事主体，家庭不构成单一体。

三　人格和人分离

罗马法人格制度建立在“生物人”和“法律人”彼此分离的基础上。[①] 一方面，生物人可以不是法律意义上的人，如奴隶无论是个体还是家庭都不可能成为法律上的主体。另一方面，生物人以外的存在体可以成为法律意义上的人，首先罗马法上人格的载体是家庭；其次家庭以外的其他存在体例如国家、自治城邦、市镇等可能具有一定意义上的人格。因此，生活中的人与作为法律关系归属点的“人”是两个层面的不同概念。日本学者石本雅男认为：“如果说人的存在是自然存在的话，那么，法律人格者的存在就可谓是法律的存在。”[②] 人格与人的分离是罗马法的人格理论最重要的特点[③]。这为法律上拟制的人——法人奠定了基础，因此，人格和人分离的学说在今天对法人尤为重要。[④]

四　家庭人格平等与个人地位不平等并存

罗马法上的人格是家庭人格，人格制度最主要的目的在于解决交易资格，在于调和身份的社会及身份的法律与商品经济的需求之间的矛盾。私法以家庭为单位，只有家庭才能享有交易资格和财产所有

① 马俊驹：《人与人格分离技术的形成、发展与变迁——兼论德国民法中的权利能力》，《现代法学》2006 年第 4 期。

② ［日］石本雅男：《法律人格的理论和历史》，日本评论社 1949 年版，第 13 页。

③ 尹田：《民事主体理论与立法研究》，法律出版社 2003 年版，第 3 页。

④ 江平主编：《法人制度论》，中国政法大学出版社 1994 年版，第 3 页。

权，只要是自由人，无论是罗马市民还是拉丁人或者异邦人，也无论拥有财产多寡，家庭人格都是平等的。公法则以个人为规制对象，以是否具有自由人身份、市民身份以及不同阶层作为个人是否享有以及享有哪些公法上权利的判断标准；不具有自由人身份的奴隶、敌国人不可能享有公法上的权利，异邦人基本不享有公法上的权利，拉丁人享有部分公法上的权利；同样是具有市民身份的个人，因所处社会阶层不同其享有的公法上的权利也存在差异。家庭之间交易资格的平等与个人之间社会地位的不平等同时存在，分别解决不同社会问题。

家庭成为人格载体是历史原因造成的，家庭之间人格平等是商品经济的客观要求在法律上的表现；个人之间的不平等则是政治原因造成的，是阶级划分、身份等级在法律上的表现。前者是私法问题，后者是公法问题。

除了上述特点之外，还有两点值得注意：一是关于人格继承的问题。罗马法中的继承起初是指继承人在法律上取得被继承人的地位，即家父身份的继承。继承财产只是其当然的结果。① "死亡者的肉体人格虽已死亡，但他的法律人格仍旧存在，毫无减损地传给其'继承人'或'共同继承人'……"② "家子承受了家父的人格，并使得此人格超越家父的生命而得以延续，以便将此人格转移给自己的家子并且使之进一步得以延续。"③ 本书认为，罗马法上的人格为家庭人格，家庭存在，人格即存在；家庭代表的人格为家庭人格所吸收，家庭人格不因家庭代表的更换而受影响，因此，不存在人格继承的问题。④ 二是关于法人制度问题。罗马法并不存在法人概念，更不可能存在完

① ［意］彼德罗·彭梵得：《罗马法教科书》，黄风译，中国政法大学出版社 1992 年版，第 421 页。

② ［英］梅因：《古代法》，沈景一译，商务印书馆 1959 年版，第 104 页。

③ ［德］萨维尼：《当代罗马法体系I》，朱虎译，中国法制出版社 2010 年版，第 273 页。

④ 随着个人主体性的发展，原来的身份继承制度丧失了客观基础，财产继承成为继承的主要对象，身份继承则降到附属的地位并最终被财产继承所取代（周枏：《罗马法原论》（上册），商务印书馆 1994 年版，第 434—439 页）。继承的如此转变，使继承人之性质，由继承死者之人格，转变为死者遗产之执行人（戴东雄：《中世纪意大利法学与德国的继受罗马法》，中国政法大学出版社 2003 年版，第 69 页）。

备的法人制度，但已经有了法人的观念和类似于法人制度的规范。根据这些规范，自然人之外的实体可以成为权利主体，比如家庭。这种实体可以分为两大类：一类是自然人的集合体，另一类是财产性实体。① 罗马法有关家庭以外的存在体的规定起源于地方团体的演进，如国家、自治城邦、市镇等。这些团体的人格并非一开始就有，只是到了帝国时代才发展起来的。况且，“这种人格从来不是完全的”②。

① 黄风：《罗马私法导论》，中国政法大学出版社 2003 年版，第 111 页。也有学者将罗马法的团体分为六类：公团体、宗教团体、慈善团体、商业团体及实业组合、政治集社、社会及公众利益之组合（黄右昌：《罗马法与现代》，北京大学出版社 2008 年版，第 60—62 页）。

② ［意］彼德罗·彭梵得：《罗马法教科书》，黄风译，中国政法大学出版社 1992 年版，第 52 页。尽管在对外交往中，团体被当作一个整体看待，但团体并不具有与其成员完全独立的人格。这类似于日耳曼法中的基于对财产总有而产生的团体。

第三章

权利能力之形成——从人格到权利能力

西罗马帝国于公元476年灭亡，欧洲从此开始了中世纪封建社会的历史。西欧封建制度是从罗马奴隶制晚期向隶农制、从日耳曼人民族军事民主制向“采邑制”相互交叉、过渡的基础上发展起来的，是经历“民族大迁徙”运动[①]和连绵不断的战争摧毁了欧洲古代文明而产生的一种新的社会制度。“在西方，也只有在西方，曾盛极一时的古典文明被彻底夷灭。”[②] 因此，欧洲进入封建社会后，其法律制度只能以日耳曼法为起点。[③] 尽管在罗马帝国西部，在“蛮人”统治的法国南部、西班牙和意大利，罗马臣民继续依靠“庸俗法”生活。[④] 但是，这些幸存下来的东西对西方法律的影响仅仅占一小部分。[⑤] 在东罗马帝国，罗马法的历史虽然没有中断，但这是一段衰落

---

① “民族大迁徙”也称“蛮族大迁移”，指东日耳曼民族由于受匈奴西移的压力，于公元343年起发生的民族大移动。在此之前日耳曼民族由极散漫的Civitas小部族组成，尚未有国家的形态（戴东雄：《中世纪意大利法学与德国的继受罗马法》，中国政法大学出版社2003年版，第9页）。

② ［美］斯塔夫里阿诺斯：《全球通史：从史前史到21世纪》（上），董书慧等译，北京大学出版社2005年版，第198页。欧亚大陆的其他地区虽然也遭受同样凶猛的侵略，但到中世纪时这些地区的文明已根深蒂固，很难根除，因而各地的传统文明得以幸存，如中国文明、伊斯兰教文明、东罗马帝国文明。

③ 由嵘主编：《外国法制史》，北京大学出版社2007年版，第100页。

④ 罗马人将日耳曼人称为“蛮人”。后来历史学家为区别于罗马法而将日耳曼人所颁布的法律称为“蛮族法”。“庸俗法”也称为“粗俗罗马法”，是法国南部、西班牙和意大利的原罗马帝国臣民依靠记忆保留下来的罗马法的术语和规则，这些术语和规则极为简单、通俗甚至错误百出，而且在不同地区还可能相互矛盾。

⑤ ［美］伯尔曼：《法律与革命》，贺卫方等译，中国大百科全书出版社1993年版，第3页。

的历史，当时的拜占庭法是偏离古典法很远的衍生物[①]，对于西欧法律的发达，没有直接影响。[②]

然而，具有讽刺意味的是，正是这种破坏为新文明的形成彻底扫清了道路，因为在旧文明的废墟上能够产生出一种崭新的文明，一种更能适应变化中的世界的需要的文明。[③] 但是，这并不是说新的法律制度的形成完全割断了与罗马法的联系。只是罗马法的伟大影响并非来自残存在记忆中的片段，而是产生于从 11 世纪末开始的作为更广泛的文艺复兴一部分的罗马法复兴。值得注意的是，无论是重新发现、重新审查还是重新采用，罗马法不可避免地都要受到改造。西欧对罗马法的继受必然是有选择的，而且在不同时期选择了不同部分。如果日耳曼法律因继受罗马法而罗马化了，那么罗马法则因被日耳曼各民族继受而日耳曼化了。日耳曼法作为西方法律传统的重要基础，它与罗马法、教会法一起构成西方法的三大渊源，这已成学界共识和学术定论。[④]

许多学者在研究人格制度时通常从罗马法直接跳跃至法国或德国民法，对欧洲中世纪人格制度的状况略而不谈。实际上，近代人格平等观念正是日耳曼各民族在继受罗马法的过程中，受基督教精神、自然法思想等因素的影响逐渐形成的。尽管从整体上看，作为基本渊源的日耳曼法的地位，既不能与教会法相比，更无法与罗马法相比，但其关于人格的零星规定尤其是法人观念在人格制度的发展史上留下了印记，而且还为后世的人格制度的形成提供了不可替代的思想源泉和研究素材。

本章首先简要介绍中世纪人格制度，然后再进一步分析是何原因

---

① ［英］巴里·尼古拉斯：《罗马法概论》，黄风译，法律出版社 2000 年版，第 44 页。

② ［美］孟罗·斯密：《欧陆法律发达史》，姚梅镇译，中国政法大学出版社 2003 年版，第 3 页。

③ ［美］斯塔夫里阿诺斯：《全球通史：从史前史到 21 世纪》（上），董书慧等译，北京大学出版社 2005 年版，第 171 页。

④ 参见李秀清：《日耳曼法研究》，商务印书馆 2005 年版，第 1 页。

促使法国民法放弃了人格概念，最后重点剖析《德国民法典》创立权利能力概念的原因。

第一节　中世纪之人格

一　中世纪人格之背景

欧洲中世纪封建社会的法律制度是以日耳曼法为起点的，因此这里主要介绍日耳曼法律上的人格制度。日耳曼法是日耳曼各民族在侵入西罗马帝国，建立封建国家过程中，由原有部落习惯逐渐发展而成的法律。对此，有两点值得注意：一是所有日耳曼各分支和部族的法律，均属于日耳曼法范畴；二是从法制史的角度讲，公元 5 世纪至公元 15 世纪，约一千年间，欧洲法制总体上为日耳曼法所支配，因此，这一时期被称为日耳曼法时代。①

日耳曼民族始祖居住于斯堪的纳维亚半岛的南端，后开始分裂，一部分仍在原地未动，而被称为北日耳曼人，一部分于公元前 2 世纪向南欧、中欧移动，而分裂为东、西日耳曼人。② 东、西日耳曼民族，在政治上并无统一，总称为日耳曼民族。“民族大迁徙”后，日耳曼民族与罗马发生正面冲突，形成两民族长期的对抗局面。后来，日耳曼民族随着势力的不断增加，逐渐侵入西罗马帝国而纷纷建立自己的

---

① 有学者将日耳曼法分为三个时期：初期为部族时代（公元 5—9 世纪）、中期为封建法时代（公元 10—12 世纪）、终期为都市法时代（公元 13—15 世纪）。初期为动摇不安之时代，中期为压迫沉静之时代，而终期则为更始一新之时代（李宜琛：《日耳曼法概说》，中国政法大学出版社 2003 年版，第 2—3 页）。

② 东日耳曼部族包括：汪达伦部族（先占领西班牙，后盘踞北非）；哥德部族，又分为东哥德部族（全盛时期拥有多瑙河流域、意大利大部分及德国西南地区的土地）、西哥德部族（占领西班牙大部）；布尔根部族（也称为勃艮第人，建国于法国南部）。西日耳曼部族包括：伦巴德部族（在意大利建国）；亚伦曼尼部族与巴伐利亚部族（两部族分别占领德国、瑞士、多瑙河流域部分地区）；萨克逊部族、吐尔林部族及富林森部族；法兰克部族（建国于高卢）。关于东、西日耳曼民族发展而与罗马帝国之相互关系，详见戴东雄：《中世纪意大利法学与德国的继受罗马法》，中国政法大学出版社 2003 年版，第 10—22 页。

国家，最终导致西罗马帝国覆灭和一系列日耳曼王国的兴起。[①] 日耳曼部族国家经过长期割据和战争，先后为东哥德帝国、西哥德帝国和法兰克帝国所兼并，曾出现短暂的统一。公元 843 年，法兰克帝国分裂为三个王国，即法兰西、德意志和意大利。到公元 10 世纪，欧洲各封建国家的政治疆域已基本确定下来。[②] 此时战争并没有结束，西欧的三面仍在受到攻击，南面是伊斯兰教的信奉者，即阿拉伯人或他们的阿拉伯化的属民，东面是匈牙利人，北面则是斯堪的纳维亚人，直到 11 世纪才逐渐平息。封建主义就产生于这个灾难深重的时代，并且在一定程度上就是这些灾难的产物。[③]

西罗马帝国灭亡后，因多年纷争扰乱，罗马时代的繁荣摧毁殆尽。罗马帝国时期的城市实际上已经消失，只存在少数重要的城镇，而且其中几乎没有一个居民人数超过几千人。社会经济生活又复归于自给自足的自然经济状况，欧洲几乎没有什么贸易了。[④] 可以说，这一时期欧洲经济在很大程度上是属于地方农业经济。直到 11 世纪，庄园经济才在欧洲占据主导地位。[⑤] 在中世纪中期，商业有了某种程度的增长，城市的数量和人口有了某种程度的增加，同时，改进了农业技术，发展了手工业，并普遍促进了艺术和知识的发展；随着城市勃兴与商业发达，自 11 世纪以后，欧洲已渡过长期经济衰落期，经济逐渐复兴。

封建社会身份等级森严，每一个人都有特定的身份，处于不同等

---

① 盎格鲁人、萨克森人及裘特人占领不列颠；勃艮第人、法兰克人建国于高卢；汪达人盘踞北非；西哥特人占据南高卢与西班牙；东哥特人及尔后之伦巴第人拥有意大利大部分、亚德里亚海之北岸及东岸（［美］孟罗·斯密：《欧陆法律发达史》，姚梅镇译，中国政法大学出版社 2003 年版，第 2 页；李秀清：《日耳曼法研究》，商务印书馆 2005 年版，第 3—4 页）。

② 由嵘主编：《外国法制史》，北京大学出版社 2007 年版，第 100 页。

③ ［法］马克·布洛赫：《封建社会》（上卷），张绪山、张雁深译，商务印书馆 2004 年版，第 37 页。

④ ［法］孟德斯鸠：《论法的精神》（下册），张雁深译，商务印书馆 1963 年版，第 64 页。

⑤ ［美］伯尔曼：《法律与革命》，贺卫方等译，中国大百科全书出版社 1993 年版，第 82、373、393 页。

级。世俗社会存在四种不同阶级：其一为普通自由人，占人口的大部分；其二为比普通自由人地位高的少数贵族阶级；其三为比普通自由人地位低的半自由人；其四为比半自由人地位还低的奴隶。[①] 同样，宗教组织内也存在等级。[②] 这里只介绍世俗社会的身份等级制度。中世纪初期，贵族多附随于官职，享有土地特权，但其身份则仅限于一世，后由于王权衰微，官位贵族逐渐演变为世袭贵族，可传于子孙。普通自由人指贵族之外的包括佃农、自由农、骑士等自由人，占社会人口的绝大多数。半自由人，主要是被日耳曼人所征服地方的土著居民或其后裔、被解放的奴隶。他们的地位高于奴隶，而低于完全自由人，他们或者受田庄范围之拘束（如农奴），或者受主人家庭房屋界限的拘束（如仆人、佣人）。半自由人虽有人格，但无迁徙自由，定着于主人的土地和家庭，有提供劳力、物品的义务；而且缺乏诉讼能力，审判时须由主人作代表。但可以自己的名义拥有财产、缔结契

① ［美］孟罗·斯密：《欧陆法律发达史》，姚梅镇译，中国政法大学出版社 2003 年版，第 24 页。有学者将日耳曼人分为自由民（包括贵族和一般自由民）、奴隶、中间等级（李秀清：《日耳曼法研究》，商务印书馆 2005 年版，第 149—179 页）。也有学者将日耳曼人分为非自由人和自由人，前者包括奴隶、半自由人；后者包括贵族、骑士、自由农、农奴（李宜琛：《日耳曼法概说》，中国政法大学出版社 2003 年版，第 22—26 页）。还有学者将奴隶排除在外，认为当时只存在三个等级。日耳曼人的社会结构由三大部分组成：最上层为世袭贵族，通常是大地主；处于中间阶层的大多数是自由民，一般拥有自己的小块土地，而没有土地的人只好当佃农，替贵族劳动；最底层是既非自由民又非奴隶的阶层，他们被束缚在土地上，但不能被土地所有者进行人身买卖。这种奴役形式同罗马帝国的隶农制相似，是中世纪盛行于西欧的农奴制的雏形（［美］斯塔夫里阿诺斯：《全球通史：从史前史到 21 世纪》（上），董书慧等译，北京大学出版社 2005 年版，第 179 页）。笔者赞成将奴隶作为一个阶级等级的观点。在各日耳曼王国，主要法典都有关于奴隶制方面的规定，尽管中世纪时期奴隶的数量、存在形式、社会地位以及在社会生产生活中所起的作用等方面与罗马时期相比发生了很大变化，但中世纪存在奴隶制是不争的事实。学者认为，中世纪存在奴隶制是情理之中的事，否则不会有基督教反对奴隶买卖、禁止基督教徒奴役基督教徒之说（杨昌栋：《基督教在中古欧洲的贡献》，社会科学文献出版社 2000 年版，第 101 页）。

② 等级制是基督教会占主导地位的组织原则，首先是神职人员和信徒之分，前者的地位高于后者；其次是神职人员内部再划分成不同的层次，以主教、神父和助祭为最重要的三个等级（彭小瑜：《教会法研究》，商务印书馆 2003 年版，第 119 页）。

约，还可以通过向其主人买取居住移转之自由而成为完全自由人。奴隶处于社会的最底层，他们要么是奴隶的后裔，要么他们本身是在战争中被俘虏的。当法兰克人的军队在东部地区将许多斯拉夫人俘获并降为奴隶时，在 8、9 和 10 世纪的欧洲似乎曾经出现过奴隶制的浪潮。① 许多奴隶在他们的主人家中服务，但大多数都是在田里劳动。奴隶在法律上没有人格，与物无异，但由于基督教的反对及经济原因，奴隶的地位逐渐上升。随着时间的推移，奴隶逐渐分裂最终导致不同结果②，他们或者异常迅速地变质消失，或者在他们主人的身边，受到重用，甚至获得某种权势，逐渐成为贵族。③ 尽管如此，奴隶制度仍存在于整个中世纪，奴隶制度的完全消灭，则是在 19 世纪以后。当然，奴隶制在中世纪各国的发展情况并不相同，而且，在 14—16 世纪，奴隶的财产能力事实上一般得到了承认。④

日耳曼民族侵入罗马之前，其社会生活规范仅为习惯，并无成

---

① ［美］伯尔曼：《法律与革命》，贺卫方等译，中国大百科全书出版社 1993 年版，第 392 页。

② 由于地位卑下和无法逃脱的严格的世袭关系，在主人家里服务的奴隶似乎比自由人更可靠，更能保证迅速地严格服从于主人，因此，这些奴隶在家务活动中更容易被主人委以重任，如从普通佣人成为管家、从普通侍从成为宫廷侍臣。在法国，管家群体发生了分裂。不够努力或不很走运的管家仍然只是富裕农民，另一部分则挤身于贵族行列。农奴制是影响管家成为贵族的最大障碍，要成为贵族必须首先获得自由。由于管家们比普通农奴拥有更多的金钱，各地管家成为第一批购买自由的人。［法］马克·布洛赫：《封建社会》（下卷），李增洪等译，商务印书馆 2004 年版，第 552—563 页。

③ 这些奴隶逐渐上升到了受人尊敬的地位，并把其名望传给子孙，结果过了二、三代之后人们就忘了其曾经是非自由人的家仆，奴隶的后代们成为了受人尊敬的社会阶层的一员。这就是中世纪的佣人 Ministeriale。今天我们使用的 Minister（大臣）一词由来于此，这也就是现在大部分贵族的祖先［奥］埃里希：《权利能力论》（日文版），川岛武宜、三藤正译，岩波书店 1975 年版，第 51 页。

④ 中世纪英国法的非自由人制是奴隶制，但在经济上却起到了农奴制的作用。对主人，奴隶没有财产，也不受法律的保护；但对第三人，奴隶则相当于自由人，至少和自由人一样具有人格。俄罗斯法进行了与英国法相反方向的发展，即英国法使奴隶服从了农奴法，而俄罗斯法使农奴服从了奴隶法。尽管这样，俄罗斯法律固守的奴隶无财产能力的原则在实际生活中绝对没有得到贯彻。［奥］埃里希：《权利能力论》（日文版），川岛武宜、三藤正译，岩波书店 1975 年版，第 51 页。

文法典存在。西罗马帝国灭亡之后，日耳曼人仍依据其自身部族习惯而生活，同时，罗马臣民或罗马化臣民，仍依罗马法而生活。当罗马法与日耳曼习惯法二者发生抵触时，则以日耳曼法为准。另外，日耳曼部族的小国家极多，部族不同，法律各异。各部族法采属人主义，仅适用于自己的部民。此后，各日耳曼部族法律的发展或多或少受到罗马法的影响。一般而言，东日耳曼部族受罗马法的影响相对较深，西日耳曼部族则相对较少。法兰克帝国瓦解之后，欧洲大陆又陷于混乱割据状态，国王及领主的立法并不多见。当时的法律，主要是以先前的部族法为基础而发展起来的地方习惯。由于领土分立、身份等级区别严格，法律不仅因地方而不同，而且因身份而差异；法律的种类比以往更多。这种属人法制度没能持续很长时间，因为随着各种族不断融合，人们渐渐忘记了自己的出生血统，属地法制度便取而代之。①

中世纪中期以后，随着社会经济发展、教会势力增强、商人阶层的崛起，法律的内容逐渐丰富。除了习惯法之外，还包括封建法、教会法及商法等。这一时期，庄园经济已在欧洲占据主导地位，封建法律已逐渐系统化。在封建法之中，一部分规定欧洲土地制度，一部分规定采邑内附庸臣民生活。封建法（包括庄园法）决定了中世纪欧洲政治组织，确定了人们在封建社会的身份等级以及人们所享有的公私法权利。② 教会法是罗马天主教会所制定及执行的法律，是中世纪西欧与世俗法并立的重要的法律体系，其中大部分是规范教会政治组织的规则，不过其中仍含有大量私法规则，涉

① ［法］雅克·盖斯旦、吉勒·古博：《法国民法总论》，陈鹏等译，法律出版社2004年版，第85页。

② 以前的论著多将两者统称为封建法，伯尔曼主张将两者并列，认为封建法调整封建占有关系（采邑）、领主与封臣关系（忠诚），庄园法则调整领主与农民关系以及农业生产和一般的庄园生活。一种是对采邑和忠诚的调整，另一种是对庄园关系的调整。它们是两个不同的法律部门，就像公司法和劳动法在今日的西方是两个不同的法律部门一样（［美］伯尔曼：《法律与革命》，贺卫方等译，中国大百科全书出版社1993年版，第367—368页）。

及到婚姻关系、亲属关系、遗言与遗嘱、无遗嘱动产遗产分配等许多方面。随着商业勃兴和商人阶层的形成，一种新的法律——商法应运而生。在商法的产生和发展过程中，一部分罗马法的原则与规则得以复兴和发展，并已纳入商法之中。各地法院判决采取大致相同的原则与规则，再加上部分城市相互间缔结条约，商法在实质上已趋于统一，并日臻发达。

法国历史学家布洛赫认为，封建社会存在两个连续发展、性质不同的“封建”社会，11 世纪中期以后的变化虽然不是与过去的断然决裂，但方向的改变却反过来影响了整个社会活动的变化①，此时，无论作为一种政治制度的法律还是作为一种智识概念的法律，其性质都发生了根本性变化。“法律被发掘了出来。”② 难怪维亚克尔认为，欧洲近代私法史开端于查士丁尼法典的重新发现。③可以肯定，11 世纪以后的中世纪法律是近代法律的基础，当时的基督教精神、自然法思想和商人意识是促成近代法上平等人格观念形成的重要思想源泉。

二　中世纪人格之内容

中世纪各日耳曼民族的法律既保留着原始公社制习惯法的残余，又接受了罗马法和教会法潜移默化的影响。此时虽然不存在罗马法的人格制度，也不存在德国的权利能力制度，但各日耳曼民族的法律中仍然存在人格方面的零星规定。关于日耳曼人格制度，学者多从自然人个人角度进行阐述。因资料有限，无法考证私法主体从何时由家庭转变成个人，但可以肯定，在中世纪中期以后由于受基督教精神、自

① ［法］马克·布洛赫：《封建社会》（上卷），张绪山译，商务印书馆 2004 年版，第 122 页。

② ［美］伯尔曼：《法律与革命》，贺卫方等译，中国大百科全书出版社 1993 年版，第 102 页。

③ ［德］弗朗茨·维亚克尔：《近代私法史》（上），陈爱娥、黄建辉译，上海三联书店 2006 年版，第 9 页。近代私法肇始于 11 世纪，在这一点上，维亚克尔和伯尔曼的观点完全一致。

然法思想和商人意识影响，家庭逐渐退出主体范围，个人逐渐成为唯一的私法主体。本书基于已有资料，从个人角度将中世纪人格制度归纳为以下几个方面：

1. 人格之取得

自然人的人格并非始于出生，而是始于其父亲的养育行为。所谓养育行为，是指父亲将婴儿由地上抱至床上，或者父亲给婴儿以饮料（蜂蜜、牛乳等），作为养育该婴儿的意思表示；并以此作为该婴儿人格开始的时间。此外，还有以命名、水浴等方式作为养育开始的判断标准。日耳曼法承认父亲在开始养育行为前有拒绝养育其婴儿权利，称之为“弃儿权”。这种习惯，直至中世纪中期仍然存在。其后因基督教思想的传播，视弃儿为罪恶。在中世纪后期，已不再允许遗弃婴儿，以自然人于出生即取得人格为原则。当然，与罗马法一样，在日耳曼法上，婴儿取得人格必须具备种种要件，一是必须具有人的形态，如为怪胎，则不得享有人格；二是必须具有相当之生存能力，其判断标准为是否足月或者是否具有能够生存的体重。故婴儿虽非产死，但因不具有一定期间之生存能力，在日耳曼法上仍不能取得人格。父亲仍然可以假借畸形、早产等口实将婴儿遗弃。婴儿于出生时即享有人格的原则，到近代民法才完全确立。

但是，并非所有自然人都能取得人格。作为自由人的贵族、骑士、自由农、佃农具有人格自不待言；作为非自由人的奴隶和农奴在身份上都要服从类似于罗马的家父权，但他们的地位又有差异。在中世纪前期奴隶没有人格，要取得人格必须通过解放获得自由[①]；后期因受基督教的影响，奴隶的社会地位逐渐提高并渐渐取得人格。农奴

---

① 中世纪时期奴隶的地位与罗马时期相比有所上升，如家庭奴隶可以拥有自己的房屋和一个家庭，奴隶遭受自由民的伤害而其主人不在或者不能亲自出庭时，奴隶可以自己提出诉讼。尽管如此，根据伦巴德法律，奴隶没有法律资格，其主人为奴隶的行为负责；法兰克王国也基本将奴隶作为动产对待，奴隶并不是法律主体。总之，在日耳曼王国，不仅普遍存在奴隶，而且奴隶大多数是主人的财产，主人可以买卖奴隶，对于奴隶甚至有生杀之权（李秀清：《日耳曼法研究》，商务印书馆2005年版，第160—166页）。

具有私法上的人格，不仅具有家庭法上的权利能力，而且具有财产法上的权利能力；在诉讼法，尽管常常必须由主人代表，但至少在庄园裁判所具有裁判所能力。[①]

2. 人格之丧失

日耳曼人认为人格为法律所赋予，亦可依法律而剥夺。因此，日耳曼法上人格之丧失既可能是因为自然死亡也可能是法律直接规定的其他原因。（1）死亡。根据早期日耳曼法，法律上之人格于死后可以继续存在，也就是人死后，仍然存在所谓"死者之权利"。[②] 另外，在日耳曼法早期，人死亡后仍然可以作为原告或被告在法院进行诉讼，如有人被他人杀害，其亲属可以将被害人的尸体运到法庭，以死者的名义起诉，反之亦然。这种思想，到中期以后逐渐消亡。[③]（2）人格剥夺。按照早期日耳曼法，可以对危害团体的生存或者犯其他重罪的人，处以"人格剥夺"的刑罚，剥夺其人格。人格被剥夺后，其财产被没收，婚姻关系归于消灭。其生命身体，完全丧失法律保护，即使被他人杀害，也不能追究对方的责任。这种被剥夺人格者称之为人狼或森林人。[④] 中世纪中期以后，国家刑罚制度逐渐完善，人格剥夺制度渐趋缓和，代之以流放之刑。这实际上是在人格存在的前提下，对其权利能力在地域范围上的限制。另外，被驱逐人可以向

---

① ［奥］埃里希：《权利能力论》（日文版），川岛武宜、三藤正译，岩波书店 1975 年版，第 51 页。伯尔曼将农奴与奴隶、自由民相比认为农奴具有八个方面的特征。农奴并不为一个主人所拥有，也不得买卖；能够订立合法的婚约；可以衣食自给；对房屋、土地和财物享有某些权利；但是，农奴被束缚于土地上，未经主人许可不能离开土地，当土地转移时随土地一道转移；必须在领主的土地上从事繁重的劳役；必须对自己持有的土地向领主以实物和货币交纳各种捐税；使用土地和处分土地的权利受到严格的限制，当他们死亡时，财产归领主所有［美］伯尔曼：《法律与革命》，贺卫方等译，中国大百科全书出版社 1993 年版，第 393 页。

② 现在仍有学者认为，权利能力的消灭与权利的消灭是两个独立的问题，有些权利在人死亡后因涉及人类和整体尊严和善良风俗而继续存在（龙卫球：《民法总论》，中国法制出版社 2002 年版，第 300 页）。

③ 李宜琛：《日耳曼法概说》，中国政法大学出版社 2003 年版，第 19 页。

④ 戴东雄：《中世纪意大利法学与德国的继受罗马法》，中国政法大学出版社 2003 年版，第 204 页。也有著作称之为"狼人""狼头"。

受害人及公众提供赎罪金来恢复权利。人格剥夺制度对近代仍有影响，如《法国民法典》曾有民事死亡制度①，英国法在1859年之前还存在人格剥夺（outlawry）。②（3）修道院之死。中世纪以来，凡入修道院修道的僧侣、尼姑，自入院修行时起即丧失享有财产的能力。入院前所有的财产，全部归其继承人继承；入院后取得的财产，则属于修道院。这是因为入修道院，即应脱离俗缘，因此与死去无异，故称之为“修道院之死”。但这只不过丧失其一部分权利能力，其人格并未完全丧失。③（4）死亡之推定。中世纪日耳曼法并无现代社会之宣告失踪、宣告死亡制度。最初对于多年下落不明者，可以将其财产交与继承人，但须提出担保，在失踪人归还时应予以返还。如果经过相当时期失踪人仍未归还时，即确定由其继承人继承，至于该时期之长短则由审判官自由认定。至中世纪后期，才有“死亡推定”制度，即自失踪人有最后消息之日起算经过一定期间仍未生还者推定其为死亡。推定死亡具有与自然死亡相同的法律后果，即继承开始、婚姻关系消灭。但死亡推定并不是人格的绝对消灭，该自然人如果没有死亡，则其人格仍然存在，其所从事的法律行为只要具备有效要件仍然

① 该法典在“民事权利的丧失”一节中专规定了“第二目因法院判决而剥夺民事权利”，共12条，明确规定民事死亡人丧失其全部财产的所有权，丧失继承权，原有婚姻视为消灭，等等。参加《拿破仑民法典》，李浩培、吴传颐、孙鸣岗译，商务印书馆1979年版，第4页。

② ［奥］埃里希：《权利能力论》（日文版），川岛武宜、三藤正译，岩波书店1975年版，第二部分的注释（8），第141—142页。outlawry被译为逐出法外、剥夺法权，指剥夺法律资格与地位，不受法律的保护。最初针对那些杀害了他人，而不赔付偿命金给受害人亲属的人的处罚。被逐出法外者（outlawry）称为“狼头”，即任何人可以像杀狼那样杀死他，而且还被剥夺民事资格，所拥有的财产全部充公没收，不得拥有财产，也不得接受财产。到了14世纪中叶以后，合法拘捕并处死被逐出法外者的权力仅属于郡长，这意味着被逐出法外者不再是“狼头”。逐出法外的处罚因其严厉，在民事程序中早已不用，但在1879年才被正式废止。在刑事程序中，它实际上也没有被使用，但是1870年《没收法》（Forfeiture Act）又正式使这一处罚发生作用，1938年被废止（《元照英美法词典》，薛波主编，潘汉典总审订，法律出版社2003年版，第1014页）。

③ 我国古代虽然没有“修道院之死”的制度，但实际上与中世纪欧洲基本相同，修行的僧侣、尼姑除了自身的衣物外，并无其他财产可言。

有效。①

3. 权利能力之限制

本书认为权利能力只存在有或无，不存在限制的问题。这里所说的限制实际上是对享有的权利能力范围的限制。权利能力的限制表现在两个方面：

首先是身份等级对权利能力的限制。身份等级制度，是中世纪封建社会的基础。正是因为中世纪封建社会是由身份制度构筑起来的，每个人因身份不同而属于各种不同的利益集团，这种社会秩序对权利能力的影响很大。② 处于不同身份等级的人所享有的权利无疑是不同的，如在法国，非自由人的农奴不能担任圣职，更无参政权；无权出庭作证控告自由人；禁止与非同等身份的人通婚，也不能与非同一领主的依附者结婚，除非得到领主的特别许可，而获得许可的代价是很昂贵的；禁止迁徙，等等。此外，身份不同承担的义务也不同，一种真正的身份地位由一整套特殊义务引申出来，加以限定。③ 奴隶在中世纪前期没有人格，至中世纪中后期奴隶的地位逐渐上升，取得了有限的权利能力。如家庭奴隶有婚姻能力和家庭法上的其他能力，可以拥有动产，但他们没有取得不动产的能力；他们就动产而言具有诉讼能力。但在对主人的关系上，奴隶在家庭法上的权利并不受法律保护。④ 同样，我国古代封建社会，也将自由人分为天子、诸侯、卿大

---

① 当然，日耳曼法上的死亡推定制度与现代民法上的死亡宣告制度不同，前者因失踪期间届满当然发生效力；后者则基于裁判所之判决而发生效力，且在判决之前，有公告程序，作为判决的准备。现代民法的死亡宣告制度，始于1763年10月23日的普鲁士失踪令（李宜琛：《日耳曼法概说》，中国政法大学出版社2003年版，第21页）。

② ［奥］埃里希：《权利能力论》（日文版），川岛武宜、三藤正译，岩波书店1975年版，第72—73页。实际上现代社会也是一样，法律就是各利益集团在利益上搏弈的结果，在特定时期社会利益总量不变的情况下，某一集团的利益增加必然导致其他集团的利益减少。解决办法就是调整分配方案，设置新的门槛。权利能力制度实际上涉及资源配置即利益分配问题，正因如此，徐国栋教授认为这是一种纵向的关系，具有公法性质。

③ ［法］马克·布洛赫：《封建社会》（上卷），张绪山译，商务印书馆2004年版，第416页。

④ ［奥］埃里希：《权利能力论》（日文版），川岛武宜、三藤正译，岩波书店1975年版，第61页。

夫、士和庶人五级，此外还有被剥夺自由的奴隶。庶人包括士、农、工、商，其中农民占主体，他们虽然属于自由人，但直接附属于土地，间接附属于地的主人，其自由（尤其是迁徙自由）仍受到限制。奴隶则直接附属于主人，无自由或权利可言。当然，奴隶也有高下之分，地位好些的，可以做些较细而不大费力的工作，并且可以为主人监督指挥其余的奴隶。[①]

其次是家父权对权利能力的限制，即由于家父权的影响，家子、妇女、仆婢等享有权利能力的范围受到不同程度的限制。在中世纪的日耳曼各民族中，虽然家父没有生杀的权利，家父权没有像罗马法那样把家属压制到完全无财产能力、甚至近乎无人格[②]，但家父的人格在这些地方仍然十分强大，对家属的人身及财产有相当广泛的权利。如只有家父在裁判所代表家共同体，只有家父才能通过法律行为处分家产。不仅如此，家父还对家属的违法行为以家产对第三人承担责任。家属虽然有人格、有财产能力，但为其自身取得财产仅限于特定情形（如继承、赠与），基于其他原因取得的财产只能归入到家产中。即使是家属自身的财产也要服从于家父的用益权，大多情况下只有家父可以自由处分。因此，家属（妻子以及子女等）的所谓财产所有权只有在他们从家中独立时，即婚姻解除或父权消失时才可以在法律上说是真正所有权。另外，仆婢虽是自由人，但也被归入家属的一员。在中世纪的极早期，作为雇佣人进入到他人家里大概通常就意味着成为非自由人、自己卖掉自己，他因此成为了无人格人。到中世纪初期，进入到他人家里的雇佣人已经变成了自由仆婢。当然，自由

① 天子、诸侯、卿大夫为统治阶级；士分为两类，一种是有官禄的小吏，一种是无官禄的士民，前者属于统治阶级，后者与农、工、商一起称为四民，属于被统治的平民阶级。无自由可言的奴隶更是属于被统治阶级（瞿同祖：《中国封建社会》，上海人民出版社 2003 年版，第 132—154 页）。

② 罗马早期家父对家子有生杀予夺的权力，家子的地位与奴隶无异。后来家父这方面的权力逐渐受到了限制，然而家子在财产方面的人格却始终被家庭人格所吸收，家子在财产方面是没有人格的，即没有财产能力，但在婚姻、继承等方面是有人格的。罗马后期随着特有产制度的发展，家子取得有限的财产能力。

仆婢与所在家庭的关系也绝对不是一般的契约关系，因为仆婢必须服从于家父的权利；家父有相当广泛的惩戒权和在裁判所代理仆婢的权利；对仆婢的违法行为，有时与其他家属的违法行为的情况一样由家父承担责任。但是，仆婢可以拥有财产，对财产享有处分权，因此仆婢作为自由人，当然有人格，只是受家父权的影响，其权利能力的范围受到限制。①

4. 外国人的人格

根据日耳曼最早的法律，外国人都被视为敌人，任何人都可以自由地将其杀害，因此外国人不可能享有人格，自然也无从享有权利。但外国人可以通过与内国人缔结保护服从的关系，享受法律上的间接保护。内国人可代其起诉、代其承担责任，从而使外国人取得生命、身体、财产的安全，即享有一定的权利。在中世纪初期，仍沿袭上述习惯，外国人无人格，但略有进步，即凡无保护人的外国人，都处于国王保护之下，也就是说国王为境内外国人的补充保护人，但在被保护的外国人死亡时，国王有取得其遗产的权利，作为报偿。实际上，只要是一国的国民，就绝对不会被作为无人格人对待。各国基于彼此缔结的条约，互相保证其市民的权利。在中世纪中后期，外国人已基本具有了人格，只是其权利能力的范围受到一定限制而已。如外国人不得享有土地所有权及其他不动产物权；外国人死亡时，诸侯有权取得其遗产的全部或一部分；外国人继承内国人的财产时，诸侯有权扣除其一部分；外国人要想与内国人结婚，或要想在国内营业，都必须经诸侯特许；限制外国人与本国人竞争营业等。② 当然，也有被作为无人格的，但基本上只是外国人中的流浪汉、乞丐或者罪犯。在16世纪之前，根据所谓的野兽捕获权，这些人被捕获后成为领主的农

① ［奥］埃里希：《权利能力论》（日文版），川岛武宜、三藤正译，岩波书店1975年版，第69—70页。

② 李宜琛：《日耳曼法概说》，中国政法大学出版社2003年版，第26—27页。

奴，即已经不是奴隶。① 因此，在中世纪，各国法律已经普遍承认外国人具有人格，虽然其权利能力的范围受到一定限制。

5. 人格法益之出质

中世纪时期，债务奴隶制度逐渐缓和，以身体承担责任之情形逐渐减少，但当事人如以特别约定加强或限定其身体责任，亦为法律所允许。这种以身体责任为标的而作的特别约定，称为人格法益之出质契约。主要包括：（1）生命之出质。债务人在法官面前与债权人约定，如不履行债务，即听由债权人加以杀害。（2）肢体之出质。债权人与债务人约定，在债务不履行时，债权人可以切断债务人之手、足或伤其肢体的一部分。（3）人格之出质。中世纪时，先有人格剥夺之刑罚，后改为流放，作为债务不履行时的惩罚措施。（4）劳务之出质。债权人与债务人约定，债务人不履行时，债权人可以不经过法院，自行强制债务人为债囚。（5）荣誉之出质。债务人以其荣誉出质，即债务人不履行债务时，无须经过审判程序，债务人遂丧失其法律上的荣誉。债权人可以任意对债务人加以嘲笑侮辱，绘成图画，或编辑诗歌传唱等均无不可。这些人格法益之出质契约，到 16 世纪

① ［奥］埃里希：《权利能力论》（日文版），川岛武宜、三藤正译，岩波书店 1975 年版，第 66—67 页。外国人具有人格的重要标志就是不能被任意杀害，被人任意杀害者不可能取得人格。但是，不能反过来说凡是不能被任意杀害的就享有人格，如部分野生动物可能被禁止杀害，却不能享有人格。近年，我国法学界对动物属性展开讨论，并形成了不同观点（参见高利红：《动物不是物，是什么?》，载梁慧星主编《民商法论丛》第 20 卷，金桥文化出版社（香港）有限公司 2001 年版；徐昕：《论动物法律主体资格的确立——人类中心主义法理念及其消解》，《北京科技大学学报（社会科学版）》2002 年第 3 期；陈本寒、周平：《动物法律地位之探讨——兼析我国民事立法对动物的应有定位》，《中国法学》2002 年第 6 期；［美］斯蒂文·M. 怀斯：《动物的法律物格》，郭晓彤译，载陈小君主编《私法研究》第 3 卷，中国政法大学出版社 2003 年版，第 389 页以下；杨立新、朱呈义：《动物法律人格之否定——兼论动物之法律物格》，《法学研究》2004 年第 5 期）。笔者认为动物就是物，而且只能是物，当然，动物不同于一般的物。诚如德国学者所言，“法律规范未将之提升为权利主体。《德国民法典》未在任何法律条文中规定动物具有权利能力。”“动物并不分享人的权利能力及基于权利能力产生的相应法律后果。”（［德］哈里·韦斯特曼：《德国民法基本概念》，张定军等译，中国人民大学出版社 2013 年版，第 4 页）。

以后，逐渐趋于消灭。[①]

6. 团体人格

日耳曼民族具有极强的团体意识，日耳曼法建立于团体主义的基础之上。日耳曼部族在氏族或家庭的共同意识下，结合成生活上的单一体。每个人都必须依附于氏族、家族、家庭而生存，团体的生存与利益始终处于个人生存与利益之上。[②] 这些观念正是法人制度得以形成和发展的基础。当然，中世纪商业繁荣是促使法人制度形成的真正动力。中世纪中期农业生产力的提高、人口的增加、城市的发展是商业繁荣的社会基础；宗教政策对商人阶层的宽容则是商业繁荣的意识形态基础；此外，十字军东征和教会与世俗权力之争则是商业繁荣、商人阶层形成以及商法产生的重要政治背景。[③] 十字军东征、定期举行的集市贸易和宗教法被认为是对中世纪的商贸活动产生重要影响的三个主要事实。[④] 11 世纪晚期，为了适应长距离的海上贸易，在意大利、英格兰和欧洲的其他地方出现了一种新的商业经营方式——康美

---

① 李宜琛：《日耳曼法概说》，中国政法大学出版社 2003 年版，第 128—130 页。在中世纪早期，债权人可扣押债务人为人质，并对其掌握生杀大权。随着法律观念的进化，限制人身自由的做法逐渐趋于缓和，只有当扣押的财产不足以清偿债务时，才有扣押债务人的权利并只限于作为终身债务奴隶，对债务人只有支配权而无生杀决定权。后期，更允许他人备资赎买或仅为债权人服一定劳务了之。扣押的形式也从最初的自主扣押发展至法院扣押（何勤华、魏琼：《西方民法史》，北京大学出版社 2006 年版，第 163 页）。

② 戴东雄：《中世纪意大利法学与德国的继受罗马法》，中国政法大学出版社 2003 年版，第 28—29 页。

③ 何勤华、魏琼主编：《西方商法史》，北京大学出版社 2007 年版，第 247—255 页。该书作者认为，中世纪商法或者说商人法的发展契机在于：商人行会的出现；商人法庭的产生；商法典的编纂。

④ 对中世纪的商贸活动产生重要影响的有以下三大主要事实：（1）首先是十字军东征。为给大军提供必要的后勤保证，建立了专门的“圣殿骑士团”。（2）定期举行的集市贸易，商人们定期汇集在一起进行交易，尤其是在德国的莱比锡、法兰克福、法国的香槟地区等；在这些地方每年都要举行 6 次集市，每次集市时间为 6 个星期，其中两个星期进行交易，四个星期进行结算；在这样的集市上已经出现了汇票等支付手段，出现了对不能履行债务的债务人进行制裁的破产法。（3）教会法。因教会法禁止“有息借贷”而出现了三种例外情形，即“康美达”组织或公司的产生、资本风险、“另地借贷”（［法］伊夫·居荣：《法国商法》第一卷，罗结珍、赵海峰译，法律出版社 2004 年版，第 14—15 页）。

达（commenda）。它开始可能是一种借贷契约，但很快发展成为一种用于单一经营的合伙协议。康美达有两个特点：一方面它是一种有限责任的合伙，类似于股份公司；另一方面它是一种短期的联营，即在约定的航程结束后便告解散，这一点又不同于近代的商业公司。[①] 随着十字军东征，出现了由商人和资本家组成的“康帕尼亚”（compagna）的组织，大概类似于法人社团，具有虚拟的“人格”。此后又发展出了 societasmaris（海会），类似于 commenda 或 colleganza 的组织形式。[②] 到 12 世纪初，意大利已占据商业史上的优先和卓越地位，热那亚已经出现了被称为“海上协会”的股份公司，威尼斯建立了世界上第一家银行。[③] 从中世纪后期开始，国际贸易中心从地中海移到了大西洋，英国、荷兰的资本主义工商业迅速成长。英国于 1554 年创立了莫斯科公司，1581 年成立了土尔其公司，1588 年成立了非洲公司，1600 年成立了东印度公司。1602 年荷兰也成立了东印度公司。随着经济的发展、城市的勃兴和商人阶层的形成，有关调整商业的法律规范即商法逐渐发展和完善，其中法人制度也不例外。虽然对法人制度还无成文的规定，但是，法人的存在日益广泛，法人的财产进一步独立而且法人财产的地位更加重要，法人的组织机构更加严密而且表现形式更加多样化，并且越来越为国家和社会所认同。法人制度正在逐渐形成。[④]

有学者将上述不同组织归纳为共同态、团体、法人三种不同类型。[⑤]（1）共同态，指多数人基于法律规定或约定相互结合，就取得

---

① ［美］伯尔曼：《法律与革命》，贺卫方等译，中国大百科全书出版社 1993 年版，第 435—436 页。

② ［美］泰格、利维：《法律与资本主义的兴起》，纪琨译，学林出版社 1996 年版，第 60、62 页。作者还在第 71 页指出：“当初发动十字军东征，表面上是为了讨伐‘异教徒’，然而不久却变为讨伐拜占庭基督教徒，弄到最后竟然演变成借此机会向阿拉伯文明和拜占庭文明学习，广泛借取法律知识和经商手段，这真是极大的讽刺。”

③ ［美］汤普逊：《中世纪经济社会史》（下册），耿淡如译，商务印书馆 1963 年版，第 17、45 页。

④ 马俊驹：《法人制度通论》，武汉大学出版社 1988 年版，第 15 页。

⑤ 李宜琛：《日耳曼法概说》，中国政法大学出版社 2003 年版，第 31—48 页。

权利和承担义务，均采取共同一致态度的松散联合。从所有权的角度来看，就是合有关系。[①] 共同态多基于一定事实而成立如共同继承，也可能基于契约的作用而成立如"营利共同态"。共同态没有独立人格，没有权利能力，其权利的取得、义务的负担，均须全体共有人的共同行为决定。虽然也可以有代表，但并非一独立"团体"的代表，只不过是"全体"的代表而已。（2）团体，指基于总有关系形成的多数人的集合。[②] 团体具有人格，能够以其名义享有权利和承担义务。因此，它不同于不具有人格的共同态；同时也不同于法人之对外有独立人格、对内与其成员各自独立。团体之外形为法人，而其内部仍为共同态，即所谓对外为单一性而对内则为复数性。这种团体是介于法人、共同态之间的特殊集团形式，其与其成员之间，具有不即不离的关系，如马克团体、伐木团体等。（3）法人。就社团法人而言，法人的成员与其集团各自绝对独立存在，法人的财产非成员的财产，法人的债务非成员的债务；成员对法人的财产既无直接支配权，对法人债务亦不负直接责任。法人有独立的人格，不像团体与其成员之间不即不离的关系。此外还有财团法人，虽有管理人，但其财产的用途，管理的方法，完全由捐款人自由决定。法人观念的形成，应归功于教会法学者，他们将罗马法萌芽的法人观念进一步明确化，并且被纳入他们围绕教阶制阐发的政治思想。法人可以是具有人格身份地位的个体，也可以是集体，后一种意义上的法人概念是西方宪政主义起源过

---

① 日耳曼法上的合有虽然是多数人的共同所有关系，但并非纯粹的物权法上的制度。合有最初以其成员的特定身份的结合——血缘关系为要素，其成员不许任意变更，后来没有血缘关系的人也可以通过契约成立合有关系。合有关系不同于一般的共有，一方面，它是基于法律特别规定或者特别约定而成立，尽管各所有人对其标的物享有部分使用、收益、管理、处分的权利，但非经全体所有人同意，不得任意行使和处分自己的权利；另一方面，各所有人应有部分，在合有关系存续期间仅处于潜在状态，只有合有关系解散时才能实现。

② 团体有广狭义之分。广义上的团体，为日耳曼法上各种集团的总称。这里指狭义上的团体，即基于总有关系形成的团体。所谓总有，是将所有权的内容，依团体内部的规约加以分割，其管理、处分等支配的权能属于团体，而使用、收益等利用的权能则分属于其成员。因此总有既非法人单独所有，亦非各个人共有，更不是两者的结合，而是日耳曼法上特殊的共同所有关系。

程中的环节。[①]

三 中世纪人格之特点

中世纪人格制度虽然是近现代人格制度之基础，但在法律层面不可能具有近现代民法所倡导的人格平等的观念，更不可能有平等的人格制度；另外，中世纪人格制度虽然受罗马法的影响，与罗马法有许多共同之处，但又与罗马法人格制度迥异。中世纪人格制度有以下几点值得注意。

1. 缺乏关于人格的系统规定

在中世纪欧洲各国法律，都是由多数不同的地方习惯所构成。这种地方习惯逐渐转化为成文法形式，并由各地方习惯对成文法予以补充。但在当时无论何处，仍无统一国家法的出现。[②]“没有立法，没有法哲学，更谈不上奉为先例的判例法。有的只是习惯，偶尔被记载成文字，且残缺不全。”[③]按照伯尔曼的考证，当时的法律既没有完全与社会控制的其他过程相分离，也没有与其他类型的智识形态相分离。完整的法律并没有从习惯中“发掘”出来。[④]虽然中世纪日耳曼人也颁布过法典，但这些只有法典之名，既不存在法律的分门别类，更无公法与私法之分，实际上体系凌乱，内容具体，大多数是习惯法的记载和汇编，缺乏作为一部法典所起码应该具备的结构上的体系性

① 彭小瑜：《教会法研究》，商务印书馆2003年版，第40页。

② ［美］孟罗·斯密：《欧陆法律发达史》，姚梅镇译，中国政法大学出版社2003年版，第11页。

③ ［比］R.C. 范·卡内冈：《法官、立法者与法学教授——欧洲法律史篇》，薛张敏敏译，北京大学出版社2006年版，第90页。

④ ［美］伯尔曼：《法律与革命》，贺卫方等译，中国大百科全书出版社1993年版，第101页。伯尔曼认为，每一个民族无疑都有自己的法律秩序，其内容包括中央当局偶尔制定的法规，以及世俗和教会的不计其数的不成文法律规范和法律制度。但这些法律不是作为一种独特的调整体系或一种独特的思想体系而存在。

和内容上的抽象性。[①] 杂乱性是中世纪法突出的特点。[②]

因此，中世纪法律没有关于人格的规定，更没有关于人的抽象概念，有的只是各种具体规定。比如法兰克王国的《撒里克法律公约》在其65条的法典中，分别按照身份不同规定杀人罪如自由民杀人、奴隶杀人；在伦巴德《罗退尔敕令》和昂格鲁—萨克逊王国《埃塞尔伯特法典》中，就伤害而言按照自由民、半自由民和奴隶分别作出不同规定，而且还按照受害人所受伤害的身体部位不同作出更具体的规定。根据这些具体规定可以归纳为损害赔偿、婚姻、继承、诉讼等不同方面，但无论如何没有像罗马法人格制度的系统规定。法律不成体系和法学不发达状态，是由当时的政治、经济和社会条件所决定的。一方面，日耳曼法以具体的生活关系为根据，大部分法律条款都是基于习惯和已存事实，立法者只是对此作机械的记载，似乎没有从理论上进行提升和加工锤炼的必要。另一方面，法院判决所依据的是团体生活的共同意识及世代相传的生活习俗，而非逻辑严谨的法律条文及法律体系，所以他们在法院的裁判被称为法律的发现。[③]

2. 身份等级决定人格之有无及享有权利之范围

中世纪时期，身份等级森严，每一个人都具有不同的身份，并由此决定其法律人格和享有的权利。奴隶没有人格；贵族、骑士、自由民当然享有人格，而且贵族享有诸多特权；农奴虽有人格，但其权利受到极大限制。这样的结构导致不同等级之间的婚姻受到了限制，下级身份者不得担任涉及上级身份者案件的审判官或证人。此外，个体被束缚在组织严密的共同体之中，在家庭内部，妻子要服从于夫权，没有丈夫的协助和允许，妻子不得进行任何法律行为，如订立合同；子女在成年以后也要服从于父权，而成年的标准通常在25岁甚至30岁。各行业都组成封闭、等级森严的行会，行会决定着生产条件、经

---

① 李秀清：《日耳曼法研究》，商务印书馆2005年版，第446—447页。

② [法] 雅克·盖斯旦、吉勒·古博：《法国民法总论》，陈鹏等译，法律出版社2004年版，第91页。

③ 戴东雄：《中世纪意大利法学与德国的继受罗马法》，中国政法大学出版社2003年版，第27页。

营条件、行业入门条件、价格等，个体被禁锢在僵化的经济组织之中。[①]

这一特征与罗马法完全相同，都是奴隶没有人格，而且除了奴隶之外都具有人格；具有人格者，其享有的权利范围也都存在差异，如通婚权、遗嘱权等。“可见奴役并不是罗马人特有的事，自由和贵族制度也不是野蛮人特有的事。”[②] 这一点更进一步证明了本书第二章所主张的观点，人格不是阶级划分的工具，而是阶级划分在法律上的反映，否则无从解释同样的人格区分为何产生不同的阶级等级、形成不同性质的社会制度。

3. 人格可以被剥夺

在中世纪早期，对危害团体的生存或者犯其他重罪的人，处以“人格剥夺”的刑罚，剥夺其人格。如德国中世纪早期没有现代意义的民事诉讼，只有刑事诉讼，而且采取严格的形式主义，被告对原告的起诉要么全部承认，要么全部否认。被告如不履行判决，可能受到丧失和平的判决。被告一旦被判决丧失和平，其法律上之权利完全被剥夺，其妻成为寡妇，其子成为孤儿，其财产被国家没收。此时该被告已完全丧失法律保护，即使被他人杀害，也不能追究对方的责任。[③]中世纪中期以后，因国家刑罚制度逐渐完善，人格剥夺制度才渐趋缓和。

4. 法人制度已具雏形

在日耳曼人看来，村落等团体不仅为各个人的总合，而且是享有人格的实体。个人在其作为个人的地位外，还有作为其团体成员的地位。团体与团体成员的关系并不对立，而是相互依存的关系。日耳曼的团体常常具有作为单一体存在与作为成员的结合体存在的双重性。

---

① ［法］雅克·盖斯旦、吉勒·古博：《法国民法总论》，陈鹏等译，法律出版社2004年版，第91页。

② ［法］孟德斯鸠：《论法的精神》（下册），张雁深译，商务印书馆1963年版，第310页。

③ 戴东雄：《中世纪意大利法学与德国的继受罗马法》，中国政法大学出版社2003年版，第204页。

团体的单一性与成员的个别性是相互结合的。① 这种团体观念正是法人制度得以形成的基础。当然，中世纪中后期商业的繁荣、商人阶层的形成、商事组织的大量出现是促使法人制度从罗马时期的萌芽到逐渐成熟的内在动力。值得注意的是，当时法人制度还处于逐步形成阶段。

第二节　《法国民法典》对“人格”之回避

法国文明的历史可以概括为三大时期：一是5—12世纪的初创阶段或形成阶段；二是13—16世纪的试验、探索时期；三是16世纪以来的发展阶段。② 在12世纪以前，由于王权衰弱，封建领主不仅占有土地和众多的农奴与附庸者，而且享有其领地的司法权、行政权等等，并随领地世代传袭，当时尚无统一的中央集权国家的出现。大致从12世纪开始逐渐形成一种新型的政治共同体即世俗王国。王室立法开始作为一种新兴的法律渊源登上了历史舞台。在13世纪中期，法国形成了一个强大的君主政权，并促成了中央皇家法院即巴黎高等法院的成立。③ 14世纪后半期至15世纪前半期是法国与英国交战的民族战争时期，“这是法国反对外国统治、谋求民族独立和法兰西称号的年代”。与英国的斗争，“促成了法兰西国家的形成，推进了它

---

① 李秀清：《日耳曼法研究》，商务印书馆2005年版，第452页。

② 这里套用著名历史学家基佐对欧洲文明历史的阶段划分。基佐将欧洲文明的历史概括为三大时期：一是初创阶段或形成阶段，这一时期，欧洲社会的各种因素从混乱中解脱、诞生，以它们的原始形式呈现，具有自己的活动原理；二是试验、探索时期，社会各种因素互相靠拢、混合，犹如互相试探，而无力形成任何普遍的、正规的、持续的东西；三是发展阶段，期间欧洲社会具有了一定的形式，遵循一个既定的方向快速而普遍地向一个明确的目标前进（［法］基佐：《欧洲文明史》，程洪逵等译，商务印书馆2005年版，第152—153页）。

③ ［比］R. C. 范·卡内冈：《法官、立法者与法学教授——欧洲法律史篇》，薛张敏敏译，北京大学出版社2006年版，第101页。

的统一。"[①] 作为真正意义上的民族国家，法兰西国家是1600年形成的。[②] 到17世纪，法国已处于欧洲文明的领先地位。当时，对欧洲产生影响和发生作用的是法国政府。但在18世纪期间，法国政府几乎销声匿迹了，领导欧洲前进的则是与政府分道扬镳、甚至反对政府的法国社会。法国新兴资产阶级的财富和社会影响正在逐渐增强，同时期的英国资产阶级革命及资产阶级思想家的理论传到了法国。在这种时代背景下，法国出现了各种学术活动，宗教、政治、哲学、伦理学、史学、法学等都成了研讨的题目，并逐渐形成崭新的世界观，涌现出了以孟德斯鸠、伏尔泰、卢梭等为代表的一大批资产阶级启蒙思想家，掀起了一场持续半个世纪、对法国历史和宪政影响深远、并对资产阶级革命和政治制度产生重大影响的思想解放运动。这些进步思想是推动后来的法国资产阶级革命的重要动力，甚至可以说，启蒙思想家的理论是加速爆发资产阶级革命的催化剂。[③] 启蒙运动对《法国民法典》的产生及其人格制度的形成亦有重要影响。

当然，讨论《法国民法典》的人格制度不得不先介绍法国对罗马法的继受。法国与罗马法渊源之深，除了意大利之外，恐怕是欧洲其他国家所无法比拟的。早在中世纪时期，法兰克帝国将其统治范围扩充到罗马领土及日耳曼领域之中，其所属领土，系犬牙相错于两民族之间。因此法兰克帝国法律史，表现为日耳曼部族法与罗马法的混合。[④] 法兰克帝国崩溃后，分裂成了若干个小国家即自治公国，在第二次分裂浪潮中，又分成了更小的城堡国即直径在五公里至十公里的

---

① ［法］基佐：《欧洲文明史》，程洪逵等译，商务印书馆2005年版，第199—200页。

② ［美］泰格、利维：《法律与资本主义的兴起》，纪琨译，学林出版社1996年版，第225页。

③ 何勤华主编：《法国法律发达史》，法律出版社2001年版，第102页。

④ 法兰克帝国是最强大的一个蛮族王国，存续时间最长，尤其是在加洛林王朝时期一度统治了西欧的大部分国家。其版图不仅包含法国，还包括今日比利时、荷兰、德国西部、奥地利、意大利半部及西班牙东北等地（［美］孟罗·斯密：《欧陆法律发达史》，姚梅镇译，中国政法大学出版社2003年版，第4—5、164—165页）。

微型国家，围绕着封建领主及其城堡而建。[①] 这一时期，法国南部自日内瓦湖以北的热克斯（Gex）直至夏朗德（lacharente）河口的折线以南。此外，还要包括阿尔萨斯（Alsace），但要将奥维尔涅（Auvergne）除外。这些地区将成文的罗马法作为普通法适用。与这些成文法地区相对应的是习惯法地区，即除南部省份之外的大部分地区（约三分之二）。在习惯法地区，只存在口头形式的法。其规则自发地形成于先例的重复，并被这些地区接受后，最终获得了强制力。当时大致有60项主要习惯和300项到700项地方习惯。这些习惯大多来源于日耳曼，它们极其纷繁多样。正如伏尔泰写到的那样：横穿法国的时候，法律的变化比换马车还要频繁。[②] 在《法国民法典》制定之前，罗马法既是其成文法地区立法的主干，也是习惯法地区法律统一的推动因素，所有的人都承认罗马法具有重大价值。[③]

1804年的《法国民法典》正是吸收了罗马私法的精华，以罗马法为蓝本而制定的。在该法典中，罗马法的形式及内容都得到很大程度的保留，从而被人们称为罗马法系，与后来的德国法系相区别。恩格斯将《法国民法典》称之为以"罗马法为基础"的"典型的资产阶级社会的法典"。[④] 尤其是其关于家长的规定，被学者称为"忠实于"罗马有关"家父"的传统。[⑤] 照理，《法国民法典》继续使用罗马法上的"人格"概念表示法律上的人的资格是顺理成章的事，但事实正好相反，该法典通过其第8条宣布"所有法国人均享有民事权利"[⑥]，从而回避了法律上的人的资格问题。不仅如此，在1901年法

---

① ［比］R. C. 范·卡内冈：《法官、立法者与法学教授——欧洲法律史篇》，薛张敏敏译，北京大学出版社2006年版，第101页。

② See James Gordley, Arthur Taylor von Mehren, *An Introduction to the Comparative Study of Private Law: Readings, Cases, Materials*, Cambridge University Press (2006), p46.

③ ［法］雅克·盖斯旦、吉勒·古博：《法国民法总论》，陈鹏等译，法律出版社2004年版，第87页。

④ 《马克思恩格斯选集》第4卷，第248页。

⑤ ［法］罗贝尔·巴丹戴尔：《最伟大的财产》，《法国民法典》（上册）中译本代序，罗结珍译，法律出版社2005年版，第17页。

⑥ 《法国民法典》，罗结珍译，法律出版社2005年版。

国制定合伙法时，起草者在草案中使用了“法律人格”的字样，“并且还有法律人格的定义在内，而称之为法律的拟制，”但最终还是没有被采用。[①] 至此，法国人的态度已经非常明显，即刻意回避“人格”这个术语。这是为什么呢？笔者认为，《法国民法典》刻意回避“人格”概念又没有像德国创造新术语的真正原因主要在以下几方面。

一 所有法国人均已具备民事主体资格

在资产阶级革命之前，法国社会由三个等级构成，所有法国人在法律上属于某一等级即社会阶层，这种成员资格决定了他们的法定权利和特权。第一等级由教士组成，共有10万人左右；第二等级由贵族组成，约为40万人；第三等级包括所有其他人：2000多万农民、约400万城市商人和工匠。前两个等级仅占2450万总人口的2%，但却拥有约占全国35%的土地，享受政府给予的众多特权，如被免除了全部税赋。[②] 处于第三等级底层的法国农民虽然在18世纪已经不再

① ［法］狄骥：《〈拿破仑法典〉以来私法的普遍变迁》，徐砥平译，中国政法大学出版社2003年版，第73页。狄骥指出，在1901年的法律中没有关于法律人格的规定，“而且这样地不用法律人格字样，又非偶然如此”。实际上在当时的法国，合伙已经普遍存在，而且1901年的法律已经认可合法成立的合伙的行为效力，承认其可以取得不动产，但立法者并不承认其具有法律人格。因为，“在法国，仍旧被畏惧集合体的财产过于庞大的传统恐惧所支配着。”根据1978年及以后多次修订之《法国民法典》（参见《法国民法典》，罗结珍译，第九编“公司”，法律出版社2005年版），在法国，合伙只是公司的一种形式，除了隐名合伙外，商事合伙、民事合伙都是法人。尽管现行法已经承认合伙具有法律人格，但仍旧没有使用人格概念。

② ［美］斯塔夫里阿诺斯：《全球通史：从史前史到21世纪》（下），董书慧等译，北京大学出版社2005年版，第520页。第三等级包括了富有的资产者、律师、教授、师傅工匠、手工业者、佣人、以及务农的小块土地保有者，简单地说就是将各色人等和各种利益集团集合为一个群体（［美］泰格、利维：《法律与资本主义的兴起》，纪琨译，学林出版社1996年版，第225页）。西耶斯认为，这个词有时指资产阶级，有时指广大人民；通过估算，认为教士人数共计8万余人，贵族人数共计11万人左右，这两个等级的特权者总共不到20万人（［法］西耶斯：《论特权：第三等级是什么?》，冯棠译，商务印书馆1990年版，第37—38页）。特权等级的具体人数以及第三等级应包括的具体范围已经无关紧要，我们更关注第三等级的社会地位以及他们发动革命的动因和目的。

受那些封建小恶霸的欺凌，来自政府的强暴行为也很少涉及他们，他们确实能够享受自由，甚至拥有部分土地。但是他们要承担繁重的税收、兵役、徭役，这压得他们喘不过气来。所有其他阶级的人都离弃他们，他们几乎与上层阶级完全隔绝了。“这是一种新奇的压迫”。但如果就此认为那是个奴役与依附的时代，这是十分错误的，因为人们都是自由的。① 在1789年8月4日起草、11月3日发布的宣布废除封建制度的公告中已经表述了议会的决定：“国民议会全部取消封建制度，并发布命令对旨在……施行奴役的……一切封建和个人权利与义务均予以无偿废除，并宣布一切其他义务可以赎买，买价与办法由国民议会规定之。”公告发布之时部分地区封建权利可能仍然存在，需要通过公告予以废除；但人身奴役在1789年几乎已经完全不存在，8月4日的公告只不过是确认了实际状况而已。② 因为严格意义上的奴隶在法国几乎没有残留，在中世纪中后期便已完全绝迹。③ 在大革命之前，甚至连封建奴役也已经消失了。④ 生活在社会最底层的农民和城市平民也都是自由的，他们可以拥有自己的财产，可以参与交易

① ［法］托克维尔：《旧制度与大革命》，冯棠译，商务印书馆1992年版，第156—157、166页。作者认为，“社会的进步使所有其他阶级富裕，却使农村人民灰心丧气；文明惟独与他们作对。”

② ［美］泰格、利维：《法律与资本主义的兴起》，纪琨译，学林出版社1996年版，第233—235页。该书作者介绍，在土地权利方面，公告发布以后两年，法国南部一个村庄抱怨说，实际情况丝毫没有改变。作者认为影响公告效力的原因在于土地占有制度和国家财政结构。民法典土地制度的实施从不动产所有权角度促进了平等化进程。

③ 在中世纪中期，租佃奴隶的生活与奴隶制生活毫无相同之处。生活在奴隶主家中的奴隶小群体，和奴隶解放运动在其等级内部不断造成的空白是不可弥补的。当时的奴隶贸易仍然存在，但主流并没有到达欧洲西北部或者其他地区，只是途经这一地区而指向了穆斯林统治下的西班牙或东方，其原因无疑是在欧洲西北部没有找到足够富裕的买主。到12世纪，获释奴作为一个等级已不存在，其名称以完全成为农奴的同义词（［法］马克·布洛赫：《封建社会》（上卷），张绪山译，商务印书馆2004年版，第412—420页）。毫无疑问，农奴处于封建社会的最底层，但他们是自由的，虽然被束缚在领主的土地上，其自由受到极大限制。不管农奴的生活多么苦难，但他们已经具备法律人格，可以拥有自己的财产，哪怕数量上非常可怜。

④ ［法］西耶斯：《论特权：第三等级是什么?》，冯棠译，商务印书馆1990年版，第39页。

和缔结婚姻，可以在民法上享有权利和承担义务。既然生活在社会最底层的人都是自由的，都能够享有民事权利，那么完全可以肯定，民法典制定之前，所有法国人都已经成为了民法上的主体。

资产阶级革命主要是为了解决政治上的平等自由，不涉及民法上主体资格问题。封建等级制度不仅导致了阶级与阶级之间的不平等，也导致了阶级内部的不平等，如贵族家庭中特有的继承规则，在子女之间产生了极大的不平等。① 卢梭指出，在人类中有两种不平等：一是自然的或生理上的不平等；另一种是精神上的或政治上的不平等。就政治上的不平等而言，人的身份是其他各种不平等的根源。② 处于第三等级的新兴的资产阶级随着商品经济的发展，其社会力量日益增长，他们在经济上占据主导地位，然而因身份等级制度他们在政治上处于无权状况。③ 在政治需求与现实不平等发生冲突的情况下，刚刚兴起的启蒙思想立即成为资产阶级的思想利器。在天赋人权、三权分立等启蒙思想鼓舞之下，新兴资产阶级、市民、农民等第三等级于1789 年开始了轰轰烈烈的、自下向上的法国大革命，成功推翻了封建王朝，成立了共和国。革命成功之后，革命党人立即颁布了《人权宣言》以巩固革命成果。其第 1 条宣布：“人是生而自由与平等的。”于是，在平等的名义下，贵族的特权被废除，无论贵族或平民、天主教徒或是新教徒，在法律面前人人平等。④ 资产阶级革命把政治归结为这三个神圣的词：自由、平等、博爱。这里的平等是一种原则、一

① ［法］雅克·盖斯旦、吉勒·古博：《法国民法总论》，陈鹏等译，法律出版社2004 年版，第 91 页。

② ［法］卢梭：《论人类不平等的起源和基础》，李常山译，商务印书馆 1997 年版，第 70、143 页。卢梭认为，在这四种不平等中，个人的身份是其他不平等的根源，财富则是最后一个。而各种不平等最后都必然归结到财富上去。因为财富是最直接有益于幸福，又最易于转移，所以人们很容易用它来购买其余的一切。

③ “迄今为止，第三等级在政治秩序中的地位是什么？什么也不是。”“概括说来，迄今为止，第三等级在三级会议中并无真正的代表。因此他们的政治权利等于零。”（［法］西耶斯：《论特权：第三等级是什么?》，冯棠译，商务印书馆 1990 年版，第 19、28 页）。

④ ［日］大木雅夫：《比较法》，范愉译，法律出版社 1999 年版，第 170 页。

种信条。[①] 积极参与法国革命并成为第三等级代表的西耶斯指出，第三等级的真正诉愿是想要获得与他们日益增长的经济力量相称的政治权力和社会声望，他们要在三级会议中拥有真正的代表，即来自本等级的善于表达他们的意志、捍卫他们的利益的代表，要求按人头而不按等级投票。[②] 甚至有学者认为："商人只不过是谋求封建体制内部一个小小地位而已。"[③] 资产阶级革命主张的自由、平等思想和政教分离原则在法律上得以确立，这是自然法思想在政治上的胜利。这种人人平等观念在民法典中得到了体现，民法典第 8 条的规定即是明证。民法典是自由个人主义的胜利，体现了对大革命成果的巩固。[④] 在其他国家，为了取得政治上平等地位的革命可能对民法上的主体资格产生直接或间接的影响，但在法国这两者没有直接关联，因为在革命之前所有法国人都是自由人，均已具备民法上的人格。

还有一点值得说明，法国大革命和《人权宣言》极大地影响了 1804 年《法国民法典》，同时，民法典将 1789 年《人权宣言》所宣告的各项原则移用到民事领域，将法律面前人人平等的原则通过民法典的具体条文适用于法国全体公民，最终废除了贵族制度。[⑤] 但是，《人权宣言》宣称的人人平等和民法典规定的民事权利的享有并非同一含义，或者说，宪法意义上的人人平等与民法上的主体资格平等毕竟不是同一概念。(1)《人权宣言》中的"人权"的主体是人（Homme）和市民（Citoyen），在这里并未使用"人格"（Personne）

① ［法］皮埃尔：《论平等》，王允道译，商务印书馆 2005 年版，第 20—21 页。

② ［法］西耶斯：《论特权：第三等级是什么?》，冯棠译，商务印书馆 1990 年版，第 29 页。

③ ［美］泰格、利维：《法律与资本主义的兴起》，纪琨译，学林出版社 1996 年版，第 276 页。作者认为，"资产者渴望享受贵族身份，正是承认贵族制度居于首位；为数不少的商人立誓捐弃财富，愿进修道院安贫以度余年，表明他们思想上仍然受教会意识形态的影响。"

④ ［法］雅克·盖斯旦、吉勒·古博：《法国民法总论》，陈鹏等译，法律出版社 2004 年版，第 99 页。

⑤ ［法］罗贝尔·巴丹戴尔：《最伟大的财产》，《法国民法典》（上册）中译本代序，罗结珍译，法律出版社 2005 年版，第 20 页。

一语。[①]（2）《人权宣言》第1条的规定主要表现在公民与国家的关系上，是为公民权利提供基本保障和限制政府的权力。[②] 历史表明，《人权宣言》所规定的权利平等并未在法国获得立即实施。在此后的长达一百多年的时间内，《人权宣言》一直仅仅被认为表述了法国的政治与社会理念——而非可被法院实施的文件。因而它宣称的权利只是停留于字面条文。[③] 直到1958年以前，由于法国一直缺乏稳定与有效的宪法，民法典成为象征法兰西民族的契约。[④]（3）民法典第7条规定："行使民事权利独立于行使政治权利，政治权利之取得与保有，依宪法与选举法。"这一规定表明，《法国民法典》仅仅规范私人权利，而不涉及到公法权利，它仅仅是市民社会的法律。这反映了罗马公私法划分的思想对民法典的深刻影响。[⑤]（4）民法典规定所有法国人均享有民事权利，表明民法典承认所有的法国人具有主体资格，即是私法上的人。但是，由于民法典的制定者对团体采取敌视的态度，其将法人排除在私法上的主体之外。当然，现实生活中团体尤其是经济共同体并没有消失，相反，由于商业活动的进一步活跃，它们活动日益频繁。1807年，《法国商法典》承认特定类型的团体具有主体资格，享有民事权利。于是，私法上的人的范围扩展到团体。而《人权宣言》上宣称的人人平等，仅仅指公民在法律上的地位平等，并不包含法人。因而可以看出，宪法上的法国人平等与民法上的法国人均享有民事权利，两者对自由和平等的追求的表达是不同的。前者体现的

---

① 萨瓦第埃：oplcit，111，n336. 转引自星野英一：《私法中的人——以民法财产法为中心》，王闯译，载梁慧星主编：《民商法论丛》（第8卷），法律出版社1997年版，第160页。自然人是否适用法国民法，按照民法典的规定，主要以有无法国国籍为区分标准，一般论著受罗马法上 Persona 的影响，创造"人格"（Personalite）一词，并以"人格"之有无作为区分的标准（曾世雄：《民法总则之现在与未来》，中国政法大学出版社2001年版，第75页）。

② 张千帆：《宪法学导论》，法律出版社2004年版，第21页。

③ Dennis Lloyd, *The Idea of Law*, Pengnin Books Ltd 1985.

④ 张千帆：《西方宪政体系》（下），中国政法大学出版社2001年版，第4页。

⑤ ［美］艾伦·沃森：《民法法系的演变及形成》，李静冰译，中国政法大学出版社1992年版，第165—166页。

是公民与国家关系的层面上，而后者表现的是个人在市民社会的地位的角度上。

总之，在资产阶级革命爆发之时，所有法国人理所当然都是民法上的主体，《法国民法典》第 8 条之规定只不过是对这一社会现实的确认而已。虽然各国学者都称赞《法国民法典》是一部反映了市民自由与平等需求的法典[①]，但这绝不是从主体资格角度而言的。如果认为资产阶级革命之后才有民法上人格平等，则是对资产阶级革命目的和作用的误解。

二 公私法的划分导致对人格概念的抛弃

在大陆法系，公私法的划分是对法律进行分类的主要方式，也是广为人们所认可的。[②] 公私法的划分源于古罗马，这种思想在 18 世纪的启蒙运动中又重新出现，如孟德斯鸠在《论法的精神》中专门论述了公法与私法的问题，指出民法是以私人的利益为目的的；公法则是以国家的利益与保全为目的的。公法使人获得自由，民法使人获得财产。以民法为根据的事情就不应当用公法加以规定；应依公法的准则处断的事项就不应依民法的准则处断。[③] 法国大革命之后，公法与私法的区分一度变得非常明确。[④] 正如梅利曼所言，在《法国民法典》的编纂和法制改革过程中，公私法的划分得到广泛运用。公私法的划分成了法学家们研究现存的法律规范和制度、重建法律制度的基础。[⑤]

---

① ［德］K. 茨威格特、H. 克茨：《比较法总论》，潘汉典等译，法律出版社 2003 年版，第 134 页；［日］大木雅夫：《比较法》，范愉译，法律出版社 1999 年版，第 178 页。

② See John Henry Merryman, *The civil law tradition : an introduction to the legal systems of Western Europe and Latin America*, Stanford University Press (1985), p68.

③ ［法］孟德斯鸠：《论法的精神》（下册），张雁深译，商务印书馆 1963 年版，第 189—192 页。孟德斯鸠没有使用公法概念，而是称为政治法。

④ ［法］雅克·盖斯旦、吉勒·古博：《法国民法总论》，陈鹏、禄正平译，法律出版社 2004 年版，第 65—66 页。

⑤ ［美］约翰·亨利·梅利曼：《大陆法系》，顾培东、禄正平译，法律出版社 2004 年版，第 97 页。相反，在现代社会，由于国家对经济干预的加强导致公法的扩张、一些兼具公私法特征的法律部门的出现，划分公法与私法的努力显得有些力不从心。

《法国民法典》编纂委员会四个成员之一的波塔利斯（Portalis）就曾因摧枯拉朽的大革命导致私法被公法侵吞抱怨道："在一次革命中，一切都成了公法。"① 《法国民法典》就是由有着如此强烈的"私法"观念的立法者主持并起草的。另外，法典的相关规定本身就表明了对公私法划分的态度，集中反映了有关私法自治的思想：私有财产神圣不可侵犯、契约自由。这种对个人主义的强调具体体现了理性主义和自然法泛滥时代思想家们的极端主张。②

如前所述，罗马法上人格制度本身主要是为了解决私法问题即交易、婚姻、继承问题，但人格之取得却以公法因素即自由人身份、市民身份、家父身份为前提，以致于学者认为罗马法上人格具有公法性，甚至认为其就是公法概念。自然的资格与私法有关，人为的或武断的资格与公法有关。③ 自由人身份的状态、受奴役的状态、诸种社会的和职业的身份等级、臣民的地位、外国人的地位等显然是人为的、是公法性的。市民身份是政治国家赋予的，是公私混合的，它包括投票、担任官职权、申诉权、婚姻权和交易权、遗嘱能力、诉讼权、氏族成员权、宗教权，其中只有婚姻权、交易权、遗嘱能力和诉讼权是私法性的。④ 有学者认为，在古代罗马时期，"公民"指一个拥有特殊的政治权利的阶层，并因此而和那些不属于公民阶层绝大多数人相区别。只有公民才有资格参加投票，在公民大会上有发言权，有权利担任官职。因此，公民等级就是政治等级。⑤ 正是由于罗马法人格概念的公法因素，有法国学者认为应将其保持在公法领域内，为

---

① ［法］罗贝尔·巴丹戴尔：《最伟大的财产》，《法国民法典》（上册）中译本代序，罗结珍译，法律出版社2005年版，第5页。

② ［美］约翰·亨利·梅利曼：《大陆法系》，顾培东等译，法律出版社2004年版，第97页。

③ 徐国栋：《寻找丢失的人格—从罗马、德国、拉丁法族国家、苏联、俄罗斯到中国》，《法律科学》2004年第6期。实际上，一些人为的或武断的资格也可能与私法有关，如法定结婚年龄的确定、自然人行为能力有无之划分标准、法人实质要件之确定等。

④ ［苏］乌特钦科：《罗马公民权问题》，何芳泽译，中国世界古代史学会：《古代世界城邦问题译文集》，时事出版社1985年版，第100、232页。

⑤ 方朝晖：《市民社会的两个传统及其在现代的汇合》，《中国社会科学》1994年第5期。

此产生的争论到20世纪初仍在延续。1901年7月1日关于会社的法律，即Waldeck-Rousseau法律，其草案使用了法律人格概念，并且还有法律人格的定义。遗憾的是，最终通过的法律没有使用法律人格概念。① 这方面的讨论在我国才刚刚开始不久。如前所述，我国也有学者认为，人格作为一个历史范畴，表现的是人的一般法律地位。② 人格概念与其说是表明了一种法律上的主体资格，还不如说是表明了人的身份和地位。③

既然"人格"概念与人的身份和等级有关系，具有公法因素甚至被部分学者认为属于公法上的概念，那么根据公私法划分的原则，"人格"概念不宜在私法中规定和使用，也就很好理解了。尤其是在"人人平等"的大革命思想影响下，《法国民法典》放弃使用带有浓烈身份等级色彩的"人格"概念，更是"从身份到契约"社会规律的必然。④

---

① ［法］狄骥：《〈拿破仑法典〉以来私法的普遍变迁》，徐砥平译，中国政法大学出版社2003年版，第71—74页。关于私法、人格方面的争论，法国学者Michoud甚至称之为"战争"："在公法场地上的战争，是欲在那里保存私法、人格、主观法权、法律关系等陈旧观念的人，和认为这种观念不充足、专擅、过于形式化而应用与社会事实较为切近的观念替代的人之间的战争。"（第57—58页）。

② 尹田：《论人格权的本质——兼评我国民法草案关于人格权的规定》，《法学研究》2003年第4期。

③ 张代恩：《民事主体权利能力研究》，博士学位论文，中国政法大学，2001年，第40页。

④ 有学者对梅因的观点提出了质疑，"契约法在英国和欧洲大陆的发展揭示，以法律改革作为实现根本性社会变革手段，是有限度的。"认为梅因观点表明契约这一法律制度乃是资产阶级革命的动力，这种观点包含了一个重要的历史事实和一个严重分析错误。历史事实是，在1800年时，英、法两国已经具有充分发展的契约理论，"将社会不同分子联结起来的种种约束，几乎毫无例外都是双边并在名义上经双方同意而成立——亦即契约性的。""分析错误在于断言，不管物质条件如何，只要自由协议这一法律观念充分发展，资产阶级社会关系就会出现。"实际上，"契约的运作领域要受到经济关系体制限制，而后者又决定于技术水平、对立阶级的力量、以及生产力的一般发展状况。""精妙契约理论本身并不能使社会关系转变"（［美］泰格、利维：《法律与资本主义的兴起》，纪琨译，学林出版社1996年版，第203—204页）。笔者认为，梅因"从身份到契约"的观点只是表明这样一种社会发展现象，是社会变革即阶级斗争或个人地位变化在法律上的反映，是一种结论而非原因或前提。

三 通俗易懂的立法理念不需要抽象的概念

众所周知，《法国民法典》不重视立法技术，立法者更关注的是法律的简明易懂，而追求通俗性的法典本就不适宜使用过于专业的术语，所以该法典具有学者所说的“无技术性”的特征。[①]《法国民法典》之所以产生这种特征，与其所产生的大时代背景及政治人物的影响有着直接的关联。

首先，民法典的制定带有“塑造民众生活”的政治目的。正如学者所说，如果制定民法典的时代是一个以塑造民众生活和社会关系为需要和目的的政治时代，那么这部民法典就会成为政治工具。政治因素就会在这部民法典中占主导地位；而对法的技术性要求以及对法律规则完善化的要求，则只能退居其次了。[②]《法国民法典》就是这种被立法者寄以“塑造民众生活”期望的法典。被托付了这种政治目的的民法典，注定不能像《德国民法典》那样的“法学家法典”，追求法典的体系完整、逻辑严密、概念精确。法律需要产生预期的实效，前提是必须被信仰。“法律必须被信仰，否则它将形同虚设。”[③]而信仰法律的前提则必须理解法律。试想，一部民众难以理解的法律，又如何能得到他们的信仰呢？因此，指导法国大革命的启蒙主义者们的座右铭就是：法律应该是简单的、能为非法律职业者所理解的、几乎无须解释的尽善尽美之物。[④]因此，社会普遍存在着这样的愿望：应当建立简单、无技巧、通俗易懂的法律制度，便可以避免法律的专业化、技术化、复杂化等问题，而这些问题又常常是人们指责法律专家们的理由。实现这个目标的方法之一，就是用清楚、明确、

---

① ［美］约翰·亨利·梅利曼：《大陆法系》，顾培东、禄正平译，法律出版社2004年版，第30页。

② ［德］霍尔斯特·海因里希·雅科布斯：《十九世纪德国民法科学与立法》，王娜译，法律出版社2003年版，第1页。

③ ［美］伯尔曼：《法律与宗教》，梁治平译，中国政法大学出版社2003年版，第3页。

④ ［日］大木雅夫：《比较法》，范愉译，法律出版社1999年版，第183页。

直截了当的方式表述法律，以使公民无须求教律师和法院就能读懂法律，知悉他们的权利和义务。法国编纂者们曾经设想过，1804 年《拿破仑法典》会成为摆在家庭书架上《圣经》之侧的广为流传的书籍，成为公民手册，它具有清楚的条理和易懂的语言，使公民能够自己确认其法律权利和义务。[①] 这种立法宗旨被贯彻到了民法典的制定过程中。例如，康巴赛雷斯第一次提出的草案仅有 695 条，其中对民事身份的规定只有非常简短的一个法条。但就是这样，该草案还是被认为太技术性，不够革命。康巴赛雷斯第二次提出的草案更为简短，仅有 297 条。此后还提出过第三草案，但均未能通过。1804 年民法典既体现了对大革命成果的巩固，同时又缓和了某些过激的做法。[②]

其次，追求民法典简单易懂也是《法国民法典》的“政治之父”拿破仑的要求。拿破仑对民法典的起草极为重视，他把民法典看作是实现他的根本政治目的之一，即巩固大革命成果的一种手段。[③] 拿破仑作为一个没有受过法律专业训练的人，他对法典的第一个要求便是法典的行文风格对于即使如他那样的非法律家也应当透明易懂。因此，他在审议中发挥了更好的作用——他更注重现实生活，而不是单纯的法律问题。[④] 在参政院的会议上，他不断地将人们的注意力集中到生活的现实而不是法律的技术上，他会迅速地捕捉到抽象规则的实践关联；他会打断烦琐无益的枝节争执，并通过提出明晰简洁的问题将讨论带回到实际和具体的论题之上。[⑤] 关于人格的法律问题，是民

① ［美］约翰·亨利·梅利曼：《大陆法系》，顾培东、禄正平译，法律出版社 2004 年版，第 28 页。

② ［法］雅克·盖斯旦、吉勒·古博：《法国民法总论》，陈鹏等译，法律出版社 2004 年版，第 94、99 页。

③ 拿破仑曾经对圣埃莱娜说：“我真正的光荣不在于取得了四十次战役的胜利；滑铁卢会从人们的记忆中抹去这一切；而无法抹杀的，将永存的辉煌，是我的民法典。”（［法］雅克·盖斯旦、吉勒·古博：《法国民法总论》，陈鹏等译，法律出版社 2004 年版，第 96—97 页）。可见拿破仑对民法典的钟情和自豪。

④ ［日］大木雅夫：《比较法》，范愉译，法律出版社 1999 年版，第 170 页。

⑤ ［德］K. 茨威格特、H. 克茨：《比较法总论》，潘汉典等译，法律出版社 2003 年版，第 98 页。

法基本理论问题之一，必然众说纷纭，但其核心思想是解决法律的主体问题，受到自由平等思想熏陶的革命者，最大的愿望就是打破旧法时代的不平等和法律束缚，所有法国人都享有民事权利这一简单明快的规定就已达到其立法目标。

再次，主导制定民法典的是法国立法界，学术界没有像德国那样对民法典的制定产生重大影响。有学者认为，法国法律界给人的大体印象是：无论是司法界、立法界，还是学术界，三者都没有占据超常的优势地位，三家平分秋色。这也与当时的政治现实相吻合。但是，“这一均衡之势，仅仅维持到了1789年”①。法国大革命对它造成了很大冲击，革命的目标之一是使法律专家丧失其作用。② 革命派立法者对司法权力的不信任促使他们彻底否认判例的价值，拒绝赋予法院任何创设法的权力。设立附属于立法权的最高司法法院的最初目的就是为了加强监督，防止司法权侵越立法权。③ “制定法和法典被置于绝对的至高地位，法官无奈退居二线，法律院校则被无情地关闭了。”④ 立法界主导民法典的制定通常更注重政治需要和民众情感，而忽视法律理论和立法技术。正如学者所言，很高的学术和法学水平，对于当时的资产阶级并无特殊用处。⑤

最后，人格概念并不为普通市民所熟悉。根据学者曾世雄的考

① ［比］R. C. 范·卡内冈：《法官、立法者与法学教授——欧洲法律史篇》，薛张敏敏译，北京大学出版社2006年版，第103—105页。

② ［美］约翰·亨利·梅利曼：《大陆法系》，顾培东、禄正平译，法律出版社2004年版，第28页。

③ ［法］雅克·盖斯旦、吉勒·古博：《法国民法总论》，陈鹏等译，法律出版社2004年版，第94、446页。

④ ［比］R. C. 范·卡内冈：《法官、立法者与法学教授——欧洲法律史篇》，薛张敏敏译，北京大学出版社2006年版，第104—105页。卡内冈认为，“整个19世纪，盛行着对法律甚至是法律中每一个字眼的盲目崇拜；到了20世纪，情况稍有好转，又回到了相对均衡的状态：法典原则上仍盘踞最高点，但法院获得了解释法律的自由，而这在前一世纪是闻所未闻的。法学教授们在他们的讲课中也表现得更有胆魄，他们已不拘泥于法律的字句，更关注法律的规定是否有道理，是否符合当代的社会需求。”（第105页）

⑤ ［美］泰格、利维：《法律与资本主义的兴起》，纪琨译，学林出版社1996年版，第204页。

察，法文中的人格 Personalite 一词，是学者们受罗马法上的人格 Persona的影响创造出来的。[①] 日本学者也认为，人格一词是近代学者所创。[②] 不论这个单词创造于什么时代，可以肯定，它不是法国习惯法中的概念，并不为《法国民法典》制定之时的 18 世纪末 19 世纪初的普通市民所熟悉。

四　以国籍作为判断标准足以因应社会需要

《法国民法典》不仅适用于法国本土，而且也适用于法国殖民地。在民法典制定之时，法国殖民地奴隶制度仍然存在，奴隶贸易仍然是赚钱的买卖。1793 年 8 月 29 日，在加勒比海圣多明各奴隶起义爆发后，激进的国民议会曾宣布废除奴隶制和奴隶贸易。遗憾的是，这一公告一直未执行。[③] 究其原因，恐怕与当时人们对奴隶制的认识不无关系。就连某些启蒙思想家都还在为奴隶制辩解。孟德斯鸠是一位律师兼政论家，曾任波尔多议会议长，又是王室特许垄断组织“西印度公司”的股东，该公司在加勒比海地区开发了许多甘蔗和咖啡种植园，并贩卖奴隶为这些种植园提供劳动力。他一方面指出，奴隶制在性质上就不是好制度，它无论对主人或是对奴隶都是没有益处的；奴隶制是违反自然的，虽然有些国家的奴隶制是建立在自然的理由上；奴隶制不但违背自然法，而且也同样地违背民法。但他另一方面似乎并不赞成从根本上消除奴隶制，在谈到对黑人的奴役时，他说：“欧洲人把美洲人灭绝之后，不得不用非洲人做奴隶，来开拓这广阔的土地。”“如果产糖植物的种植不用奴隶的话，糖便要太贵了。”“这些

---

① 曾世雄：《民法总则之现在与未来》，中国政法大学出版社 2001 年版，第 75 页。

② ［日］村上淳一：《道德上的人格·法律上的人格·法人》，《法学协会杂志》98 卷 6 号（1981 年）。

③ ［美］泰格、利维：《法律与资本主义的兴起》，纪琨译，学林出版社 1996 年版，第 243 页。

人从脚到头都是黑的；鼻子又那么扁平，几乎不能使人怜悯。”① 言下之意，可以将奴隶制限制在地球的部分地区。伏尔泰更是在《有关贸易的政治论文》中为奴隶贸易作辩护。据珀鲁记述，有一个奴隶贩子曾将其运奴船命名为“伏尔泰号”、“卢梭号”和“社会契约号”。在这种思想的影响和奴隶贸易带来利润的诱惑下，拿破仑在1802年特意颁布了一项共有32个字的法令，使所有与奴隶贸易有关的法律都恢复到“与1789年以前存在的……法律一致”②。在民法典通过前两年以法令形式为奴隶贸易提供法律保护确实耐人寻味。

还有一个重要事实值得注意，资产阶级革命伴随着抵抗外来侵略促进了民族主义的发展。1789年之后，有些教士和贵族为了恢复他们刚刚失去的财产和特权，逃亡国外，试图借助国外力量来进行一场反对法国革命政权的战争。战争于1792年4月爆发，奥地利、普鲁士率先站在了反对法国的一边。最初装备很差的法国人被击溃，但是无数的志愿者在全国性的爱国主义浪潮中成群结队地涌到了法国的旗帜下，与此同时巴黎民众也加入了反对不得人心的路易及其受人憎恨的奥地利籍王后的行动中，最后，将普鲁士人和奥地利人赶出了边境。1793年英国、荷兰和西班牙也加入了反对法国的联盟，革命者的反应是进行了著名的全民总动员，人民起来保卫祖国，他们在“自由、平等、博爱”的革命口号的鼓舞下势如破竹。到1795年敌人的联盟已被粉碎。在这一背景之下，国民会议日益左倾，这不仅是因为它是经过普选产生的，还因为努力备战引发了它的革命热情。1793年6月居于支配地位的机关是公安委员会，它以高涨的革命热情和激昂的爱国精神任免将军，鼓励群众参加英勇行为，实施对外政策，甚

---

① ［法］孟德斯鸠：《论法的精神》（上册），张雁深译，商务印书馆1963年版，第241—247页。孟德斯鸠在骨髓里是鄙视奴隶的，他在谈到西哥特人的法律规定时认为，“奴隶在遇到主妇同人通奸时有义务把两个行奸者捆绑起来，交给丈夫或法官。这是一种丑恶的法律，因为它把国家、家庭和个人的复仇权交给这种卑鄙的人——奴隶！”《论法的精神》（下册），第193—194页。

② ［美］泰格、利维：《法律与资本主义的兴起》，纪琨译，学林出版社1996年版，第244—245页。

至对内通过残酷的恐怖统治来镇压反抗。拿破仑正是利用他在战争中取得辉煌成就所赢得的声望推翻了督政府，于1799年成为第一执政，开始了他对法国15年的统治。在拿破仑1810年达到他事业顶峰之时，法国的疆界越过莱茵河伸展到吕贝克，越过阿尔卑斯山伸展到罗马，而欧洲其余的地区则由法国的附庸卫星国或盟国组成，只有英国仍然保持独立并对它怀有极大的敌意。资产阶级革命的领袖们为了在欧洲旧政权的进攻中生存下来，不得不动员公民组成国民军队；要求所有的公民说法语，并建立公立小学网，教授法语和灌输对国家的热爱。法国革命也促进了报纸、小册子和期刊的出版；还创立了国旗、国歌和国家节日之类的民族主义仪式和象征。所有这些结合在一起使得民族主义在法国革命时代和拿破仑时期得到了最大促进，人们对民族主义的狂热远远超过了对宗教和地区的忠诚。[①] 在这种背景下，资产阶级革命所称的自由、平等当然只限于法国人而言，法国人与外国人之间不可能完全平等，外国人依据其所属国家与法国签订的条约按照对等原则享有权利。民族主义的发展、国家主权至上观念的形成，可能是《法国民法典》将享有权利的主体限制为法国人的另一个重要原因。

孟德斯鸠指出："在民法的慈母般的眼里，每一个个人就是整个国家。"[②] 在奴隶制仍然存在以及周边国家对法国虎视眈眈的背景之下，《法国民法典》怎么可能慈母般地对待奴隶和所有外国人呢？笔者认为，正是由于奴隶制的存在以及民族主义观念的影响，民法典才将权利主体限制在法国人范围之内。当然，这种制度安排也留有一定余地，对于关系友好的国家，可以通过签订条约按照对等原则解决外国人的主体资格及享有的权利范围问题；对于奴隶而言，被解放或者奴隶制度被废除而成为自由人的，具有法国国籍者自然是民事主体，不是法国人的则按照外国人的办法处理。除没有赋予团体主体资格

---

① ［美］斯塔夫里阿诺斯：《全球通史：从史前史到21世纪》（下），董书慧等译，北京大学出版社2005年版，第526、529页。

② ［法］孟德斯鸠：《论法的精神》（下册），张雁深译，商务印书馆1963年版，第190页。

外，民法典的主体制度设计足以应对当时的社会需要。因此，以法国国籍作为是否适用民法典的判断依据，实属必然。①

五 极端个人主义思想的影响

《法国民法典》之所以既没有采纳人格概念，也没有像德国创造权利能力概念，还有其更为深刻的哲学原因和政治经济原因。

17、18世纪，随着西欧资本主义精神崛起，个人主义思想成为西欧社会的基本思想。在近代启蒙思想的影响下，天赋人权和理性主义成为社会道德原则，个人也就成为了法律原则和制度构建的出发点。这一变化使得近代法律出现了两个新的发展，在公法领域，以宪政原则为旗号，使用个人权利概念彰显公法原则；在私法领域，确立个人主义主体制度，个人成为唯一的民法上的主体。②

由于受个人主义的影响，《法国民法典》上的"人"仅指自然人，并不包括人的集合，此所谓法律主体的"一元主义"。狄骥认为民法典的指导思想是个人主义，它与1789年的《人权宣言》的思想一脉相承，把个人权利放在首位，强调自由的意思自治。凡属法权的主体必须是意思的主体。因此只有有意思的地方才有法权的主体，而任何生灵倘若不具有意思，就不是法律的生灵而不能参与法律关系。只有在有意思的地方才有法律的人格。集合体并没有和他们成员的意思相区别的独立意思，因此不能成为法权的主体。③ 梅利曼也认为，《法国民法典》对个人主义的强调具体体现了理性主义和自然法泛滥时代思想家们的极端主张。当时的普遍观念认为："法律领域内只有

① 相反，如果不以法国国籍作为判断标准，而是规定自然人为民事主体，则明显与当时存在的奴隶制不符，也与刚刚兴起的民族主义观念、国家主权至上观念相违背。

② 龙卫球：《民法总论》，中国法制出版社2002年版，第180—181页。

③ [法] 狄骥：《〈拿破仑法典〉以来私法的普遍变迁》，徐砥平译，中国政法大学出版社2003年版，第59、64—65页。狄骥认为，"法律无论有怎样大的权力，总不能将不是的东西变为是的。或则，集合体确有和他们的份子所有之意思的另一意思的，那么他们自己就可以成为法权的主体，而立法者与政府的参与就毫无用处了，无须将他们已经有的东西给他们。"

两个主体：即国家和个人，国家在公法范围内活动；个人在私法领域中行为。"① 正如学者所言，自17世纪以来，个人自由问题就是以某种形式的自然权利来表达的，《人权宣言》中所宣称的传统上的自然权利，主要是指人身自由、财产自由、言论自由以及结社自由。"这些表明了个人可以在其中实现自己意愿的范围，否定人依自己的意愿作出选择的自由，就等于否定他的人格，这些权利都意味着不得对其进行限制。"②

《法国民法典》正是建立在绝对个人主义思想基础之上，由此导致其另一个极端，即对团体采取敌视态度。这种敌视态度可能有两个原因：一是认为如果赋予这些社会组织民事主体资格，将会与个人自由的理念背道而驰，因为团体权利的膨胀会不可避免地限制个人权利，侵害个人意思自由及其直接存在的范围。二是防止封建势力借助行会等团体来对抗革命，图谋复辟。难怪伏尔泰将行会定性为压迫工人的阴谋："所有的这些工匠师傅的行会，所有这些凭誓言结成的社团，都是仅仅旨在从贫穷工人身上捞钱，来使那些会员发财和搞垮这个国家。"③ 也许正是受这种思想的影响，1791年3月颁布的法律规

---

① ［美］约翰·亨利·梅利曼：《大陆法系》，顾培东、良正平译，法律出版社2004年版，第97页。作者认为，"伴随着私法自治理论而必然产生的观念中有两点很重要：其一，认为经济活动的主体是个人（这是一个相当原始的经济观点）；其二，不允许任何从事经济活动的个人联合，如公司和劳工团体的存在，政府活动的适当范围应受到极大限制。所以应在国家社会生活和经济生活中竭力排除政府的参与。上述观念，对于生活在20世纪的人来说，将是很不可思议的事。"

② ［英］彼得·斯坦、约翰·香德：《西方社会的法律价值》，王献平译，中国法制出版社2004年版，第213—214页。作者（在该书第164—165页）认为，"历史上，随着法律越来越复杂化，法律越是将人作为个人而不是群体看待，其重点也就越集中在人的权利和义务上。""在古罗马社会里，财产被认为是属于家庭所有的。""罗马时期家长享有处分财产的自行决定权，有法律上和商业上的方便之处。"但家长的权利并非像现代社会的人们所认为的那样不受限制。"而所谓的罗马时期财产权的'绝对性'特征，基本上是后世那些受到非罗马法观念蒙骗的法学家们在罗马法教科书中杜撰的。"作者（在该书第201页）进一步认为，"对于罗马人来说，自由与其说是个人属性，不如说是社会或群体的属性。"这些论述进一步印证了笔者所主张的罗马私法上的主体是家庭而不是个人的观点。

③ ［美］泰格、利维：《法律与资本主义的兴起》，纪琨译，学林出版社1996年版，第238页。

定，“一切专业特权均必须取消。从下一个月即4月1日起，每个公民在获得许可证并缴费后，均可自由从事其所愿的任何专业或职业”[①]。行会就此都被废除了，个体工商业者只要向国家缴费买得许可证就可自由开设作坊。取消行会表面上是结束了行会的特权，实际上反映了资产阶级契约理论，“让个体企业与个体工人谈判协商”[②]。在这一社会背景下，《法国民法典》只保护个人的意思，否认集体意思，从而否认集体的法律人格，实属顺理成章。

自然经济对法律主体尚未提出新的迫切的要求，也是民法典将主体确定为个人的原因之一。19世纪初，法国还处于农业社会，因此民法典描绘的是农村风光，而不是都市风景。里珀特（Ripert）把《法国民法典》称之为18世纪农业经营的法，民法典的起草者们几乎并未考虑到即将诞生的工业社会。[③] 在这种风车水磨的自然经济状态下，商品经济尚不发达，财产关系相对简单，主要是个人之间的借贷与租赁关系，凡具有商事性质的法律行为则由独立的商法典予以调整。《法国商法典》实行的是商行为立法原则，也没有产生主体扩张的需要。[④] 商法所涉及到的团体并不是法律价值观念中的主体，只是商法所承认的作为商业经营技术意义上的主体，其价值基础仍然是个人的主体性。[⑤]

既然否认公司之类集合体法律人格，那么就只有自然人的人格问题了，而当时所有法国人都已经具有民法上的主体资格，大革命提出的法律面前人人平等的观念早已深入人心。所有法国人都享有权利这一规定既实现了法律面前人人平等的理念，又摆脱了传统法律人格概念的不平等成分。源自罗马法的内容丰富的人格概念在法国民法中也

---

① ［美］泰格、利维：《法律与资本主义的兴起》，纪琨译，学林出版社1996年版，第239页。

② 同上书，第240页。

③ ［日］大木雅夫：《比较法》，范愉译，法律出版社1999年版，第180页。

④ 相反，在德国实行的则是商主体立法原则，大量商业组织的出现，需要在法律上予以规制。

⑤ 龙卫球：《民法总论》，中国法制出版社2002年版，第183页。

就毫无用武之地，并就此沉寂；《法国民法典》也不会因为找不到合适的概念来指称集合体的法律人格而另谋他途。虽然在以后的许多法律中也遇到过是否使用人格这一法律概念的问题，但是最终没有直接用人格表述团体的法律地位。“似乎立法者对于合法会社所给予之保护，不复以法律人格观念为根据而另以他种观念为基础了。”①

总之，《法国民法典》没有沿用罗马法上的人格概念，也没有像德国那样创造全新的权利能力概念，而是以法国国籍作为是否适用民法典的判断标准，自有其特定的历史原因。与罗马法、中世纪法、德国法相比，《法国民法典》人格制度具有如下的主要特点：

1. 民法典只承认具有法国国籍的自然人为民法主体，由此可以看出，民法典以法国人身份作为判断标准的人格观念与罗马法以自由人身份为判断标准的人格观念可谓一脉相承。② 从身份判断标准来看，两者之人格确有相似之处，但《法国民法典》的人格为自然人人格，罗马法则是家庭人格，不能混淆。

2. 民法典过于偏重于个人主义，忽视了集体利益，使得个体相对于国家而言显得分散、孤立。民法典忽视了团体的存在，没有规定法人制度。

3. 民法典虽然是以个人主义为基础，但仍未实现个人的平等。一是法国人与外国人之间、外国人相互之间不平等。因为其权利主体是以具有法国国籍的自然人为条件的，外国人并不当然具有法国民法主体资格；另外，外国人在法国依据条约按照对等原则享有权利，实质上外国人相互之间仍为差别待遇。二是即使在法国人之间也存在男女不平等。在家庭内部，由于拿破仑的影响以及出于防止道德松懈的

① ［法］狄骥：《〈拿破仑法典〉以来私法的普遍变迁》，徐砥平译，中国政法大学出版社2003年版，第73页。

② 罗马法上人格判断标准为自由身份、市民身份、家父身份，其中自由身份最为重要，是决定性因素，只要是自由人家庭均具有人格，尽管其权利能力的范围可能受到限制。《法国民法典》表面上是以法国人身份为判断标准，实则是以自由身份为人格有无之决定性因素，排除奴隶为民事主体，对外国人采取对等原则，实际上是在承认外国人为民事主体的前提下，对其权利能力范围进行某种限制。

考虑，民法典赋予丈夫和父亲过分的权利。已婚妇女被剥夺了行为能力，她们对子女的权利只有在离婚或丈夫去世的情况下才能得到法律的承认。[①] 订立契约只是男人的权利，已婚妇女未获得丈夫允许是没有能力订立契约的。[②]

4. 民法典曾经承认人格丧失和剥夺制度。民法典最初的文本第22—25条有关于民事死亡的规定，即在特定情况下否认自然人的人格，其财产由继承人继承，而且把其妻作为寡妇对待。[③] 但同时又承认其享有通过赠与或继承权之外的所有方法在“死亡”后取得财产的权利。这样的财产是他的财产，不过他对该财产只能通过财产管理人在裁判所进行诉讼，而且他死亡后，该财产被作为没有继承人的财产对待。[④] 这一制度后来被废除。

第三节 《德国民法典》权利能力制度的确立

众所周知，德国全面继受了罗马法，《德国民法典》是以查士丁尼《民法大全》中的学说汇纂为蓝本编纂的。那么其民法典是否也继受了罗马法的人格制度呢？没有。《德国民法典》既没有像罗马法使用人格彰显家庭的主体资格，也没有像《法国民法典》将主体限定于法国人，而是使用了权利能力概念作为主体享有权利的资格。有权利能力者，适用民法；无权利能力者，不适用民法。[⑤] 根据学者考证，最先确定权利能力概念的法典是1863年的《萨克逊民法典》，该法典第32条规定：“权利能力起于出生，胎儿就所有有利于他的事项

---

① ［法］雅克·盖斯旦、吉勒·古博：《法国民法总论》，陈鹏等译，法律出版社2004年版，第100页。

② ［美］泰格、利维：《法律与资本主义的兴起》，纪琨译，学林出版社1996年版，第242页。

③ 《拿破仑民法典》，李浩培、吴传颐、孙鸣岗译，商务印书馆1979年版，第4页。

④ ［奥］埃里希：《权利能力论》（日文版），川岛武宜、三藤正译，岩波书店1975年版，第二部分的注释（8），第141—142页。这种情况似乎不是无人格，而不过是权利能力的范围受到限制而已。类似于现在的宣告死亡，但又有差异。

⑤ 曾世雄：《民法总则之现在与未来》，中国政法大学出版社2001年版，第77页。

视为其自受孕之时起已出生。死产的新生儿视为从未受孕。”第36条规定：“权利能力终于死亡。”[①] 但关于该法典，可以搜集到的资料不过只言片语，使得这个重要的民法概念在我们看来更像是一个天外来客，乘着《德国民法典》这部飞船来到我们的世界。对于当初《萨克森民法典》为什么会创造出权利能力概念，由于资料的匮乏，让人无从得知。不过，我国民事立法及学术研究中的权利能力的渊源均确凿无疑地指向了《德国民法典》，这一点是没有过多争议的。问题是，《德国民法典》的立法者为什么不直接采用“人格”而选择相对陌生的“权利能力”呢？虽然说“参照现有的法典也是人们与生俱来的偏见”[②]，但笔者认为事情恐怕并没有这么简单，立法者在参照的背后，必定有着自己坚持的取舍原则和理由。本书认为，《德国民法典》之所以用权利能力取代人格主要有以下几个原因。

一　逻辑严密、概念抽象的思维方式的影响

德国法学家似乎都具有系统化的偏好，其思维都以逻辑严密、概念抽象为特点。普芬多夫（Samuel Pufendorf）、托马修斯（Christian Thomasius）、沃尔夫（Christian Wolf）都是杰出的系统化专家，“他们总是以严谨的、逻辑数学的演绎从最一般的、有牢固理性法基础的基本原理中获得最具体的个别法律规定，以至于其法律制度就像完全艺术化分类的、系统而明确设计的建筑”。理性抽象的思维方法逐渐渗入到大学里面，渗入到法学院，“直到今天还基本上规定着他们的特点”[③]。但是，理性主义在德国很快让位于实证主

① Véase Hans Hattenhauer, Conceptos Fundamentales del Derecho Civil, Traduccion de Gonzalo Hernandez, Editorial Ariel, Barcelona, 1987, p. 20. 转引自徐国栋：《寻找丢失的人格—从罗马、德国、拉丁法族国家、苏联、俄罗斯到中国》，《法律科学》2004年第6期。

② ［美］艾伦·沃森：《民法法系的演变及形成》，李静冰等译，中国政法大学出版社1992年版，第176—177页。

③ ［德］K. 茨威格特、H. 克茨：《比较法总论》，潘汉典等译，法律出版社2003年版，第209页。

义。在200年前围绕民法典编纂而展开的著名论战中，催生了以萨维尼（Friedrich Carl von Savigny）为代表的历史法学派，把《德国民法典》的产生推迟了将近一个世纪。萨维尼特别是其追随者，如普赫塔（Georg Fridedrich Puchta）、温德莎伊德（Bernhard Windscheid）从未忽略在整理、系统化和概念训练等方面的努力，于是又逐渐产生了学说汇纂学派即潘德克吞学派。在论战中，尽管蒂堡（Anton Friedrich Justus Thibaut）与萨维尼在绝大多数的问题上存在分歧，但在两个方面却高度一致：一是主张法典的完备性；二是认为法学与几何学或数学在方法论上的相似。可见，潘德克吞学派尽管在法哲学层面上属于历史学派，但在具体的研究方法上却仍然受到教条式的方法论以及沃尔夫等人的几何学式的法律思维模式的影响。① 在这种研究方法的影响下，罗马法被德国所继受后形成“高度科学化的法和以逻辑严密、概念抽象为特点的法学”②。这种严谨的法学传统和思维方式，通过法学教授在法律发展中的作用直接影响到司法乃至《德国民法典》的制定。

一般认为，德国法学教授在法律发展史中起主导作用，其主要原因在于德国对罗马法的继受。在继受罗马法之前，罗马法在德国社会颇为陌生，民众更不知道罗马法理论。③ 当时德国在政治版图上处于四分五裂状况，没有真正具有全国影响力的中央法院，基本上没有中央立法；法院也只是依据固有习惯法进行审判，而地方习惯几乎不以

① 薛军：《蒂堡对萨维尼的论战及其历史遗产》，载徐国栋编：《中国民法典起草思路论战》，中国政法大学出版社2001年版，第443页。

② 陈卫佐：《德国民法总论》，法律出版社2007年版，第24—25页。

③ 德国继受罗马法比法国晚得多。德国17世纪著名法律学家赫尔曼·康林（Hermann Conring）（1606—1681）经过对法源的考察后认为，罗马法从15世纪开始——通过法学家的影响，也不是全部，而是在习惯法中不同程度地被继受，况且德国当时的许多地方法还没有完全被排挤掉（［德］格尔德·克莱因海尔、扬·施罗德主编：《九百年来德意志及欧洲法学家》，许兰译，法律出版社2005年版，第106页）。

文字记载。[①] 在1450—1550年之间罗马法开始“蹑手蹑脚地潜入了德国”，“以至于德国法律史上这个影响最为深远的前奏，几乎在完全没有被当时的人察觉的情况下得以实现”。[②] 有学者认为，罗马法之所以能够成为德国法律的基石，“是出于政治方面的原因，而与其民族个性毫不相干。在罗马法与德国的民族‘精神’之间，并不存在任何特别的因缘关系”[③]。笔者认为，经济发展的需要可能是更深层的原因。德国与其他欧洲国家一样，商业勃兴始于11世纪，至中世纪末期已日臻发达。19世纪在德国境内施行着完全不同的各种私法规则和体系，如法国法、普鲁士法、巴伐利亚法、萨克森法、奥地利法、丹麦法和普通法（罗马法）。另外还流行所谓的“个别法”，其中有十分古老可敬的如《犹太法》和13世纪德国法律汇编《萨克森规则》。在1900年私法统一之前，德国境内有超过30种不同的法规则和法传统，施行着完全不同的各种私法体系和规则。[④] 这导致德国各领地与领地之间，城市与城市之间的法律彼此不同、不确定。

① ［比］R.C. 范·卡内冈：《法官、立法者与法学教授——欧洲法律史篇》，薛张敏敏译，北京大学出版社2006年版，第99页。一般认为，德国的历史开始于公元919年萨克逊公爵创立德意志王国，962年德意志国王鄂图一世率军进入罗马，教皇为其加冕，称“罗马皇帝”，从而开创了“正式的罗马帝国”。13世纪，“罗马帝国”又加上“神圣”二字。至15世纪，则被正式冠名为“德意志民族神圣罗马帝国”（后世一般称为“第一帝国”），直到1806年被拿破仑摧毁为止。在这一历史时期内，德国虽然表面上维持了帝国的称号，维持着结构相当松散的“统一国家”，但实际上从12世纪起，就陷入了四分五裂的封建割据的状态，直到19世纪后半期才获得了或者说是再次获得了统一。

② ［德］拉德布鲁赫：《法学导论》，米健、朱林译，中国大百科全书出版社1997年版，第57—58页。

③ ［比］R.C. 范·卡内冈：《法官、立法者与法学教授——欧洲法律史篇》，薛张敏敏译，北京大学出版社2006年版，第70页。卡内冈认为，“中世纪末期以前，没有任何迹象表明德国人在学习罗马法方面有过人的天赋，他们亦未对此表现出任何兴趣。确切地说，罗马法更应该是意大利人把持的专利，他们运作罗马法与教会法，就如同运作教会一样驾轻就熟。有人做过统计，中世纪罗马法，90%是由意大利人创造的，法国次之，占6%，而西班牙人、德国人与英国人各占1%。”但到近现代，意大利逐渐丧失了在法律科学研究领域的主导地位，德国则异军突起，甚至在19世纪时成为领军人物。

④ See Norbert Horn, Hein Kötz and Hans G. Leser; translated by Tony Weir, *GERMAN PRIVATE AND COMMERCIAL LAW: AN INTRODUCTION*, p. 64 - 65, Clarendon Press (1982).

"法律上的支离破碎与日益觉醒的民族意识形成矛盾，而首先是它妨碍着工业、商业和交通的发展。"① 因此，德国固有的不成文的习惯法已不能适应经济发展的需要了，私法的统一就显得亟不可待。② 相反，罗马法则是高度发达的简单商品经济的反映，足以因应当时的经济情形，或者说其本身已具有商事化的特质。继受罗马法与维持德国固有法相比，当然以继受罗马法较为有利。③

由于德国一直缺乏一个强有力的中央集权，也缺乏一个统一的司法系统，所以在德国一直没有发生类似于法国那样的属地法运动，罗马法在德国具有压倒性的影响。④ 立法与司法的双重软弱以及不计其数陈旧又不成文的地方习惯间时常的相互抵触，最终导致德国对罗马法的全盘继受。结果，只有那些受过专门训练的人才能进行法律的传承、研习及施行，也就是那些在大学中受过罗马法的专业教育、拥有相关学位的法律学者理所当然地把持了打开法律科学之门的钥匙。在俾斯麦统一德国以前，没有真正的国家议会，也不存在真正的国家高等法院，法学家主宰法律生活达四个世纪之久，甚至到了他们会指示法官应该作出什么样的判决的程度。⑤ 由于法学教授在法律进程中起主导作用，德国对罗马法的继受更为广泛、深入，并促成德国法律体

① ［德］海尔穆特·库勒尔：《〈德国民法典〉的过去与现在》，孙宪忠译，载梁慧星主编：《民商法论丛》第2卷，法律出版社1994年版。

② See Norbert Horn, Hein Kötz and Hans G. Leser ; translated by Tony Weir, *GERMAN PRIVATE AND COMMERCIAL LAW: AN INTRODUCTION*, p. 65, Clarendon Press (1982).

③ ［美］孟罗·斯密：《欧陆法律发达史》，姚梅镇译，中国政法大学出版社2003年版，第430—431页。

④ 薛军：《蒂堡对萨维尼的论战及其历史遗产》，载徐国栋编：《中国民法典起草思路论战》，中国政法大学出版社2001年版，第399页。

⑤ ［比］R. C. 范·卡内冈：《法官、立法者与法学教授——欧洲法律史篇》，薛张敏敏译，北京大学出版社2006年版，第82—83、100页。卡内冈在比较高等学府在英国和德国的地位之后，发现两者存在天壤之别。在英国，法律院校属凤毛麟角，法学教授在法律界也退居边缘地带；而在德国，"法学教授倍受尊敬，以至于出现了引人注目的'学者断案'，即法官在对案件的某一法律问题拿不准的时候，由法庭将案件的有关文件移交给某一大学法学院，请教授们给出处理意见，而法庭会按照学者们提出的'建议'作出相应判决"（见该书第64页）。

系的完全改观。[①] 尽管德国继受罗马法存在种种阻力[②]，但被继受了的罗马法，即所谓“普通法”，最终获得了法律效力并被广泛适用。当然，这种继受给德国带来的并不是纯粹形态的罗马法，而是出于意大利天主教经院哲学之手的罗马法。[③] 值得注意的是，继受罗马法，并不是绝对排斥日耳曼法。活泼的日耳曼因素仍然继续存在于德意志法律意识、制度之内。[④] 日耳曼法与罗马法是德国私法的两大渊源。正是由于法学教授在德国法律进程及民法典制定中起主导作用，因此有学者通过比较法官、立法者与法学教授在欧洲诸国的法律发展史中的作用认为，普通法是由法官创制的，《法国民法典》出自立法者之手，《德国民法典》则是由法学家创设的。[⑤]

总之，逻辑严密、概念抽象的法学思维是民法典创设权利能力制度的思想基础，法学家对法的确定性和法适用的安全性的追求则是创设权利能力制度的强大的内在动力。

---

① 戴东雄：《中世纪意大利法学与德国的继受罗马法》，中国政法大学出版社 2003 年版，第 168 页。

② 曾发生过对法学博士群起而攻之的种种反复，甚至在 1512 年、1525 年发生农民暴动，要求将法学博士驱逐出法院及参议会。究其原因，一是因为罗马法由法学者所垄断，而且这种法律逐渐专门化，普通人不可能了解。二是法学者对于法律意见与劳务报酬计算标准让普通人产生妒忌。三是法学者对于地方习惯法一向抱有蔑视态度。四是德国所继受的是一种以拉丁文写成的外国法，此点尤为重要。正是这些原因导致法律家与普通人之隔阂，导致普通人对法律职业深恶痛绝（［美］孟罗·斯密：《欧陆法律发达史》，姚梅镇译，中国政法大学出版社 2003 年版，第 433—436 页）。

③ ［德］拉德布鲁赫：《法学导论》，米健、朱林译，中国大百科全书出版社 1997 年版，第 59 页。

④ ［德］弗朗茨·维亚克尔：《近代私法史》（上），陈爱娥、黄建辉译，上海三联书店 2006 年版，第 81 页。

⑤ ［比］R. C. 范·卡内冈：《法官、立法者与法学教授——欧洲法律史篇》，薛张敏敏译，北京大学出版社 2006 年版，第 65 页。笔者认为，法官、立法者与法学教授在不同国家的法律发展史中的作用是不同的；即使在同一国家，他们在不同历史时期的作用也可能并不相同；另外，就某一特定时期而言，强调法官、立法者或者法学教授在法律创制中的作用并不是要否定其他方面的影响。

二 法典编纂对法律概念的要求

《德国民法典》制定于19世纪下半叶，这是一个实证主义时期。所以德国学者说，民法典是秉承实证主义精神制定的，它的所有特质，包括优点与缺陷都源于实证主义精神。[①] 在笔者看来，《德国民法典》的实证主义体现为两个方面。一方面是该法典法源的实证主义，即德国主流的法学思想认为不存在什么先验的公平、正义等自然法观念，那只是人们“高烧时的胡说八道”，法存在于民族生活之中，是民族精神的体现，“民族的共同意识乃是法律的特定居所”[②]，这是历史法学派的主要观点。另一方面，该法典的编纂方法为实证主义的一种——概念法学，这种法学方法追求法典的系统性和抽象性，而法典系统和抽象的基本工具就是概念。把这两种实证加起来之后，就是学说汇纂法学，即根据体系化与抽象化的指导思想，使用罗马法的制度与规则为素材，具体运用不同抽象程度的上位概念与下位概念使所有民法规则形成一个完整的体系。打个不恰当的比方，《德国民法典》好比一个工厂制造的机器，其制造原料主要是罗马法加上少量日耳曼法（即法源），其制造工艺是概念法学（即法典编纂技术），其制造者是学说汇纂法学派的那些能工巧匠。

在实证主义的《德国民法典》中，抽象概念起到了两个方面的作用。首先，它是构成法典体系的基本要素，或者说，“抽象概念是法典外部体系的基石”[③]。依形式逻辑的规则构建抽象、一般概念式的体系，这是许多法律特别是民法典的体系基础。法典体系的构成模式是这样的：由构成事实中分离出若干要素，并将此等要素一般化；由此等要素可形成类别概念，借着增减若干要素，可以形成不同抽象程

① ［德］霍尔斯特·海因里希·雅科布斯：《十九世纪德国民法科学与立法》，王娜译，法律出版社2003年版，第1页。

② ［德］萨维尼：《论立法与法学的当代使命》，许章润译，中国法制出版社2001年版，第9页。

③ ［德］卡尔·拉伦茨：《法学方法论》，陈爱娥译，商务印书馆2003年版，第318页。

度的概念，将抽象程度较低的概念涵摄于“较高等”的概念之下，最后可以将大量的法律素材归结到少数“最高”概念上，由此构成法典的体系。[①] 关于大陆法系法典体系的这一特点，作为局外人的英美学者也看得很清楚，认为大陆法系法学家们把丰富的时代思想融于法学概念，从而构建了一个系统化、概念化的法学架构。[②] 其次，概念还是法律适用时用于“计算”法律后果的参数。正如德国学者所说，《德国民法典》是一部精密的法律计算器，法律的适用依赖于立法者在这部“计算器”中事先设定的抽象概念的“逻辑必然性”的计算过程。[③] 那么这部“计算器”是怎么工作的呢？假如由抽象程度不同的概念群构建的法典体系是“完整的”，那么在该法典体系范畴内，法律问题仅借逻辑的思考操作即可以解决。[④] 即是说，如果法学家们构建的法典是一个逻辑严密的、能自给自足的体系，那么法律适用将变得相当简单，法官只需使用形式逻辑的方法，将案件的事实要素抽象成与之相对应的法律概念，再将该法律概念“代入”民法典预先设计好的“方程式”（就像自然科学的研究方法一样），即可计算出该案件的法律后果，从而排除法律的政治、经济、社会等各种“非法律因素”的考虑，达到法律的“纯粹性”。

从概念在法典中的上述作用不难得出结论：在大陆法系，作为法典的最小单位——概念，其内涵与外延必然清晰明确甚至精确，从而与其他学科中使用和日常生活中所使用的概念区别开来，否则不仅可能损害法典的系统性和自给自足性，而且可能在法律适用中“计算”出错误的法律后果。“法律必须是规范性的，必须是当为规

① ［德］卡尔·拉伦茨：《法学方法论》，陈爱娥译，商务印书馆2003年版，第316—317页。

② ［美］约翰·亨利·梅利曼：《大陆法系》，顾培东、禄正平译，法律出版社2004年版，第49页。

③ ［德］K. 茨威格特、H. 克茨：《比较法总论》，潘汉典等译，法律出版社2003年版，第214页。

④ ［德］卡尔·拉伦茨：《法学方法论》，陈爱娥译，商务印书馆2003年版，第317页。

范的，故其不可能是纯粹的经验概念。所有的法律概念都会充满‘规范性的精灵’。”①《德国民法典》就是这种由精确概念构建完整体系的法律技术的集大成者。正是学说汇纂派实现了概念设定的精确无误和最佳选择，才有了《德国民法典》在技术上的成熟。②于是，在该法典制定过程中，技术因素逐步得到了完善，表达的准确性以及个别性与整体性的协调一致在法典中得到了贯彻。③另一方面，由于《德国民法典》所使用的法律语言注意充分而精确的表达方式，放弃了法典的清晰易懂和鲜明生动。正如学者所说，法律必须在专门性、技术性知识的基础上加以运用，反之，法律的简明性易招致其含义暧昧之弱点。④在这种思想指导下制定的《德国民法典》，同《法国民法典》的革命性、理性主义以及无技术性比较，“是历史上具有适应性、科学性和专业性的法典”⑤。当然，《德国民法典》不是为门外汉制定的，而是为专业人士制定的⑥，该法典概念深奥晦涩难懂，与《法国民法典》的行文简明流畅形成了鲜明对比。

在实证主义的技术背景之下，《德国民法典》为什么弃人格而取

① ［德］考夫曼：《法律哲学》，刘幸义等译，法律出版社 2004 年版，第 150 页。考夫曼认为，法律的“基本概念”，亦称为“原本的”或“纯正的”法律概念，必须与“非原本的”“非纯正的”“与法律相关的”概念加以区分（第 148 页）。“确有一个‘法律人的世界观’存在，在法律人眼里，有些概念如行为、物等，与一般人的理解不会完全相同。”那些日常用语的概念，属于“非真正的”法律概念（第 149 页）。法律不能仅由简单的日常用语意义即取得其概念，法律概念应当表现出规范意义，具有明确性。例如，民法第 242 条的“诚信”就不是“概念”，而是一个指导性的思想或一个原则（第 150 页）。考夫曼甚至认为，如果法律概念与日常用语没有区别的话，我们就没有必要花费如此多年去学习法律了（第 149 页）。

② ［德］K. 茨威格特、H. 克茨：《比较法总论》，潘汉典等译，法律出版社 2003 年版，第 215 页。

③ ［德］霍尔斯特·海因里希·雅科布斯：《十九世纪德国民法科学与立法》，王娜译，法律出版社 2003 年版，第 2 页。

④ ［日］大木雅夫：《比较法》，范愉译，法律出版社 1999 年版，第 184 页。

⑤ ［美］约翰·亨利·梅利曼：《大陆法系》，顾培东、禄正平译，法律出版社 2004 年版，第 30 页。

⑥ See James Gordley, Arthur Taylor von Mehren, *An Introduction to the Comparative Study of Private Law*: *Readings*, *Cases*, *Materials*, Cambridge University Press, 2006, p. 60.

权利能力呢？要回答这个问题，必须考察“人格”（Persönlichkeit）这个概念是否符合这么一部“法律计算器”的要求，是否足以胜任构建法典体系和正确法律适用的任务。

有学者说，民法的人格概念如同一个“民族走廊”，被许多观念“定居”过，由此造成它在不同的时代甚至相同的时代有不同的含义。[①] 的确是这样，人格概念在不同学科、不同历史时期甚至同一学科不同历史时期的内涵都可能有所不同，可谓是含义重重。除了法学使用这个概念以外，其他学科如哲学、心理学、社会学等，都在不同意义上使用这个概念；在私法上，除了罗马法上的主体资格以外，人格也具有多种含义，并与其他私法概念有所重叠。

德文中法律上的人格为Persönlichkeit，这与其他学科如哲学、社会学和心理学等是相同的，不过其他学科所使用的人格与罗马法上的人格概念意义完全不同。哲学、社会学和心理学各学科从不同角度对人格进行研究，其目的都旨在探讨人的价值、尊严和地位问题。另外，在日常生活中，Persönlichkeit 一词的含义相当丰富，除了中文“人格”一词所具有的“道德品质”之意以外，既有“性格、个性”之意，如 die eigene Persönlichkeit entwickeln（培养自己的性格），还有具有一定素质及个性的人、要人、名流等意思。[②] 这样，如果继续使用罗马法上的人格概念，势必与人格概念的上述非法律意义产生混淆，不能直接体现其私法上的准确含义。

至于人格概念法律上的含义，也较为复杂。首先，人格概念在理论上可以表示民事主体的资格，即人（Person），国内有的学者将它

① 徐国栋：《寻找丢失的人格—从罗马、德国、拉丁法族国家、苏联、俄罗斯到中国》，《法律科学》2004 年第 6 期。

② 《新德汉词典》（《德汉词典》修订本）Personlichkeit 词条，上海译文出版社 2000 年版，第 875 页。

翻译为人格体。其次，根据《德国民法典》第12条、第823条[①]的规定，该法典确立了人格权（Persönlichkeitsrechte）制度。尤其是自然人的姓名权，作为一种特殊的人格权，学者将其与住所等一起称之为自然人的其他法律属性。[②] 我们知道，《德国民法典》第1条规定“人的权利能力始于出生”，开宗明义就确立了人的权利能力。这样，在民法典总则编中，既有法律上的人的资格——人格（通过权利能力表彰）的规定，又有人格权客体的“人格”——人格要素的规定。即是说，前者是权利主体，后者只是权利客体。显然，它们并不是同一个层面的概念，如学者认为，人格是原权，人格权是取得的权利，一个是前提，一个是结果。[③] 试想，如果前者使用Persönlichkeit，后者使用由Persönlichkeit这个词加权利（Recht）构成人格权，则不但容易造成混淆，而且无法清晰地表达两者之间的逻辑关系，这对严格遵循形式逻辑、追求概念严谨体系严密的《德国民法典》来说，是无法忍受的。但是，如果使用萨维尼创造的“权利能力”这一全新的、其含义明确甚至精确不会引起歧义的法律术语，则可以将法律上的人的资格与人格权区别开来，从而达到法典体系及内容的完美。

我们知道，德国法学家所信奉的是：立法者应节制使用不确定的概念，尤其是概括条款，要避免使法律明确性受到不利的影响。[④] 法律实证主义者试图将《德国民法典》设计成一部调整其范围内所有事物的法律，法官只能服从完美的成文法规定。为了使法律内容尽可

① 《德国民法典》第12条规定：有权使用某一姓名的人，因他人争夺该姓名的使用权，或者因无权使用同一姓名的人使用此姓名，以致其利益受到损害的，可以要求消除此侵害。如果有继续受到侵害之虞时，权利人可以提起侵害之诉。第823条第1款规定：因故意或过失不法侵害他人生命、身体、健康、自由、所有权或者其他权利者，对他人因此而产生的损害负赔偿义务。

② ［德］迪特尔·梅迪库斯：《德国民法总论》，邵建东译，法律出版社2000年版，第791页。

③ 徐国栋：《寻找丢失的人格——从罗马、德国、拉丁法族国家、苏联、俄罗斯到中国》，《法律科学》2004年第6期。

④ ［德］考夫曼：《法律哲学》，刘幸义等译，法律出版社2004年版，第150页。

能的清晰，这就需要精密的概念体系，且几乎容不下任何细小的质疑。[①] 因此，在这种法律技术背景之下，权利能力之所以得以取代罗马法上的人格概念，不能不说是德国法学家必然的选择。

三　“法人”成为“人”的需要

如前所述，《德国民法典》之所以弃人格而取权利能力，原因在于该法典在实证主义的影响之下对法律概念准确性的要求。这只是立法选择的原因之一，另一个重要的原因则在于：法人（juristische Person）制度在《德国民法典》中与自然人鼎足而立的需要。

尽管人类远古时期就存在着类似于法人的团体形态，如原始社会的氏族、奴隶社会的家庭等，但直到 11 世纪晚期，为了适应长距离的海上贸易，在意大利、英格兰和欧洲的其他地方，才出现了一种新的、具有近代意义的商业经营方式——康美达（commenda）。[②] 随着十字军东征，出现了由商人和资本家组成的“康帕尼亚”（compagna）的组织，一种陆上合伙，类似于法人社团，具有虚拟的人格。此后又出现了 societas maris（海会），类似于康美达的组织形式。[③] 到 12 世纪初，威尼斯建立了世界上第一家银行。[④] 根据现有资料，“法人”作为法学术语，是 12 世纪至 13 世纪意大利注释法学家的创造，为 1794 年的普鲁士普通法典所采用。[⑤] 近代最有影响力的《法国民法典》，受平等、自由的个人主义思潮的影响，明确规定具有法国国籍的个人是法律上的真正主体，从而宣示了个人主义的主体原则。正是因为该法典绝对的个人主义立场，人们普遍认为国家有义务通过它的

---

① See Franz Wieacker, translated by Tony Weir, *A History of Private Law in Europe: With Particular Reference to Germany*, Clarendon Press, 1995, p. 376.

② ［美］伯尔曼：《法律与革命》，贺卫方等译，中国大百科全书出版社 1993 年版，第 435—436 页。

③ ［美］泰格、利维：《法律与资本主义的兴起》，纪琨译，学林出版社 1996 年版，第 60、66、71 页。

④ ［美］汤普逊：《中世纪经济社会史》（下册），耿淡如译，商务印书馆 1963 年版，第 17、45 页。

⑤ 张俊浩主编：《民法学原理》（上册），中国政法大学出版社 2000 年版，第 174 页。

立法把公民从封建的、教会的、家庭的、行会的以及身份集团的传统权威中解放出来，并赋予全体公民以平等的权利。[1] 于是，在《法国民法典》中，一切团体都受到了怀疑和敌视，其主体地位没有得到法律的承认。除了政治因素之外，自然经济对法律主体尚未提出新的迫切的要求，也是民法典没有规定法人制度的重要原因。19 世纪初的法国还处于农业社会，商品经济尚不发达，财产关系相对简单，民法典没有扩张主体的内在需求，因此将法人制度排除在外实属自然。与法国情况不同，在《德国民法典》制定之前，德国经济和政治已经发生了一系列变化。拿破仑军事扩张导致 1806 年“德意志民族神圣罗马帝国”寿终正寝。此后至 1871 年德国统一的 60 多年间，德国经济迅速走向了资本主义道路，政治上逐步走向统一。尤其是德意志关税同盟的建立，进一步密切了同盟内各邦之间的经济联系，加快了市场的形成，从而使德国的经济发展明显加快。如在 19 世纪初，全德只有极少数工厂，但到 19 世纪 40 年代，仅普鲁士境内，就有大小手工工场和工厂约 78000 余家。[2] 经济组织体的大量出现以及它们在经济生活中扮演越来越重要的角色，必然要求法律对其作出相应规制。正是由于社会经济生活需要，德国立法者不得不承认法人与自然人一样，同属“法律上的人（Personen）”；虽然萨克逊民法典就已经有了法人的相关规定[3]，但是我们所熟悉的法人制度应该来自于《德国民法典》。可以说，《德国民法典》的规定奠定了近代法人制度的基础。既然“法人”与“自然人”一起构成了“法律上的人”，在追求逻辑严密概念严谨的学说汇纂派学者的眼里，应当赋予两者以相同的特质或“法律上的人”都共同拥有的特征，亦即主体资格。为了找到一个能涵盖这两者的法律术语，“权利能力”（Rechtfähigkeit）得以进入立法者的视界。

一个颇费思量的问题是：既然《德国民法典》的立法者深受历史

---

① ［德］K. 茨威格特、H. 克茨：《比较法总论》，潘汉典等译，法律出版社 2003 年版，第 126 页。

② 杨生茂、张芝联、程秋原主编：《世界通史·近代部分（上册）》，人民出版社 1972 年版，第 277 页。

③ 史尚宽：《民法总论》，正大印书馆 1980 年版，第 120 页。

法学派极端重视罗马法法源的传统影响，那么他们为什么不采用罗马法上的“人格”来概括自然人及法人的共同特质，而采用了一个相对陌生的“权利能力”概念呢？依笔者所见，这恐怕与“人格”和“自然人”之间的依附观念不无关系。如前所述，在罗马法上，自然人以家庭为单位在私法上的主体资格被称为“人格”（persona），根据自然人所拥有的人格要素的不同，则拥有不同的人格（即人格减等）。在古罗马，persona 一词原本的含义是“面具”，这个“面具”从来都是戴在自然人的头上的。尽管罗马法上真正的法律主体是家庭，但完整的人格一直都依附在家父这个自然人身上，一个人要成为一个完整的人格者——家庭的代表，则必须拥有自由权、市民权以及家父权三个要素；这三个要素依附的主体是自然人，而不是家庭本身；如果丧失家父权，则为人格小减等，如果丧失市民权，为人格中减等，一旦丧失自由权，即为人格大减等。在法国，从《法国民法典》只承认了法国国籍的自然人为“私法上的人”的事实可以看出，法国私法观念上的“人格”与罗马法上的人格观念可谓一脉相承。德国与法国一样，都具有罗马法传统（至少《德国民法典》的立法者是这样认为的）。在德文中，人格一词 Persönlichkeit 无论在哲学、社会学还是心理学等学科中还是日常生活中，都表达了与自然人有关的各种属性。[①] 萨维尼提出的法人拟制说认为，只有自然人才是权利的主体，法人之所以能成为法律主体是将其拟制为自然人的结果。该说与“人格”只是自然人的“人格”观念，是一致的。他说：“所有的权利，皆因伦理性的内在于个人的自由而存在。因此，人格、法主体这种根源性概念必须与人的概念相契合。”[②] 可见，从欧洲私法文明起源的古罗马到《德国民法典》制定的 19 世纪，“人格”这个面具戴在“人”（即自然人，实际上是自然人的家庭）的头上已经超过

---

① 关于 Persönlichkeit 一词的含义，参见本节第一部分相关内容。

② Friedrich Carl von Savigny, System des Heutigen romischen Rechts, Bd. III, II. S. 2. 转引自龙卫球：《法人的主体性质探讨》，载于《民法总则论文选萃》，中国法制出版社 2004 年版，第 319 页。

了两千多年。也正是由于罗马法传统上的“人格”（Persönlichkeit）概念仅适用于自然人（natürliche Person），这使得法人的主体资格问题难以为其所概括。《德国民法典》的立法者之所以没有把“人格”这张面具乱扣，除了与“人格”内容过于丰富不符合形式逻辑对概念的要求以外，与这个原因也不无关系。

另外，诚如学者所说：使用“人格”之辞句，容易陷于“人类”与“人格”难分难舍之情结，使用“权利能力”之辞句，则“人类”与“权利能力”两者关系，存有探索之空间。[①] 正是因为“人格”概念与“（自然）人”这种亲密无间的关系没有给法人的主体资格预留任何空间，所以萨维尼在提出其法人拟制说时使用了“权利能力”概念，从而为“法人”这一“非（自然）人”主体进入《德国民法典》作好了理论准备。他说：“首先，成文法可以全部或部分否定一些单个人具有权利能力，其次，成文法可以将权利能力转授予单个人之外的某些主体，即经由拟制所构建的法人。”[②] 因此，对于法人进入民法典的方式，立法者接受了萨维尼的拟制说，认为实际上并没有法人的存在，法律却将人的团体拟制为自然人，当成有“人”存在，从而成为法律上的权利主体。

四 “人格”公法色彩的阻碍

在分析《法国民法典》刻意回避“人格”这一概念时，笔者认为，这与罗马法上人格制度的等级、身份等公法因素有重大关系，这个理由同样可以用来解释为什么《德国民法典》用“权利能力”替代了“人格”。

在德国法中，对整个法律材料所作的一个根本性的划分，是将法分为公法和私法。[③] 这个传统虽然始于罗马法，但这终究也只是当时

---

① 曾世雄：《民法总则之现在与未来》，中国政法大学出版社 2001 年版，第 81 页。

② 转引自［德］罗尔夫·克尼佩尔：《法律与历史：论〈德国民法典〉的形成与变迁》，朱岩译，法律出版社 2003 年版，第 63 页。

③ ［德］迪特尔·梅迪库斯：《德国民法总论》，邵建东译，法律出版社 2000 年版，第 5 页。

学者的美好愿望，罗马法仍然诸法合体公私不分。根据基尔克的考察，整个中世纪都未认识公法和私法的观念上的区别，一切人与人之间的关系，“自邻近间的交易关系以至王与国民间的忠诚关系，都被视为可包括于一个相同的单一种类的法里”①。诸法合体的普鲁士普通法典就是这种观念的产物。只有德国对罗马法的继受才使公法与私法有了严格的区分。②

私法得以和公法相分离，与市民社会与政治国家相分离的现代市民社会观念有着密切的关系。③ 从17、18世纪开始，由于新兴市民阶层的兴起，现代市民社会观念得以进一步形成，而“市民社会不过是一个私人需要的体系或由物质交往关系而构成的世俗社会”的观念，正是由黑格尔和马克思于19世纪完成的。④ 正如德国学者所说，（封建社会）政治特权的诸成分不再分属各个等级，而变成公共权力的各个机构：一部分变成议会，一部分变成司法机构；职业地位团体组织的诸成分，就其已经包括在城市自治团体之中并且处于某些分化过程而言，发展成为与国家分庭抗礼的真正的私人自主领域的“市民社会”。⑤ 这种市民社会与政治国家相对立的观念促进了公法与私法的划分。在德国，1756年的巴伐利亚民法典之后，部门法运动完成，所有的世俗法被分为宪法、民法、商法、刑法、民事诉讼法和刑事诉

① ［日］美浓部达吉：《公法与私法》，黄冯明译，中国政法大学出版社2003年版，第2页。

② ［德］拉德布鲁赫：《法学导论》，米健、朱林译，中国大百科全书出版社1997年版，第57—58页。作者认为，在中世纪德意志国家，尚无公法与私法的区分；十五世纪德国继受罗马法过程中才逐渐形成了公私法划分的观念。

③ 市民社会观念在不同历史时期有着不同的含义。在这一概念被提出来的古希腊罗马时代，市民社会的对应概念是原始社会而不是政治国家，那时的市民社会就等于政治国家，与野蛮的原始状态相对应。只有在黑格尔和马克思的市民社会理论中，它才被视为政治国家的对立面，是私人利益关系的总和。

④ 方朝晖：《市民社会的两个传统及其在现代的汇合》，《中国社会科学》1994年第5期。

⑤ ［德］尤根·哈贝马斯：《公域的结构性变化》，童世骏译，载《国家与市民社会》，中央编译出版社2002年版，第135页。

讼法，它们又分为公法和私法。[①] 到了19世纪，在以法、德为代表的法典编纂过程中，公、私法的划分已经得到广泛运用，公、私法的划分理论成了德国法学家重建法律制度的基础。[②]

有学者认为，在这样的意识形态背景下，罗马人留下的公私不分的人格—身份规则必须按照新的分类规则整理，于是人格的公法性被发现，它也就被认为是一个宪法问题，在民法中处于可谈可不谈的地位了。因此，萨维尼和温德沙伊德都把人格问题理解为公法问题，选择了在私法的场合不谈它，把它从私法的调整对象中排除出去。[③] 于是，在"人格"因其公法色彩被立法者排除于民法典之外后，"权利能力"得以取而代之。

实际上，不论是人格还是权利能力，都是国家授予的，都具有公法因素。如果以《德国民法典》用权利能力概念取代人格，来肯定该法典已经将人格之公法色彩完全排除在外，只能说这是一种误解。人格之享有确实是以公法规定为前提，但人格是为私法目的而设计，主要具有私法功能，对此本书第二章已经作了论述。同样，权利能力也是以公法规定为前提的，是为私法目的而设计。诚如学者所言，"权利能力之设计，乃秉承罗马法上的 persona 及法国法上的'人格'，细化为纯法律概念之制度；设计之目的依旧在于提供适用或不适用民法的标准：有权利能力的，适用民法；无权利能力者，不适用民法"[④]。如果说民法典为了"私法化"而排除人格概念，顶多只是将作为政治活动条件的那部分因素——人与人之间社会地位不平等导致主体资格差异的身份制度排除掉了，将作为私法活动的资格通过权利能力保留下来了。

---

① 徐国栋：《寻找丢失的人格—从罗马、德国、拉丁法族国家、苏联、俄罗斯到中国》，《法律科学》2004年第6期。

② ［美］约翰·亨利·梅利曼：《大陆法系》，顾培东、禄正平译，法律出版社2004年版，第97页。

③ 徐国栋：《寻找丢失的人格—从罗马、德国、拉丁法族国家、苏联、俄罗斯到中国》，《法律科学》2004年第6期。

④ 曾世雄：《民法总则之现在与未来》，中国政法大学出版社2001年版，第77页。

总之，《德国民法典》之所以用“权利能力”取代了“人格”，主要是基于系统化偏好的法学传统和以下三个法律技术的原因。

第一，清晰、准确之法律概念的需要。《德国民法典》在实证主义指导下，推崇概念法学的抽象化、系统化的形式逻辑方法，而罗马法上的人格概念因其使用范围广、含义过于丰富而不符合法律概念的严谨、确定的要求，立法者只得放弃使用这一术语。相反，“权利能力”出身清白，没有乱七八糟的“亲戚关系”，含义明确清晰，完全符合学说汇纂派对法律概念的期待。正如徐国栋教授所言，“人们为了与人格制度划清界限才创造了权利能力或法律能力的新术语”①。

第二，法人成为“人”的需要。由于社会经济生活的需要，《德国民法典》必须将人的团体即法人纳入民法典，但罗马法上的“人格”面具一直以来都是套在“自然人”（家庭）的头上，观念上难以适用于“法人”（家庭之外的团体）。相反，“权利能力”是个新名词，适用于法人不会产生前述困难。

第三，公、私法划分的需要。当时的欧洲大陆学者普遍认为“人格”具有太多公法因素，作为私法基本法的民法典不应该涉及它，从而严格遵守法理上对公法与私法的界限。相反，“权利能力”从创造之初就是为了解决私法上的人的主体资格问题，属于纯粹的私法概念。

正是基于上述理由，私法上的人的资格从“人格”摇身变为“权利能力”，权利能力在《德国民法典》中占据了头等重要的地位，成为了完全的私法上的法律概念。

---

① 徐国栋：《民法哲学》，中国法制出版社2009年版，第160页。

第四章

权利能力之检讨——权利能力功能消退

如前所述，罗马法以家庭为单位，以家父为代表，凡同时具有自由身份、市民身份和家父身份者才能代表家庭成为私法上的完全人格人，享有权利承担义务。《法国民法典》设计民法上的“人”是以国籍为判断标准，凡具有法国国籍者为民法上的人，享有一切民事权利；外国人按照对等原则享有相应的权利，即外国人并不当然是民法上的人；奴隶更不可能成为民法上的人。《德国民法典》创设权利能力（Rechtfähigkeit）制度，以权利能力之有无作为民法上“人”的判断标准，有权利能力者为民法上的“人”，无权利能力者不是民法上的“人”，但未对权利能力概念提供更多解释或说明。[①] 此后，其他大陆法系国家纷纷效仿，广受肯定。《日本民法典》起初没有使用权利能力概念，而是称为“私权的享有”，从2004年起直接使用权利能力概念。[②]《瑞士民法典》不仅使用了权利能力概念，而且对权利能力作了更多的解释和说明。[③] 俄罗斯、意大利、韩国等国民法典完全继受了权利能力概念和制度，以至于有学者慨叹：“在当代世界，要找到一部不规定权利能力的民法典，太难了！”[④]

---

① 《德国民法典》第1条明确规定：“人的权利能力，始于出生完成之时。”《德国民法典》，陈卫佐译，法律出版社2006年版，第3页。

② 学者认为“私权的享有”与权利能力的基本含义是一致的（佟柔主编：《中国民法学·民法总则》，中国人民公安大学出版社1990年版，第90页）。

③ 《瑞士民法典》第11条规定：“（1）人都有权利能力。（2）在法律范围内，人人都有平等的权利能力。”《瑞士民法典》，殷生根、王燕译，中国政法大学出版社1999年版，第7页。

④ 徐国栋：《再论民法中人格法的公法性——兼论物文主义的技术根源》，《法学》2007年第4期。

《德国民法典》创设权利能力概念作为能否成为民法上人的判断标准之后，人格概念几乎被民法所忘却，而由权利能力取而代之。①从各国民法典全盘继受权利能力制度来看，对权利能力制度似乎不应该有任何怀疑。但仔细琢磨，仍有问题：权利能力与人格究竟是什么关系？权利能力究竟是公法上的概念还是私法上的概念？权利能力究竟是伦理价值的体现还是法律技术的构造？权利能力概念如何界定？权利能力制度是否适应社会发展的需要？权利能力是否还有存在的价值？这些问题还有待深入研究，权利能力制度本身需要反思和检讨。

第一节　基本理论存在缺陷

权利能力的基本理论涉及诸多方面，核心问题就是权利能力之本质。关于权利能力的本质，有学者主要讨论“权利能力是自然法上的概念还是实证法上的概念？是公法上的概念还是私法上的概念？是伦理的体现还是技术的产物？”② 也有学者主要关注权利能力与人格的关系、权利能力的平等性与差异性等问题。③ 还有学者在论述与人格有关的法理问题时专门就人格是否等同于权利能力进行了研究。④ 本书认为，权利能力的本质主要涉及权利能力与人格的关系、权利能力的法律属性、权利能力的平等性与差异性等问题，核心问题是对权利能力的界定。

一　权利能力与人格之关系难以理顺

《德国民法典》创设权利能力制度之后，只见权利能力，不见人格概念。此后《日本民法典》《民国民法典》《韩国民法典》和我国《民法通则》等纷纷效仿。人格概念不仅在立法中隐而不现，而且几

① 马俊驹：《人与人格分离技术的形成、发展与变迁——兼论德国民法中的权利能力》，《现代法学》2006 年第 4 期。

② 李永军：《论权利能力的本质》，《比较法研究》2005 年第 2 期。

③ 柳经纬：《权利能力的若干基本理论问题》，《比较法研究》2008 年第 1 期。

④ 胡玉鸿：《围绕“人格”问题的法理论辩》，《中国法学》2008 年第 5 期。

乎在学理上也少见讨论。近年来，随着我国人格权法、民法典的立法工作的推进，关于权利能力与人格的关系逐渐成为民法学的热点问题。目前，关于权利能力与人格的关系，学界存在三种不同观点：同义说、异义说、折中说。①

同义说认为，权利能力与人格是具有相同意义的概念。“权利能力，亦即人格之别称。”② 至于这两个概念为什么相同，学者给出的理由是，民事权利能力是享有民事权利和承担民事义务的资格；“法律人格体现为独立参与民事法律关系的资格，它与民事权利能力的概念在实质上是一回事。”③“因为权利能力的取得是享有法律人格的充分必要条件，具有权利能力肯定具有法律人格，反之亦然，因而，现代法中的权利能力与人格实质上是一致的，只不过是从不同的角度来揭示同一问题。”④

异义说认为，权利能力与人格属于不同的概念。人格是指可以成为民事主体的资格，涉及具备了什么条件才能成为主体；而权利能力则是指可以享有权利承担义务的资格，涉及民事主体可以享有的权利范围。人格是主体可以享有权利的前提；权利能力则是主体可以享有权利的内涵。⑤ 人格是法律对自然人和社会存在体主体性的确认，权利能力则是法律赋予民事主体享有权利的一种资格；人格不能加以限制或剥夺，权利能力可以加以限制或者部分剥夺。“自然人之间、法

---

① 关于权利能力是否等同于人格的观点，柳经纬教授归纳为同义说和异义说（柳经纬：《权利能力的若干基本理论问题》，《比较法研究》2008 年第 1 期）。也有学者将这两种观点分别称之为“一致说”“不一致说”（邹爱华：《自然人人格和民事权利能力一致说评析》，《湖北大学成人教育学院学报》2007 年第 5 期）。本书采用同义说、异义说之称谓。另外，尹田教授的观点有别于同义说或异义说，本书将其称为折中说（尹田：《民事主体理论与立法研究》，法律出版社 2003 年版，第 11—13 页）。

② 梅仲协：《民法要义》，中国政法大学出版社 1998 年版，第 53 页。梁慧星教授也认为，“权利能力……又称法人格，或人格。”梁慧星：《民法总论》，法律出版社 2007 年版，第 65 页。

③ 佟柔主编：《中国民法》，法律出版社 1990 年版，第 61 页。

④ 马骏驹、余延满：《民法原论》，法律出版社 2010 年版，第 54 页。

⑤ 江平主编：《法人制度论》，中国政法大学出版社 1994 年版，第 3 页。

人之间、自然人与法人之间在权利能力上存在差异是明显的。”[①]总之，权利能力与人格的区别主要表现为“内蕴的理念不同”“存在的依据不同”“实质的内涵不同”“所处的地位不同”以及“指涉的范围不同”。[②]

折中说一方面认为权利能力即法律人格，另一方面又认为人格与权利能力并不相同，“较之权利能力，人格具有更高的抽象性”。为解决这一矛盾，主张赋予权利能力不同的含义，即抽象意义上的权利能力和具体意义上的权利能力，前者等同于法律人格，后者与法律人格不能等同。“鉴于权利能力之概念使用上的习惯，我们不必要另设概念来表达主体享有具体权利的资格。”“确认一切自然人以平等的权利能力即私法上的法律人格，是我国民法必须坚持的基本原则。”[③]

上述三种观点中，同义说是目前理论界通说。异义说为近年来的新观点。折中说最终坚持权利能力即法律上人格，从严格意义上讲可以将其归入同义说。权利能力等同于人格，自然人的权利能力一律平等就是自然人的人格一律平等，而自然人人格平等是法律面前人人平等的宪法原则在民法上的体现，同义说似乎解决了自然人权利能力一律平等的问题，但是，将权利能力等同于人格，必将导致无法克服的逻辑矛盾。

第一，权利能力是民事主体享有权利承担义务的资格，这里的权利既可以理解为总和的权利即抽象的权利，也可以理解为具体的权利。如果理解为总和的权利，则权利能力是享有抽象的、一般意义上的权利的资格，此种意义上的权利能力等同于人格。如果理解为具体的权利，则权利能力必然要与某一类的法律关系相联系（如物权法律关系、合同法律关系、婚姻法律关系、继承法律关系等，而不是指同某一确定的当事人之间的具体法律关系），此种意义上的权利能力与人格相去甚远。对此，同义说没有言明，但可以推论，同义说认为这

① 柳经纬：《权利能力的若干基本理论问题》，《比较法研究》2008 年第 1 期

② 胡玉鸿：《围绕“人格”问题的法理论辩》，《中国法学》2008 年第 5 期。

③ 尹田：《民事主体理论与立法研究》，法律出版社 2003 年版，第 11、13 页。

里的权利应该是总和的、抽象的权利。然而，权威学者又认为，“胎儿仅具有部分权利能力”“与自然人的权利能力相比，法人的权利能力的范围是有限制的。”[①] 法人的权利能力受到三方面的限制，即“因性质之限制”“因法令之限制”以及“因目的之限制”。[②] 也就是权利能力所涉之权利则为具体的权利（或者称之为特定的权利）。这种意义上的权利能力实与人格不同。如此一来，不免陷入权利能力与人格相同但又不同的逻辑矛盾之中。

第二，只要是民事主体，各主体之间的人格一律平等，这是民事主体制度得以展开的逻辑前提。人格表彰的是社会存在体（自然人以及其他存在体）在私法上的地位或资格，社会存在体因具备法律预定的条件而获得人格，成为私法上的主体。对社会存在体而言，只存在有人格或无人格的判断，以及其人格何时开始（取得）和何时终止（消灭）的判断。在主体存续期间，绝对不存在对其人格予以限制的可能。权利能力等同于人格，意味着自然人之间、自然人与法人之间、法人与法人之间不仅人格平等，而且权利能力也一律平等。但是，持同义说的学者主张法人之间的权利能力存在差异，自然人与法人之间的权利能力也不一致。为解决这一问题，持同义说学者又提出了“民事权利能力可分为一般民事权利能力与特别民事权利能力”的观点。[③] 遗憾的是，这一努力仍然没有解决问题，权利能力既平等又不平等、人格既平等又不平等的逻辑矛盾未能消除。因为权利能力存在一般与特别之分，若权利能力与人格等同，则得出一般人格平等、特别人格各有差异的结论，显然与人格平等的逻辑前提相冲突，最终陷入逻辑困境。

总之，关于权利能力与人格的关系，同义说存在难以克服的逻辑矛盾；异义说虽然指明了同义说存在的问题，主张权利能力并不等同

---

① ［德］卡尔·拉伦茨：《德国民法通论》（上册），王晓晔等译，法律出版社 2003 年版，第 123 页。

② 史尚宽：《民法总论》，正大印书馆 1980 年版，第 134—136 页。

③ 梁慧星：《民法总论》，法律出版社 2007 年版，第 66 页。

于人格，但没有提出解决问题的有效方案。权利能力与人格的关系确实需要重新审视，对此，本书第五章将进一步阐述。

二　权利能力平等与受限制的矛盾难以克服

20 世纪 80 年代初，民法学界认为，“公民民事权利能力平等”“任何公民均享有作为平等的民事权利主体的资格，这是我国公民在法律上一律平等原则的必然反映”①。受这一思想影响，《民法通则》第 10 条规定：“公民的民事权利能力一律平等。”《民法通则》颁布之后，平等性成了自然人权利能力的首要特征。② 甚至有学者认为，平等性不仅仅是自然人民事权利能力的特征，而是所有民事主体权利能力的特征。“民事主体的民事权利能力一律平等，这是民法平等原则的内在要求。”③ 权利能力平等是目前理论上的通说，自然人权利能力一律平等更是属于民法学的常识。

在现实生活中，由于国家政策的选择以及经济发展水平不同，导致不同民事主体享有权利的范围不同，如自然人与法人之间、法人与法人之间享有权利的范围存在差异，这可能导致权利能力实际上存在差异。对此，尹田教授认为：“权利能力只有平等与不平等之分，而绝无大小之分。法律确认自然人权利能力平等，目的在于确认人格平等，法律地位平等。”“自然人在享有某些具体的、特定的人身权利资格上的差异，并不意味着其权利能力（法律地位）的差异，更不意味着人与人之间的不平等。”④ 李永军教授更是坚定地认为，权利能力平等是一种抽象的平等而非具体平等，是一种资格平等而非具体权利平等，也就是取得权利的可能性的平等，而非最终结果的平等；法律对权利范围的限制，实际上是对行为的限制而非对权利能力的限

---

① 佟柔主编：《民法原理》，法律出版社 1983 年版，第 40 页。

② 李由义主编：《民法学》，北京大学出版社 1988 年版，第 43 页；佟柔主编：《中国民法学·民法总则》，中国人民公安大学出版社 1990 年版，第 91—92 页；王利明主编：《民法》，中国人民大学出版社 2000 年版，第 52—53 页。

③ 马骏驹、余延满：《民法原论》，法律出版社 2010 年版，第 54 页。

④ 尹田：《民事主体理论与立法研究》，法律出版社 2003 年版，第 14—15 页。

制。权利能力“无限制的可能性”，“权利能力平等作为民法的一项基本原则是不可动摇的，否则就会借助于所谓实质正义而消灭作为抽象意义上的平等”①。经过这两位学者的有力论证，权利能力平等理论似乎更加令人信服。

但是，疑问仍然存在：为什么《德国民法典》《日本民法典》《葡萄牙民法典》以及我国台湾地区民法典没有规定权利能力一律平等？为什么其他国家和地区的民法典明确规定自然人权利能力的范围并对外国人作单独规定，以及明确规定法人权利能力的范围？为什么我国民法通则只规定了自然人权利能力一律平等，没有规定法人权利能力平等？权利能力真的一律平等吗？

由于权利能力概念既在抽象意义上，也在相对具体的意义上使用，因此，关于权利能力是否平等，可以从抽象的平等和相对具体的（事实上的）平等两个不同层面进行分析。抽象的平等是法律规定的，如我国民法通则第10条关于自然人权利能力一律平等的规定，而事实上的平等实际上是难以实现的，“资产阶级实质上是以抽象的平等代替了事实的平等”②。坚持权利能力平等的学者从抽象意义上的平等来论证，持否定观点的学者则从事实上的不平等来论证，这正是目前权利能力是否平等难以达成共识的原因之一。

本书认为，权利能力是否平等，或者说是否还坚持权利能力平等学说，应从法学理论上进行分析论证，并从各个国家和地区的立法例予以求证。

从理论上讲，既然权利能力是享有权利的资格，权利能力平等意味着自然人、法人及其相互之间权利能力平等，那么，只要证明自然人与法人权利能力存在差异，或者证明自然人或法人权利能力受到限制，权利能力平等的观点将不攻自破。通说认为，自然人权利能力不是天赋的，而是法律赋予的，它的内容和范围是直接由统治阶级的意

① 李永军：《论权利能力的本质》，《比较法研究》2005年第2期。

② 杨振山：《权利能力与人的解放》，载王利明主编：《民商法前沿论坛》（第1辑），人民法院出版社2004年版，第235页。

志确定的。[①]“法律不仅规定哪些人享有民事权利能力，而且规定可以享有多大范围的民事权利能力。”[②] 也就是说，权利能力是法定的，是一个技术性的表达而无伦理性。[③] 既然权利能力是法律赋予的，那么法律可以针对不同主体赋予不同的权利能力，而且在特定情形下还可以依法限制甚至剥夺其权利能力。因此，对自然人的权利能力，“亦得予以限制”。[④] 比如，对本国人权利能力的限制主要体现为未成年人劳动权利能力的限制、结婚权利能力的限制、党政机关工作人员商事权利能力的限制[⑤]；对外国人权利能力的限制主要体现在土地使用权、探矿权、采矿权等权利的享有方面。由此，学者认为，“自然人的权利能力制度是国家意志的体现，并不存在一律平等的问题，所以《德国民法典》及我国台湾地区民法典也没有规定自然人权利能力一律平等，否则，那将是个伦理上的谎言。”[⑥] 不仅自然人权利能力受限制，法人权利能力同样受限制。在德国，著名法学家拉伦茨认为：“与自然人的权利能力相比，法人的权利能力的范围是有限制的。”“法人的权利能力充其量不过是部分权利能力，即具有财产法上的能力，与此相联系也有参与法律交易的能力。”[⑦] 至于是否受目的范围限制，德国通说认为，法人权利能力并不受目的之限制，但公法人例外；德国法院对公法人采“权限外无能力原则”，其理论依据

① 李由义主编：《民法学》，北京大学出版社 1988 年版，第 43 页；佟柔主编：《中国民法》，法律出版社 1990 年版，第 67 页。

② 王利明：《民法总则研究》，中国人民大学出版社 2003 年版，第 316 页。

③ “在中国学界，权利能力是一个纯粹的技术概念，几乎成了主流通说”。周清林：《主体性的缺失与重构：权利能力研究》，法律出版社 2009 年版，第 77 页。

④ 王伯琦：《民法总则》，国立编译馆 1979 年版，第 42 页。

⑤ 柳经纬：《权利能力的若干基本理论问题》，《比较法研究》2008 年第 1 期；薛鹏：《民事特别权利能力限制性分析——以人格与权利能力的比较为展开》，《广西政法管理干部学院学报》2009 年第 5 期。对于这三方面的限制，本书完全赞同，但对于“不同民族之间自然人权利能力的差异”（例如一些少数民族享有佩戴刀具的权利能力）、“对监护人权利能力的限制”的观点实不敢苟同。

⑥ 仲崇玉、王燕：《论权利能力的功能与实质》，《东方论坛》2007 年第 1 期。

⑦ ［德］卡尔·拉伦茨：《德国民法通论》（上册），王晓晔等译，法律出版社 2003 年版，第 123、182 页。

是，“公法人在权限目的范围外，并无法律上的存在”[①]。在日本，有学者也认为法人权利能力涉及“可能归属于法人的权利义务的范围”[②]，通说认为，法人权利能力范围受其性质、法令和目的限制。值得注意的是，对于是否受目的范围限制的问题，学界尤其是商法学者曾经提出营利法人不受目的范围限制的观点，2006 年民法典针对法人制度进行重大修订后又趋向肯定观点。[③] 在我国，史尚宽先生从三个方面阐述了法人权利能力的限制，即因性质之限制、因法令之限制、因目的之限制。[④] 我国学者多采纳了这一观点，只是具体表述不同或者观点上存在细微差异而已。[⑤]总之，无论是自然人的权利能力还是法人的权利能力，都存在受到限制的可能，权利能力平等在理论上难以成立。

从立法例来看，各个国家和地区的民法对自然人和法人的权利能力都存在限制性规定。首先，就自然人的权利能力而言，《日本民法典》第 3 条明确规定外国人除法令或条约有禁止规定外享有私权，表明外国人享有权利范围受到法令或条约的限制。《瑞士民法典》进一步将限制范围扩大至所有自然人，其第 11 条第 2 款强调自然人“在法律范围内”享有权利能力。《葡萄牙民法典》第 67 条（权利能力）更是直接规定：“除法律另有规定外，自然人得成为任何法律关系之主体：此为自然人之权利能力。”[⑥] 我国台湾地区民法虽然对外国人权利能力原则上采平等主义，但其“民法总则施行法”第 2 条规定，“外国人于法令限制内，有权利能力。”这就明确规定了外国人权利

① 黄立：《民法总则》，中国政法大学出版社 2002 年版，第 121、123 页。

② ［日］山本敬三：《民法讲义Ⅰ总则》，有斐阁 2012 年版，第 481 页。

③ ［日］内田贵：《民法Ⅰ总则·物权总论》，东京大学出版社 2012 年版，第 235 页。

④ 史尚宽：《民法总论》，正大印书馆 1980 年版，第 72、134—137 页。

⑤ 郑玉波：《民法总则》，中国政法大学出版社 2003 年版，第 182—183 页；王泽鉴：《民法总则》，中国政法大学出版社 2001 年版，第 165—168 页；王利明：《民法总则研究》，中国人民大学出版社 2003 年版，第 395—396 页；梁慧星：《民法总论》，法律出版社 2007 年版，第 125—128 页。我国学者对法人权利能力范围受其性质、法令的限制没有争议，但对是否受目的限制则存在不同观点。

⑥ 《葡萄牙民法典》，唐晓晴等译，北京大学出版社 2009 年版，第 17 页。下文第 160 条关于法人能力的规定参见该法典第 31 页。

能力受法令限制，这些限制体现在土地及有关权利、水权、矿业权、渔业权的权利享有以及担任船长、公司董事长的资格方面的相关特别规定。在我国台湾的内地公民虽非外国人，但权利能力同样受到限制，“中国大陆人民及法人的权利能力，在台湾地区只有‘部分或限制的权利能力’，其中有关不动产部分的限制与外国人相当，有关继承部分较外国人严格”①。我国内地法律一方面民法通则明确规定自然人的权利能力一律平等，但另一方面又通过失权制度和对外国人的特别规定，限制某些人的职业资格和具体的权利能力，造成权利能力的不平等，“形成理论声明与实践形态的矛盾”②。其次，就法人的权利能力而言，《日本民法典》第 43 条（法人的权利能力）明确规定法人依照法令的规定在章程或捐助行为规则规定的目的范围内享有权利承担义务。《瑞士民法典》第 53 条（权利能力）同样强调法人只能享有除自然人属性以外的权利及义务。《葡萄牙民法典》第 160 条（能力）更是明确规定：“一、法人之能力范围包括对实现其宗旨属必要或适宜之一切权利及义务。二、上述范围不包括法律禁止或不能与自然人之人格分割之权利及义务。”我国台湾地区民法典第 26 条也有类似规定。如果说，法律对自然人权利能力的限制往往体现为特例（如对外国人）的话，那么，法律对法人权利能力的限制就属于普遍现象。“法人的权利能力受到限制乃是不争的事实。”③ 既然法律规定了自然人、法人的权利能力受到限制，那么，可以说立法者从来就没有打算对所有的民事主体平等地赋予权利能力，主张权利能力平等有悖于法制现实。

总之，权利能力平等的目标无法实现，其理论表达遭到了广泛质疑，难以自圆其说。正如徐国栋教授所言，“一旦度过对平等的迷恋期，人们很快发现权利能力制度设定的平等目标无法实现，在有的情

---

① 施启扬：《民法总则》，中国法制出版社 2010 年版，第 72 页。
② 徐国栋：《民法哲学》，中国法制出版社 2009 年版，第 147 页。
③ 仲崇玉、王燕：《论权利能力的功能与实质》，《东方论坛》2007 年第 1 期。

形无必要实现。”[①]“从某种意义上说，自然人的权利能力人人平等的惯常表达，构成一种对法律受众的欺骗。”权利能力平等“与其说表达的是一种现实，不如说表达的是立论者的愿望”[②]。

三 权利能力制度存在的必要性遭到质疑

从目前各国法律规定和法学理论来看，权利能力的概念以及权利能力制度从未受到怀疑。近年来，权利能力制度存在的必要性遭到了质疑。曾世雄先生认为权利能力制度，“乍看之下，不失为具法学价值之创作。如果再进一步研究，觉得稍略可笑又难于理解”[③]。从笔者掌握的资料来看，曾世雄先生可能是我国最早对权利能力制度提出质疑并有经典表述的学者，其观点受到内地学者的关注，随后甚至有学者主张废除权利能力制度。[④]那么，权利能力制度是否还有存在的必要？对此，存在否定说和肯定说两种对立观点。

否定说认为权利能力制度没有存在的必要了[⑤]，主要理由是：(1) 权利能力制度设计目的在于提供适用或不适用民法的标准：有权利能力者，适用民法；反之，无权利能力者，不适用民法。如此简单，法律直接规定主体范围完全可以达到同样效果。权利能力制度似属多余。(2) 由于不分性别、种族、国籍、宗教，所有自然人均具有权利能力，因此，对于自然人，权利能力制度几无价值可言。唯独权利能力的范围还存在一定价值，如本国人与外国人享有权利范围上的区别，但价值有限，而且可以通过法律直接规定自然人享有的权利范围取而代之。保留权利能力制度没有意义。(3) 团体（包括社团

① 徐国栋：《民法哲学》，中国法制出版社 2009 年版，第 160 页。

② 徐国栋：《权利能力制度的理想与现实——人法的英特纳雄耐尔之路》，《北方法学》2007 年第 2 期。

③ 曾世雄：《民法总则之现在与未来》，中国政法大学出版社 2001 年版，第 76 页。

④ 傅强：《论废除民事权利能力制度的必要性》，《新视野》2005 年第 5 期。

⑤ 曾世雄：《民法总则之现在与未来》，中国政法大学出版社 2001 年版，第 77—79 页；傅强：《论废除民事权利能力制度的必要性》，《新视野》2005 年第 5 期；秦伟、杨琳：《民事权利能力质疑论》，《山东大学学报（哲学社会科学版）》2012 年第 1 期。

和财团）取得法人资格者，有权利能力，否则，无权利能力。而团体取得法人资格通常以登记为必要，由此推论，经登记者有权利能力，未登记者无权利能力。然而，在实际社会生活中，未登记的团体径直参与民事活动，扮演享有权利承担义务的角色，与已登记者无异。随着各国法律或者司法实践逐渐承认法人以外团体具有权利能力，权利能力制度划分法人与法人以外团体的功能近乎丧失。（4）民法以外的法律部门如刑法、行政法、社会法等并没有权利能力制度却都运用自如，因此，权利能力制度并非不可或缺，甚至实属多余。（5）权利能力制度规定存在漏洞，如胎儿和死者没有权利能力却能够得到利益保护的优待，而企业法人在超范围从事非法经营等情形下沦为非民事主体却要承担责任。除了这些观点之外，学者还认为，权利能力制度是等级社会、特权时代的产物，现代社会人权的普及已使其丧失存在基础；权利能力制度概念存在歧义，易生混乱。也有国外学者呼吁"从权利能力到人"，主张抛弃权利能力制度，改造法律上人的概念，"把它设定为'在法律上先于实在法，法为之设立的人类现实'"①。

肯定说认为权利能力概念仍然具有重要作用，其主要理由是：第一，权利能力的概念是私法文明的结晶，从罗马法上不平等的法律人格到近代权利能力一律平等，这是历史的巨大进步；我国确立权利能力制度本身就是对先进的私法文化的继受。第二，宣示人格的平等。我国缺乏人格平等的基本理念，现实存在特权观念、等级观念以及大量不尊重人格平等的现象，通过权利能力制度宣示人格平等的理念，意义重大。第三，权利能力制度是主体制度的重要内容。权利能力是主体享有权利承担义务的逻辑起点和前提条件，没有权利能力概念，主体制度从逻辑体系上将无法构建。② 第四，在民法理论中，权利能力还有存在价值。此外，民法关于权利能力的有关规定可以为刑法、行政法、社会法在需要时借用。"权利能力无用论忽视了主体制度与立法政策的直接联系，使主体问题单纯化，以为它是当然的事物而不

① 徐国栋：《民法哲学》，中国法制出版社2009年版，第142页。

② 王利明：《民法总则研究》，中国人民大学出版社2003年版，第313—314页。

是观念的产物。”[①]

笔者虽然质疑传统权利能力理论，但仍然坚持权利能力有其存在的价值。除了以上肯定观点的理由外[②]，还有几点值得关注：（1）从产生原因和设计目的来看，权利能力概念的存续依然具有现实意义。权利能力是概念法学的产物，权利能力制度设计目的在于确定享有权利的判断标准，所以，讨论权利能力之存废首先要考虑其产生基础和设计目的是否不存在或者已经改变。如前所述，权利能力是法律技术精致化的要求[③]，只要以《德国民法典》为蓝本制定民法典，都难免受到概念法学的影响，都需要确定一个是否享有权利的判断标准，权利能力的产生原因和存在价值并没有改变。因此，在以民法通则为龙头的现有民商法律框架下，在2002年的民法草案和几部民法典或民法总则学者建议稿的影响下，在立法惯性推动下，我国未来民法典或民法总则只能继续使用权利能力概念。（2）从制度作用来看，权利能力在确定权利范围方面的作用仍然无法替代。权利能力是生物人向法律人过渡的桥梁，通过权利能力确认了法人的主体资格，《德国民法典》由此超越了此前法律人的结构限定。[④] 由于每个自然人从出生即为民法上的人而当然具有权利能力，因此权利能力对自然人适用民法的资格筛选作用几乎丧失；通过权利能力区分法人与法人以外的团体（无权利能力社团）的作用也因后者可以在一定范围内享有权利能力而逐渐衰弱。但是，即使将权利能力理解为人格，其作用仍然存在。就团体而言，毕竟不是所有团体都能成为权利主体，享有权利的团体的范围必然存在一定的边界。如果废除权利能力，用列举主体范围的条款予以替代，难免挂一漏万，不如权利能力周密。如果将权利

① 刘国涛：《论权利能力的现代价值》，《山东师范大学学报（人文社会科学版）》2007年第5期。

② 笔者虽赞成肯定说，但对其关于从罗马法上不平等的法律人格到近代权利能力一律平等是历史的巨大进步的理由持否定观点，因为罗马法上的家庭人格是平等的，对此前面已有论述；相反，权利能力因主体之间存在差异（或者受到限制），难有平等可言。

③ 沈建峰：《权利能力概念的形成和变迁》，《北方法学》2011年第3期。

④ 马俊驹：《人格与人格权理论讲稿》，法律出版社2009年版，第61—70页。

能力理解为民法上的人享有权利的资格，涉及享有权利的范围，则其存在价值更大。无论如何，权利能力具有其存在的必要性。(3) 从解决矛盾的方式来看，与其废除权利能力，另起炉灶，还不如对权利能力重新定位，有针对性地解决存在的问题。虽然权利能力概念存在歧义，权利能力理论存在矛盾，但只要对权利能力重新定位，厘清人格与权利能力的关系，选择更好的立法模式，问题可以迎刃而解①，何必因噎废食。另外，不能以行政法、刑法等无权利能力制度而运行良好作为废除权利能力制度的依据。毕竟行政法、刑法属于公法，民法属于私法，公私法的理念和制度设计存在明显差异，没有可比性。不能因为权利能力制度为民法独有在公法没有而予以废除，否则，民法上的其他制度如法律行为制度、继承制度等都将被废除。如果真是这样，还有民法存在吗？

总之，权利能力制度设计之合理性甚至其存在的必要性遭到质疑，暴露出权利能力制度本身存在问题，无论是权利能力的概念、权利能力与其他相关制度的关系，还是权利能力制度的功能和作用，都需要重新检视。下面紧接着的第二节将要讨论的权利能力概念问题和第三节将要讨论的权利能力不能满足社会需要的问题，都是权利能力制度价值的进一步思考。

第二节　清晰、准确的概念目标化为泡影

《德国民法典》是潘德克顿法学的产物。潘德克顿法学强调概念严谨、语言抽象，因此，“《德国民法典》使用的是专业性很强的法律术语，虽然很抽象，但同时也非常有力、清晰和准确”。“各种术语在整个法典中都始终保持相同的含义。”② 如前所述，创造权利能力概念的目的就是要用全新的私法概念取代人格，权利能力概念应当

① 对此，将在本书第五章进一步论述。

② ［德］罗伯特·霍恩、海因·科茨、汉斯·G. 莱塞：《德国民商法导论》，楚建译，中国大百科全书出版社 1996 年版，第 70 页。

是清晰的、准确的，是纯粹私法的。遗憾的是，从《德国民法典》创设权利能力制度以来，对权利能力概念的讨论从未中断。目前，人们对权利能力的含义众说纷纭，甚至人们对权利能力概念的使用已经超越了私法范畴，以至于权利能力的含义越来越模糊。

一 德国学者对权利能力存在不同理解

德国学者通常从“能力”的角度表述权利能力，如拉伦茨认为，“在法律上，权利能力是指一个人作为法律关系主体的能力。”[①] 梅迪库斯认为：“一般来说，权利能力是指‘成为权利和义务载体的能力’。”[②] 德国民法教科书将权利能力概念表述为：“权利能力是作为权利和义务主体的能力。”[③] 权利能力与法律关系、权利主体、能力相联系，“有权利能力即意味着能够作为权利的享有者和义务的承担者；有权利能力的即是权利主体。”[④] 梅迪库斯认为，“这是从消极方面来理解权利能力的。”[⑤] 至于为何是从“消极方面”来理解权利能力？是否只能从“消极方面”理解权利能力？梅迪库斯没有更多解释。根据其前后论述，“消极方面”可以理解为，自然人一出生就取得权利能力，当然成为权利和义务的承受者，与其能否通过自己的行为实际享有权利无关。这就是从“消极方面”理解的权利能力，而且权利能力只能从“消极方面”理解。

根据拉伦茨的介绍，在德国，“大多数学者给权利能力所下的定

① ［德］卡尔·拉伦茨：《德国民法通论》（上册），王晓晔等译，法律出版社2003年版，第119页。

② ［德］迪特尔·梅迪库斯：《德国民法总论》，邵建东译，法律出版社2000年版，第781页。

③ ［德］汉斯·布洛克斯等：《德国民法总论》，张艳译，中国人民大学出版社2012年版，第418页。

④ ［德］哈里·韦斯特曼：《德国民法基本概念》，张定军等译，中国人民大学出版社2013年版，第1页。

⑤ ［德］迪特尔·梅迪库斯：《德国民法总论》，邵建东译，法律出版社2000年版，第781页。

义是：人作为权利和义务承受者的特性”①。从这种意义上理解，就自然人而言，权利能力只是自然人的重要法律属性之一。除此之外，自然人还有其他法律属性，如姓名、住所、国籍等。甚至有学者认为：“一般人格权也是自然人的一个法律属性。”②

也有学者持不同观点，比较有影响的是德国学者法布里秋斯（Fabricius）提出了“相对权利能力”理论。他认为应从积极的方面来理解权利能力概念，权利能力与行为能力有着最密切的联系，所以他将权利能力解释为“人或其他被认可为权利主体的社会组织能有效地为法律行为的或者能够由其受托人、代理人或机构为此行为的能力”。也就是应从行为能力中派生出权利能力，出生不久的孩子不能自行实施法律行为，可以通过受托人、代理人或机构从事行为。另外，他提出了部分权利能力的观点，认为《德国民法典》第1条仅涉及完全权利能力的开始，而不涉及部分权利能力。③ 他进一步认为，传统理论赋予主体资格过于追求平等抽象，没有体现应有的差别，简单地将其他社会存在体排除在主体之外的抽象处理不能满足现实需要，在法律技术上也缺乏调整的精确性。由此，他提出“相对权利能力”理论，试图改革抽象权利能力概念。“‘相对权利能力’理论提出后，得到穆恩彻那尔（Muenchener）、吉特尔（Gitter）、帕兰特（Palandt）、海因雷彻斯（Heinrichs）、普罗斯基（Powlowski）等的呼应和发展，成为当代德国法学的一股重要潮流。”“‘相对权利能力’理论的核心内容是：应承认更多元的主体设计，使用更具体的权利能力概念，使不同主体享有不同程度的权利能力。有一些形体应被赋予承受特定的权利和义务能力，即部分权利能力。这些形体有胎儿、无

---

① ［德］卡尔·拉伦茨：《德国民法通论》（上册），王晓晔等译，法律出版社2003年版，第120页，注释［1］。

② ［德］迪特尔·梅迪库斯：《德国民法总论》，邵建东译，法律出版社2000年版，第791—792页。

③ 关于法布里秋斯的观点介绍，参见［德］迪特尔·梅迪库斯：《德国民法总论》，邵建东译，法律出版社2000年版，第781页；［德］卡尔·拉伦茨：《德国民法通论》（上册），王晓晔等译，法律出版社2003年版，第120页，注释［1］、126页，注释［13］。

法人资格之团体、筹备中法人。”①

“相对权利能力”理论受到了德国权威学者的批评。传统民法理论认为：“尽管权利能力和行为能力密切相关，但它们是两个不同的概念。”② 因此，必须将权利能力与行为能力相区分。拉伦茨认为限制行为能力人和无行为能力人“具有狭义上的权利能力”。③ 拉伦茨没有解释何谓“狭义上的权利能力”。从其前后行文来看，他是将限制行为能力人、无行为能力人的权利能力与完全行为能力人的权利能力进行比较提出这一概念的。由于“他们缺乏一个完全意义的人所应具备的自决和承担责任的能力”，他们只能通过法定代理人行使权利，因此他们的权利能力与完全行为能力人的权利能力是有区别的。笔者认为，拉伦茨所称的“狭义上的权利能力”与梅迪库斯所称的从“消极方面”理解的权利能力具有同样的含义。拉伦茨还认为《德国民法典》“第1条原则上是指各种权利能力，否则，第1923条的假定方式就不能使人理解”④。用受托人、代理人或机构方面的问题来增加权利能力的定义的负担，很难说是一种妥当的做法；况且，无权利能力社团也可以通过他人从事行为，但法律没有承认其部分权利能力。梅迪库斯认为：“以此种方式达到的权利能力的相对化，有害而无益。因此，应当坚持对权利能力的传统定义。”⑤ “相对权利能力”理论也受到我国学者的关注。对此，有学者认为：“主体多元化以及权利能力具体化可能只是一种理想。”“固守法人与自然人抽象二元论虽然不符合法律细化发展的特点，但是期望法律主体上的设计完全具体化也是不切实际的。”⑥

---

① 龙卫球：《民法总论》，中国法制出版社2002年版，第168页。

② ［德］罗伯特·霍恩、海因·科茨、汉斯·G. 莱塞：《德国民商法导论》，楚建译，中国大百科全书出版社1996年版，第77页。

③ ［德］卡尔·拉伦茨：《德国民法通论》（上册），王晓晔等译，法律出版社2003年版，第121页。

④ 同上书，第126页，注释［13］。

⑤ ［德］迪特尔·梅迪库斯：《德国民法总论》，邵建东译，法律出版社2000年版，第781页。

⑥ 龙卫球：《民法总论》，中国法制出版社2002年版，第169页。

除了“相对权利能力”理论外，有学者对无行为能力人的权利能力提出了异议。帕夫洛夫斯基认为，如果一个人不能行使权利，并就权利的客体实现自己的意愿，这样的人就不应当享有权利。这种观点实际上是将权利理解为决定权，对无行为能力人而言，这个决定权事实上就不属于他自己，而是属于其代理人。赫尔德也认为，任何一种权利都是法律赋予权利人的意志力，权利人因此可以作为或者能够作为，无行为能力人不是这种意志力的主体，而是一种外在法律力量的客体。[①] 这一观点显然站不住脚。一般来说，权利是法律为了满足某人的需要而赋予他的一种法律上的力。说一个人拥有权利，只是说他在法律上可能得到或应当得到的某种利益。无行为能力人应当被尊重和不受侵犯，也同样有权利取得别人的给付并由此得到他应该得到的东西。无行为能力人通过其代理人行使权利所获得的利益最终仍然归属于该无行为能力人。毫无疑问，无行为能力人具有权利能力，是权利主体，能够享有权利。针对这种否定的观点，拉伦茨认为：“这种解释未免有些太狭隘。”[②]

尽管“相对权利能力”理论没有为多数学者接受，但是这种观点产生了重大影响，一些学者开始使用部分权利能力、限制的权利能力等概念来表述胎儿的权利能力、法人的权利能力、合伙和未登记社团的权利能力。“民法把特定类型的人合团体和其他组织视为全部或部分具有权利能力”[③]；法人具有权利能力，其法律人格与其成员的法律人格完全分离；因缺少这个或者那个要素而不具备法人资格的团体，可能具有部分权利能力。因此，“人合团体的权利能力是有等级的”。“这也证明，人合团体的权利能力仅仅只是一种技术上的规则工具而已，由人们根据不同的目的而在不同程度上加以使用。”[④] 民法典、商法典规定的人合团体的基本类型是具有法人资格的登记社

① ［德］卡尔·拉伦茨：《德国民法通论》（上册），王晓晔等译，法律出版社 2003 年版，第 122—123 页。

② 同上书，第 123 页。

③ ［德］迪特尔·施瓦布：《民法导论》，郑冲译，法律出版社 2006 年版，第 113 页。

④ 同上书，第 112 页。

团、股份有限公司、有限责任公司和登记合作社，接近法人的无限公司（也称为商事合伙）、两合公司，未登记社团以及民事合伙。其中无限公司、两合公司具有部分权利能力，民事合伙在相当大程度上具有权利能力，未登记社团已经出现向有权利能力社团靠拢的趋势。拉伦茨也认为："与自然人的权利能力相比，法人的权利能力的范围是有限制的。"① 甚至主张将人格人的概念与权利能力区别开来，提出权利能力的分级。"如此，权利能力成为一种完全取决于授予，并且可以被剥夺的法律地位。"② 梅迪库斯虽然反对法人仅仅具有"限制（相对）权利能力"的观点，但又认为："最适宜提及限制权利能力这个术语的地方，是在取得权利能力道路上的中间阶段，如胎儿以及法人的设立阶段。"③ 显然，他是认可限制权利能力这一术语的。

二　我国学者对权利能力更是众说纷纭

不仅德国学者对权利能力存在不同理解，我国学者对权利能力的解读走得更远，难以达成共识。针对我国民法学界对权利能力的不同观点，本书将其归纳为抽象说、两分说和具体说。

（一）抽象说：权利能力是抽象的、平等的

持这一观点的学者认为，权利能力是享有权利和承担义务的资格。权利能力是一种主体资格或能力，是享有权利、承担义务的前提或基础，不可能用具体的权利来描述。权利能力具有平等性、抽象性等特点。④ "自然人的权利能力是一个抽象的概念，专用于描述自然

---

① ［德］卡尔·拉伦茨：《德国民法通论》（上册），王晓晔等译，法律出版社2003年版，第123页。

② 卢谌：《德国民法专题研究》，法律出版社2008年版，第32页。

③ ［德］迪特尔·梅迪库斯：《德国民法总论》，邵建东译，法律出版社2000年版，第820页。

④ 马骏驹、余延满：《民法原论》，法律出版社2010年版，第53—54页；李永军：《民法总论》，中国政法大学出版社2006年版，第200—216页；梅夏鹰：《民事权利能力、人格与人格权》，《法律科学》1999年第1期；夏利民：《民法基本问题研究》，中国人民公安大学出版社2001年版，第53—75页；汪渊智：《民法总论问题新探》，人民法院出版社2005年版，第139—165页。

人所具有的一种法律地位亦即拥有民事主体资格的法律状态。”① “权利能力是一个抽象而非具体的东西，只有在这一意义上才有伟大的说明意义。”②

抽象说主张权利能力等同于人格。“现代法中的权利能力与人格实质上是一致的，只不过是从不同角度来揭示同一问题。”③ 可以说是一个问题的两个方面。人格是从“平等独立的人”出发，赋予主体法律地位；权利能力则是对抽象人格的具体功能和实际地位的阐述。权利能力与人格均是从不同角度解决人的地位问题，是名二而实一的关系。近代立法往往只规定了权利能力，而对人格不再加以规定，这是因为权利能力已经能够完整表达人在私法中的地位。④ 也有持抽象说的学者认为权利能力与人格是两个不同层面的概念，“人格具有更高的抽象性”⑤。还有学者认为，人格应当是作为自然人的身份而使用的，权利能力则是作为团体的身份而使用的。⑥

抽象说主张权利能力一律平等。权利能力平等是一种抽象的平等、一种资格的平等、一种取得权利的平等，而非具体的平等、具体权利的平等，也就是说，“是一种起点平等而非结果平等”⑦。基于民法上的平等原则，自然人之间、法人之间以及自然人与法人之间人格均相互平等，此为无需论证之理。但是，“如同自然人中未成年人不

① 尹田：《民法典总则之理论与立法研究》，法律出版社2010年版，第185页。

② 李永军：《论权利能力的本质》，《比较法研究》2005年第2期。

③ 马骏驹、余延满：《民法原论》，法律出版社2010年版，第54页。

④ 梅夏鹰：《民事权利能力、人格与人格权》，《法律科学》1999年第1期。

⑤ 尹田：《论自然人的法律人格与权利能力》，《法制与社会发展》2002年第1期。尹田教授认为，德国创设权利能力概念主要目的不在于以此表彰“抽象平等的人格”之法律宗旨，而主要在于满足法人制度的创设以及完备民事主体制度之体系的需要。就自然人而言，权利能力是其法律人格在私法领域的具体表现，可以称之为自然人在私法上的人格，但这种私法主体地位的人格与表现自然人一般法律地位的人格即基本法上的人格不是同一概念（参见尹田《民法典总则之理论与立法研究》，法律出版社2010年版，第194—195页）。

⑥ 付翠英：《人格·权利能力·民事主体辨思——我国民法典的选择》，《法学》2006年第8期。

⑦ 李永军：《论权利能力的本质》，《比较法研究》2005年第2期。

能享有成年人能够享有的某些权利并不意味着其权利能力不平等一样，不同法人能够享有的具体权利的不同，也不等于其权利能力具有‘差异性’，更不等于其权利能力不平等”①。总之，“法人与自然人的民事权利能力是平等的，不同法人的民事权利能力也是平等的”②。

抽象说认为，权利能力是不应受到任何限制的。因为：（1）如果将权利能力理解为主体地位的标志，那么，权利能力就是不可限制的，主体地位如何限制？实际生活中对某人取得某种权利的限制，是对其行为的限制而非对权利能力的限制。（2）如果权利能力被允许依据实体法施加限制，一方面将动摇权利能力的宪法基础，而实体法不能处分权利能力的宪法基础。另一方面，民法对权利能力的任何限制会影响权利能力的伦理价值——平等与自由。③ 所谓对权利能力的各种限制事实上是对民事主体的具体权利或具体行为（实际活动）范围或法律条件的限制。④ 因为，自然人和法人得享有具体权利的范围均受自身特性限制，法人不能享有自然人基于生理、血缘亲属关系而享有的人身权利，自然人也不能享有法律规定专属法人享有的某些财产权利。而且，自然人和法人得享有具体权利的范围均受法令限制。各国法律通常以单行法限制法人享有权利的范围，对此学界没有争议；自然人的权利享有范围同样受单行法的限制，如婚姻法限制患有禁止结婚的疾病之人享有结婚权，商标法限制非商人之自然人享有

① 尹田：《民事主体理论与立法研究》，法律出版社 2003 年版，第 184 页。另参见汪渊智：《民法总论问题新探》，人民法院出版社 2005 年版，第 163—165 页。

② 马骏驹、余延满：《民法原论》，法律出版社 2010 年版，第 123 页。

③ 李永军：《论权利能力的本质》，《比较法研究》2005 年第 2 期。如果将权利能力理解为人格，而且只针对自然人，李永军教授的观点完全正确；但如果针对法人，这一观点就值得斟酌了。

④ 梅夏鹰：《民事权利能力、人格与人格权》，《法律科学》1999 年第 1 期；夏利民：《民法基本问题研究》，中国人民公安大学出版社 2001 年版，第 74—75 页；尹田：《民事主体理论与立法研究》，法律出版社 2003 年版，第 12 页；汪渊智：《民法总论问题新探》，人民法院出版社 2005 年版，第 165 页；李永军：《民法总论》，中国政法大学出版社 2006 年版，第 204 页；马骏驹、余延满：《民法原论》，法律出版社 2010 年版，第 122 页。

商标权，等等。①

（二）两分说：一般权利能力和特别权利能力

许多学者认为权利能力可分为一般权利能力与特别权利能力。“一般权利能力，泛指参加一般民事法律关系的法律资格；特别权利能力，指参加特定的民事法律关系所要求的法律资格。”一般权利能力，贯彻民事权利能力平等原则。但是，对于某些特定的民事法律关系，法律有特别的要求。“自然人与法人，基于性质上的差异，存在特别权利能力的差别。”“本国人与外国人之间，基于政策上的考虑，也有特别权利能力的差异。”② 本书将这种观点称之为权利能力两分说。

两分说的实质，在于赋予权利能力以两层含义：一为抽象意义上的权利能力，指成为民事主体的资格，此权利能力等同于法律人格；一为具体意义上的权利能力，指成为某类特定的民事法律关系主体的资格，此权利能力与法律人格不能等同。这种意义上的权利能力兼具有权利主体的前提条件和能力属性的双重性格。③ 抽象意义上的权利能力（即法律人格）是不受任何限制的，因为法律人格只存在“有无”之分，而无“多少”之别。④ 但具体意义上的权利能力（即特别权利能力）是受限制的，例如法人不得享有生命权、健康权、身体权，不能享有继承关系和婚姻关系上的权利，外国人不得享有本国人的某些权利。不过，自然人、法人的特别权利能力受有限制的具体情形并不相同。一般认为，自然人的特别权利能力仅受法律限制；法人的特别权利能力则受到性质、法令、目的等多重限制。首先，法人的

① 尹田：《论法人的权利能力》，《法制与社会发展》2003 年第 1 期。

② 梁慧星：《民法总论》，法律出版社 2007 年版，第 66 页。参见史尚宽：《民法总论》，正大印书馆 1980 年版，第 72 页；佟柔主编：《中国民法学 · 民法总则》，中国人民公安大学出版社 1990 年版，第 96、158—160 页。

③ “权利能力既是权利主体的前提，又是其一种基本能力。”龙卫球：《民法总论》，中国法制出版社 2002 年版，第 166 页。

④ 龙卫球：《民法总论》，中国法制出版社 2002 年版，第 168 页；严雪峰：《论法人的权利能力及限制》，《河北法学》2004 年第 4 期。

权利能力受其性质限制。法人是一个社会组织体，不是一个生命体，因此，法人不得享受自然人固有之权利，包括以生理存在为前提的人格权如生命权、身体权、健康权，基于血缘关系和婚姻关系产生的权利如婚姻、继承关系中的权利。[①] 其次，法人的权利能力受法律的限制，只能在法律的范围内享受权利和承担义务。由于设立法人的法律规定不同，各种法人享有的能力也不相同。每个法人的社会职能不同，它也只能依据其社会职能而享有权利能力。[②] 至于法人的权利能力是否受其目的限制，有学者持肯定说，但主张对于目的作广义解释；也有学者持否定说。[③]

两分说受到持抽象说的学者的批评。如尹田教授认为，权利能力作为享有权利的资格，指的是享有抽象权利（“总和”之权利）的资格。正是在此意义上，权利能力与法律人格被视为等同。而享有某种特定的具体权利的资格之有无，则与人格之有无是两个不同层面甚至是毫无关系的问题。[④] 如果将这里的权利理解为既包括抽象的权利，也包括具体法律关系中的权利，则后一种意义上的权利能力就必然要与具体的权利相联系，不能反映关于人的法律地位的高度概括和抽象。“对权利能力作‘一般’与‘特别’之分，表面看来周到精致，然恰巧不能反映权利能力最重要的本质即权利能力对于人的法律地位之集中体现。”[⑤]

---

① 法人无以生理存在为前提的人格权，但不妨享有名称权、名誉权等人格权；法人无继承权，但不妨接受遗赠；法人不是当然的监护人，但居民委员会、村民委员会或民政部门不妨在特定情况下成为监护人。

② 法人权利能力除了受法律限制外，是否受命令的限制？对此，存在不同观点。肯定者如刘得宽（刘得宽：《民法诸问题与新展望》，中国政法大学出版社 2002 年版，第 503 页）；否定者如施启扬（施启扬：《民法总则》，中国法制出版社 2010 年版，第 137 页）。对于法人权利能力受限制问题，我国内地学者虽无深入讨论，但多认为对于法人权利能力的限制除了法律之外包括行政法规；另外，对于法人权利能力不存在一般性的限制规定，只有个别的法律法规（王利明主编：《民法》，中国人民大学出版社 2000 年版，第 82 页；梁慧星：《民法总论》，法律出版社 2007 年版，第 126 页）。

③ 王泽鉴：《民法总则》，中国政法大学出版社 2001 年版，第 168 页。

④ 尹田：《论自然人的法律人格与权利能力》，《法制与社会发展》2002 年第 1 期。

⑤ 尹田：《民事主体理论与立法研究》，法律出版社 2003 年版，第 12 页。

（三）具体说：权利能力是具体的、受限制的

持这种观点的学者认为，权利能力是具体的，法人的权利能力是受限制的，但自然人的权利能力是否受限制则存在不同主张。①

具体说认为，自然人权利能力具有平等性、广泛性等特点。自然人的权利能力一律平等，这意味着任何自然人，包括在中国领域内进行民事活动的外国人和无国籍人，不分性别、民族、出身、职业、职务、文化程度、宗教信仰、政治面貌、财产状况，其民事法律地位一律平等，都可以享有法律所规定的民事权利和承担法律所规定的民事义务。这是现代法律的特色。② 在我国，既没有享有特殊权利能力的自然人，也没有不享有或不能享有权利能力的自然人。另外，自然人可以享有各种民事权利，其权利能力的范围是广泛的。③ 此外，自然人的权利能力还具有与自然人的人身不可分离和不可转让、不能继承的特点。“自然人的权利能力取得是无条件的，其在存续期间不会发生变更或消灭，即不受剥夺和限制，彻底贯彻了天赋权利能力的思想。”④

具体说认为，尽管法人和自然人一样具有权利能力，但是法人的权利能力毕竟不同于自然人的权利能力。法人作为社会组织体，是按照其所担负的社会职能成立的，并且其活动范围各不相同，因此，法人的权利能力，是特殊的权利能力。与前面两分说的观点相似，具体说认为这种特殊性表现为法人的权利能力受其性质、法令、目的范围

① 梅仲协：《民法要义》，中国政法大学出版社 1998 年版，第 52—65 页；黄立：《民法总则》，元照出版有限公司 2005 年版，第 73—123 页；魏振瀛主编：《民法》，北京大学出版社、高等教育出版社 2010 年版，第 83—84 页；王利明：《民法总则研究》，中国人民大学出版社 2003 年版，第 312—396 页；龙卫球：《民法总论》，中国法制出版社 2002 年版，第 346—354 页。

② 郑玉波：《民法总则》，中国政法大学出版社 2003 年版，第 98 页。

③ 王利明：《民法总则研究》，中国人民大学出版社 2003 年版，第 333 页。但王利明在此似乎又赞同两分说，不过其“所谓特殊的权利能力在法律上应当作具体分析，有的是法律对权利能力所作出的限制，有的属于特殊的权利能力。因此不可一概而论”（第 333—334 页）的说法则完全不知所云。

④ 龙卫球：《民法总论》，中国法制出版社 2002 年第 2 版，第 200 页。

的限制。关于法人的权利能力受性质、法令限制，持具体说的学者没有争议。关于受法令限制的原因，龙卫球教授认为，“考虑到某些情形，法人作为组织体对个人、社会或国家可能具有破坏性的一面，因此有必要对法人组织及其活动作出恰当的法律控制，通过对法人权利能力作出必要限制，即法令限制，来达成规范目的，即维护私权、社会利益或国家公共利益”①。关于法人的权利能力是否受其目的范围限制，存在肯定、否定和折中三种不同观点。肯定者认为法人的权利能力要受到其设立人的意志的约束，设立人在设立法人时确立的目的范围也直接决定了法人的能力范围。另一方面，法人的权利能力应当在其章程等文件中加以规定，法人应当在其章程等文件确定的目的范围内进行活动。由于每个法人的目的范围不同，因此法人的权利能力也是不同的。② 否定者认为法人的权利能力不应受其目的限制。理由是：“其一，对于法人之设立，不论系采准则制或许可制，如其设立目的违反法律或公序良俗，均不准其设立，既经合法设立，其目的自仅限于合法行为，因此法人如有违法行为，即为法人章程目的以外之行为，依权限外无能力原则，均无权利能力，而无法认定系法人之行为。其二，民法、公司法采用登记对抗主义，明文规定法人逾越目的范围以外的行为，仍属有效，只是不得对抗善意第三人而已。此外，新公司法删除了关于‘公司不得经营登记范围以外之业务’之规定，公司权利能力在目的上限制之规定已经不复存在。其三，采用权限外无能力原则，使与法人交易之相对人，无法确知法人之权利能力，自亦无法确知其与法人订立之法律行为之效力，有碍交易安全。”③ 还有学者持折中观点，认为法人目的外行为是否有效是个复杂的问题，应根据法律规定和立法精神区别对待；至于法人目的范围限制的性质，主张将民事权利能力与行为能力的限制结合起来考察。④ 否定的

① 龙卫球：《民法总论》，中国法制出版社 2002 年第 2 版，第 349 页。

② 王利明：《民法总则研究》，中国人民大学出版社 2003 年版，第 396 页。

③ 黄立：《民法总则》，元照出版有限公司 2005 年版，第 119—123 页。

④ 魏振瀛主编：《民法》，北京大学出版社、高等教育出版社 2010 年版，第 84、85 页。

观点为越来越多的学者赞成，最高人民法院也持这一观点，根据《最高人民法院关于适用〈中华人民共和国合同法〉若干问题的解释(一)》第10条的规定，企业法人超越其经营范围所从事的行为，在法律上并不一定被宣告无效，除非该行为违反法律的效力性强制规定。

持具体说的一部分学者甚至还认为，不仅法人的权利能力是具体的、受有限制的，而且自然人的权利能力也是具体的、受有限制的。[①]法人之权利能力既为法律所赋予，其得由法律加以限制，盖属当然，自然人亦复如此。不过，自然人的权利能力与法人的权利能力并不完全相同。这主要表现在：其一，权利能力的开始和终止时间不同。自然人权利能力始于出生，终于死亡。而法人的权利能力则始于登记成立，终于清算终了之时。其二，所受限制的法令来源不同。法人的权利能力受法律、行政法规的限制，而自然人的权利能力仅受法律的限制，行政法规不得限制之。其三，所受限制的属性依据不同。自然人为生命体，法人为社会组织体。因此，自然人以生命体为属性所享有的权利，法人不得享有；法人以社会组织体为属性所享有的权利，自然人则不得享有。[②]

具体说已成为权利能力理论重要学说，其影响早已突破民事普通法的既定框架，而延伸至民事特别法如公司法领域。公司法学界认为，公司既然是法人，当然享有权利能力，其权利能力始于公司成立之时，终于公司清算完结之时。公司与自然人一样，不但可以享受财

① 胡长清：《中国民法总论》，中国政法大学出版社1997年版，第57—108页；郑玉波：《民法总则》，中国政法大学出版社2003年版，第97—183页；王泽鉴：《民法总则》，中国政法大学出版社2001年版，第104—168页；刘得宽：《民法总则》，中国政法大学出版社2006年版，第51—114页；佟柔主编：《民法原理》，法律出版社1987年版，第52—72页；佟柔主编：《中国民法》，法律出版社1990年版，第104页；李开国：《民法总则研究》，法律出版社2003年版，第169页。

② 胡长清：《中国民法总论》，中国政法大学出版社1997年版，第107页；郑玉波：《民法总则》，中国政法大学出版社2003年版，第182—183页；王泽鉴：《民法总则》，中国政法大学出版社2001年版，第165—167页；刘得宽：《民法总则》，中国政法大学出版社2006年版，第114页；佟柔主编：《民法原理》，法律出版社1987年版，第72页；李开国：《民法总则研究》，法律出版社2003年版，第169页。

产权或负担财产上之义务，且亦可以享受人格权。但是，公司因无自然人之自然实体，故其权利能力在性质上应受限制，即不得享有凡以性别、年龄、生命、身体及亲属关系等为前提的权利。此外，公司法基于政策上的考虑也对公司权利能力加以限制，例如公司不得成为其他公司的无限责任股东或合伙事业的合伙人，公司资金原则上不得贷与股东或任何他人；公司原则上不得为任何保证人，等等。①

不仅民法学界使用权利能力概念，法学界其他学科也在不同意义上使用权利能力概念。权利能力已非民法学的专有概念，如奥地利法社会学家埃里希所称权利能力为“进入依现行法得到保障的关系之中的能力及享有因此而取得的受法律保护的利益的可能性”，包括了享有和行使政治上的诸权利的能力。② 我国学者李锡鹤教授也认为，权利能力不同于民事权利能力，“民事权利能力是相对于政治权利能力的范畴”③。这一现象说明权利能力概念是发展变化的，可以从不同角度对其予以解读，“能被使用者们依据各自不同的胃口，调和出味道各异的菜肴”④。学界的讨论丰富和发展了权利能力理论。但是，学界对权利能力的认识逐渐偏离了当初之设计，甚至可以说，设计清晰、准确概念的目标已经成为泡影。

---

① 柯芳枝：《公司法论》，中国政法大学出版社 2004 年版，第 22—27 页；王泰铨：《公司法新论》，三民书局 2002 年版，第 115—139 页；范健、王建文：《公司法》，法律出版社 2006 年版，第 216—218；周友苏：《新公司法论》，法律出版社 2006 年版，第 71—80 页；施天涛：《公司法论》，法律出版社 2006 年版，第 24—25 页；赵旭东主编：《公司法学》，高等教育出版社 2006 年版，第 192—199 页；王保树、崔勤之：《中国公司法原理》，社会科学文献出版社 2006 年版，第 40—43 页。不过，有学者指出，法人特殊权利能力的理论和立法同市场经济的本质、企业的目标以及商事社会的理念均格格不入，因此应还法人特殊权利能力以法人一般权利能力的本来面目（张民安：《论企业法人民事权利能力之性质》，《法制与社会发展》1997 年第 5 期）。

② ［奥］埃里希：《权利能力论》，［日］川岛武宜译、三藤正译，岩波书店 1975 年版，第 15—16 页。

③ 李锡鹤：《民法哲学论稿》，复旦大学出版社 2009 年版，第 117 页。

④ “《国法大全》能被使用者们依据各自不同的胃口，调和出味道各异的菜肴。”（［比］R. C. 范·卡内冈：《法官、立法者与法学教授——欧洲法律史篇》，薛张敏敏译，北京大学出版社 2006 年版，第 79 页）这里只是套用卡内冈的这一表述而已。

总之，权利能力一词的含义极其纷繁复杂。庞德曾经指出："19世纪所有的法学论著都因为'权利'这个含义超载且含混不清的术语而变得晦涩难懂、矛盾重重且漏洞百出。"① 庞德关于权利含义复杂的评述用于权利能力再恰当不过了。权利能力概念承载了过多的含义而变得矛盾重重，难以自圆。权利能力的含义是该厘清了。

第三节 权利能力制度不符合现实社会状况

权利能力是学说汇纂学派的产物，这一制度设计精确、逻辑严谨，为法人成为主体提供了技术支持，满足了经济发展的需要。但是，"德国私法只顾盯住实证主义的释义，而没有看见或者闭眼不看时代提出的重大社会秩序课题"②。传统民法理论坚持二元主体结构，即民事主体包括自然人和法人，只有自然人和法人才具有权利能力，可以享有权利承担义务。不具备主体资格的一些社会存在体，如胎儿、其他组织③、筹备中的法人等，没有权利能力。随着社会发展，这些社会存在体需要进行特别的制度安排，以便他们可以享有特定的权利。原来的权利能力制度设计已经不能满足现实社会的需要，下面主要从胎儿利益保护、死者生前人格要素的保护、合伙组织的法律地位等三个方面分析传统权利能力制度的缺陷。④

一 胎儿保护的逻辑障碍

胎儿在出生之前为母体的一部分，虽有生命但不能独立生存，不

---

① ［美］罗斯科·庞德：《法律史解释》，邓正来译，中国法制出版社2002年版，第237页。

② ［德］K. 茨威格特、H. 克茨：《比较法总论》，潘汉典等译，法律出版社2003年版，第219页。

③ 对于不具备法人资格的组织，我国台湾学者区分合伙与非法人社团（无权利能力社团），非法人社团处于合伙与法人之间的中间状态（刘得宽：《论无权利能力之社团》，载《民法诸问题与新展望》，中国政法大学出版社2002年版，第512—513页）。其他组织除了合伙、未登记的社团之外，还应该包括不具备法人资格的财团。

④ 刘召成：《部分权利能力制度的构建》，《法学研究》2012年第5期。

是民法上的人，因此不能取得人格，没有权利能力。但胎儿终将出生，因此以何种名目对其进行保护就成为了一个现实的问题。其实，"直接保护胎儿，即间接保护将来出生的人"①。所以"慈母般的民法"不仅关怀着每一个已经出生的自然人，而且呵护着肚子里还没有出世的生命体。关于胎儿利益保护在立法上主要有两种模式：一是总括保护主义，即凡涉及胎儿利益之保护时，视为其已经出生②，如瑞士、匈牙利、我国台湾。二是个别保护主义，即胎儿原则上无权利能力，只在某些事项上对胎儿的利益进行保护，如法国、德国、日本。

我国《民法通则》对胎儿的保护未作规定，不过《继承法》第28条规定了胎儿的特留份。该规定采取何种立法例，认识不一。学者认为，该规定既不同于总括保护主义，也不同于个别保护主义，不承认胎儿有任何民事权利能力，只是考虑到胎儿将成为婴儿的可能性，对其未来利益给予特殊的保护，实际上就是为未来主体的利益采取预先保护措施。③ 也有学者认为，该规定是采个别保护主义。④ 还有学者认为，对胎儿利益的保护而言，总括的保护主义较之个别保护主义更为有力，建议我国未来立法采总括的保护主义，"以强化对胎儿利益的保护，顺乎人情及民法进步之潮流"⑤。本书赞成这一观点。

对胎儿利益的保护，在德国，同样是个难题。根据传统民法理论，未出生胎儿没有权利能力，但现实又需要对胎儿提供保护，如何保护又存在表述的困难，因此《德国民法典》没有作出一般性的规定，而是通过特别规定的方式提供保护。"在特定的情况下，即使是尚未出生的胎儿，也被视为享有权利能力。"⑥ 例如，胎儿可以为继承人（第1923

---

① 马俊驹、余延满：《民法原论》，法律出版社2010年版，第77页。

② 尹田：《民事主体理论与立法研究》，法律出版社2003年版，第18页。

③ 有学者主张为三种模式，即总括的保护主义、个别的保护主义、绝对主义，我国为绝对主义。参见梁慧星：《民法总论》，法律出版社2007年版，第89页。

④ 马俊驹、余延满：《民法原论》，法律出版社2010年版，第77页。

⑤ 梁慧星：《民法总论》，法律出版社2007年版，第89页。

⑥ ［德］罗伯特·霍恩、海因·科茨、汉斯·G. 莱塞：《德国民商法导论》，楚建译，中国大百科全书出版社1996年版，第76页。

条)、后位继承人（第2108条)、受遗赠人（第2178条)；此外，在对其负有抚养义务的人因他人的不法侵害而死亡时，胎儿对致害人享有损害赔偿请求权（第844条第2款)。[①] 当然，这些权利只有在胎儿活着出生以后才能够行使。与胎儿不同的是，对于尚未受胎之人的权利能力，法律没有规定，判例亦提供保护。因欠缺主体，德国法院认为系拟制人格。“事实上，这是将未出生胎儿之部分权利能力和出生之人的完全权利能力向前移动的结果。此谓权利能力的前置效力。”[②]

总之，不论是我国，还是德国，都对胎儿利益予以保护，但都因胎儿没有被赋予权利能力而存在逻辑障碍。在我国，胎儿没有权利能力，不能作为权利义务的主体，不能拥有任何权利和利益，也就不存在胎儿权利或利益被侵害的可能，对其提供救济也就没有法律依据。在德国，联邦法院的解决方案欠缺侵权法所要求的侵害前状态，因为胎儿没有权利能力，不存在损害，而孩子从其出生时起就是一种被侵害了（侵害后）的状态。“这种障碍已为很多德国学者所认识。”[③] 传统权利能力理论无法解决这一障碍，承认胎儿具有权利能力是唯一出路。因为，无论利益还是权利，都只能为民事主体所享有，承认对胎儿利益的保护，也就承认了胎儿享有权利能力，承认了胎儿的主体资格。至于如何解决胎儿的权利能力和主体资格，限于本节主旨和篇幅，在此不作进一步论述。

此外，伴随着生殖技术和体外受精技术的发展，将会存在越来越多的试管婴儿，那么这种被冷冻的体外胚胎的法律地位究竟为何？以科学研究为目的是否可以创造和使用胚胎？在考虑对“人的生命体”

---

① 德国联邦最高法院曾判决一个患大脑性麻痹症的儿童可以起诉一个汽车驾驶者，因为这个孩子的母亲在怀孕六个月时，在一次由这个驾驶者造成的事故中受到重伤（《联邦最高法院民事判决汇编》，第58卷，第48页），理由是尚未出生的胎儿也享有“正当的和受到保护的健康成长的期待权”（［德］罗伯特·霍恩、海因·科茨、汉斯·G. 莱塞：《德国民商法导论》，楚建译，中国大百科全书出版社1996年版，第77页）。

② 杜景林、卢谌：《〈德国民法典〉评注：总则·债法·物权》，法律出版社2011年版，第6页。

③ 刘召成：《部分权利能力制度的构建》，《法学研究》2012年第5期。

进行保护时，究竟是对其做总括的一体化看待还是分成若干不同的阶段——胚胎、胎儿、人而分别设立不同的标准?[①] 这些都是需要我们仔细思考和认真回答的问题。

二 死者生前人格利益保护的悖论

传统民法理论认为，自然人的财产权因死亡而消灭，其生前财产成为遗产由死者近亲属继承；但人格权与自然人不可分离，存续于自然人生命期间，因出生自动取得，因死亡自动终了。换言之，自然人既已死亡，不再是民法上的主体，不再具有权利能力，自无人格利益存续的可能。自然人死亡后，受到他人攻击或加害，自身不存在保护问题，其遗属在这种加害同时损害到自己的名誉或其他权利时，才可以根据自己的受害而主张保护。[②] 有学者认为："这种严格从概念上进行的逻辑推理，看似合理，但实质上恰恰忽略了死者人格利益的客观存在。" "否认死者人格利益的存在是不可取的。"[③] 自然人死亡是否绝对导致人格和权利能力的消灭？自然人生前享有的某些人格权或人格要素，如名誉、隐私等，在自然人死亡之后法律是否予以保护？如何保护？

（一）域外理论探讨和司法实践

在德国，"通说与判例均认可死者自身的人格权不受侵害"[④]。德国学界曾就死者是否有人格权问题却发生过激烈的争论。传统理论认为人死亡之时法律人格随之消灭，其人格权也应当归入消灭。有学者则承认死者之人格权保护，主张部分人格并不因死亡而消灭，例如名誉、隐私、肖像等。这些人格权的价值，逾越人的生命和权利能力而

---

① 关于人类体外胚胎的法律地位的理论探讨、域外立法模式比较及我国未来立法选择，参见张善斌、李雅男：《人类胚胎的法律地位及胚胎立法的制度构建》，载《科技与法律》2014 年第 2 期。此处不赘。

② 史尚宽：《民法总论》，正大印书馆 1980 年版，第 109 页。

③ 朱呈义：《论死者人格利益私法保护的理论基础》，载王利明、葛维宝主编：《中美法学前沿对话》，中国法制出版社 2006 年版，第 242 页。

④ ［日］五十岚清：《人格权法》，［日］铃木贤、葛敏译，北京大学出版社 2009 版，第 29 页。

存在，仍有存续理由。人格权“在权利人死后的特定时间内仍然发生效力，并由经其指定的人或其最亲近的亲属以托管方式行使”①。基于后一种理论，德国联邦最高法院认为，人的权利能力消灭后，其人格仍有保护的价值；不对死者进行贬低或歪曲性描述，是出于对死者的尊重。如果出现了对死者进行贬低或歪曲性描述，死者的近亲属有权予以制止。法院已经在一些判例中，禁止对死者公然侮辱或诽谤，死者人格权主体虽消失，其家属以信托人身份，有权就死者之事务当作自己的权利处理。理论依据是，承认死者部分权利能力。②“既然归属权利和义务需要有主体存在，而在一个人死亡之后不存在归属主体亦为事实，故还是应当将死亡者认定为归属主体，而且是超越死亡之归属主体，也就是认定死亡者之人格权具有后继效力。”③ 由此，法院判决对人格权的保护扩大到死者。不过，这种观点受到了来自德国宪法法院和其他一些学者的反对。德国宪法法院坚持自然人因死亡其权利能力和人格权一并消灭的传统观点，否定人格权可于死后继续存在，于人格者死亡后，其遗属为保护死者之名誉、秘密，只能根据自己的权利，以自己人格利益受有侵害提起主张，“此权利在内容上为另一新权利”④。拉伦茨对此解释说，虽然人格权都是与人结合在一起的，不可移转，也不可继承，但联邦最高法院对死者的人格给予一定的保护（所谓死后的人格保护）的做法并没有与基本原理相背离。“亲属在这里行使的是自己的权利，授予他们权利既是为了死者的利益，又是为了他们自己的利益。”⑤

---

① ［德］迪特尔·施瓦布：《民法导论》，郑冲译，法律出版社 2006 年版，第 93 页。

② ［德］克雷斯蒂安·冯·巴尔：《欧洲比较侵权行为法》（下卷），张新宝、焦美华译，法律出版社 2001 年版，第 149 页，注释［767］。

③ 杜景林、卢谌：《〈德国民法典〉评注：总则·债法·物权》，法律出版社 2011 年版，第 6 页。

④ 黄立：《民法总则》，中国政法大学出版社 2002 年版，第 102 页。

⑤ ［德］卡尔·拉伦茨：《德国民法通论》（上册），王晓晔等译，法律出版社 2003 年版，第 173 页。拉伦茨进一步认为，“在这种情形，死者的亲属用其自己的权利来代表死者在生前已形成的利益。这时和财产权不同，亲属并不是作为‘权利承受人’而取得该权利。”（第 282 页）

在日本，没有以死者的人格权受到侵害为根据的直接立法。《日本民法典》第3条第1款规定："私权的享有，始于出生。"[①] 对于死后的权利并未提及。传统理论认为，自然人的权利能力始于出生，终于死亡，因此，自然人死亡后，其权利能力也随之丧失，不再是民事主体，那么作为人身专属的人格权也当然消失，所以也不可能对其构成侵害。在这种法的状态下，以臼井吉见写的《事故的原委》是否侵害了已故的川端康成及其遗属的名誉和隐私的事件（1977年8月16日和解结案）和《夕阳在燃烧》事件判决（1979年3月14日上诉审判决结案）为契机，学术界正式开始对死者人格权及其救济问题进行讨论。[②] 日本学界逐渐承认法主体死后仍有值得保护的人格价值存在，承认原有权利随着法主体的死亡和其权利能力丧失变成"无主体的权利"而仍然存续，对此类权利的侵害，遗属或者被指定的人可以替代作者行使权利。甚至有学者认为，在法律上，关于人格权之一的作者人格权，死后也承认其继续存续，并不妨碍关于名誉权等其他人格权的类推适用。目前对死者人格利益应予保护已达成共识，只是在死者人格利益保护问题上存在直接保护说和间接保护说的分歧。[③] "总体上看，即使理论上可以认可死者的人格权受到侵害时的损害赔偿，但从实际效果上看，正如反对意见者所主张的那样，并不能对其有太多的期待，不得不承认'对言论还以言论'这一命题是具有自身意义的。"[④] 司法实务界以"缺乏现行法上的依据"为由，最终否定了直接保护说。判例认可近亲属在自己的人格权以及对死者的虔敬之情受到侵害时的损害赔偿请求权，即采用间接保护说。学界大多数

① 《最新日本民法》，渠涛译，法律出版社2006年版，第4页。

② ［日］齐藤博：《对死者的名誉损害——诉请"夕阳在燃烧"刊登赔礼道歉广告等请求案件第一审判决》，《判例评论》第二二八号（1978）。

③ 罗丽：《日本的抚慰金赔偿制度》，《外国法译评》2000年第1期。

④ ［日］五十岚清：《人格权法》，［日］铃木贤、葛敏译，北京大学出版社2009版，第34页。五十岚清是支持直接保护说的，但又不得不承认持间接保护说的几代通的观点确有道理。

也支持这种观点。[①]

除了德国、日本，其他大陆法国家和地区也有这方面的类似规定和判例。葡萄牙法院的判决承认死者部分权利能力。[②]《匈牙利民法典》第86条规定："如果损害死者（或者已撤销的法人）声誉的行为同时也损害社会利益，则检察长也有权提起诉讼。"[③] 苏联法律曾规定，有关人员有权就保护已经死亡的公民荣誉和尊严问题向法院起诉。这符合其民事诉讼纲要第5条的规定，即任何一个利害关系人都有权依照法律所规定的程序向法院提出保护被侵犯的或提出争议的权利或合法利益的请求。[④] 这一规定被《俄罗斯联邦民法典》所吸收，该法典第152条第1款第2项规定："根据利害关系人的要求，也允许在公民死后保护其名誉和尊严。"[⑤] 我国台湾地区民法没有关于死者人格权的明确规定，刑法则有保护死者名誉的法条，司法实践上有个著名的"韩愈案"。[⑥] 学者批评法官对死者名誉权的保护期限过长，正确的做法是"过期作废"。[⑦] 王泽鉴先生认为："传统的理论，实有反思检讨的必要。"我国台湾地区就死者人格权保护的第一个重要案例是蒋孝严诉陈水扁诽谤蒋介石名誉案（台湾台北地方法院2007年度诉字第2348号判决）。该案除了本身具有社会政治意义外，在法律

---

① ［日］吉村良一：《侵权行为法》，有斐阁2010年版，第141页；［日］内田贵：《民法Ⅱ债权各论》，东京大学出版社2014年版，373—374页。

② ［德］克雷斯蒂安·冯·巴尔：《欧洲比较侵权下午法》（下卷），张新宝、焦美华译，法律出版社2001年版，第149页，注释［767］。

③ 马特、袁雪石：《人格权法教程》，中国人民大学出版社2007年版，第130页。

④ ［苏］格里巴诺夫、科尔涅耶夫主编：《苏联民法》（上），中国社会科学院法学研究所民法经济法研究室译，法律出版社1984年版，第188页。

⑤ 《俄罗斯联邦民法典》，黄道秀译，北京大学出版社2007年版，第94页。也有学者将该条文翻译为："市民的名誉和尊严以及其死后的名誉和尊严，基于其利害关系人的请求得到保护。"

⑥ 与此案类似的是，我国大陆也发生过一起"诽孔案"。2010年，影片《孔子》因"子见南子"情节引发争议，孔子的第75代直系孙孔健发表致导演及剧组的公开信，称该片情节明显不符史实，有损圣人形象，并提出删减有关内容的要求（范忠信：《义见"诽谤孔子"案件》，载《法学》2010年第6期）。

⑦ 杨仁寿：《法学方法论》，中国政法大学出版社1999年版，第4页。

解释上，法院将近亲属对已故亲人的敬爱追慕之情视为台湾民法典第195条第1项所称之“其他利益”，从而将其纳入人格权保护范围，对死者人格权保护确有突破。当然，关于死者人格权的保护，涉及间接保护与直接保护的选择，台湾地方法院采间接保护模式。[①] 我国澳门地区民法则采直接保护模式，《澳门民法典》第68条第1款明确规定“人格权在权利人死亡后亦受保护”；第2款进一步规定死者近亲属有权请求采取适当措施以避免威胁之实现或减轻已发生之侵害所造成之后果。[②]

可见，在德国以及受其影响的国家或地区，学界多肯定死者人格权或人格利益，有的民法典甚至明确规定死者人格权，这些国家或地区的法院基本上都对死者人格利益提供救济。当然，有些国家不承认死者人格权，而是通过其他制度设计保护死者人格利益。例如，英美法认为名誉、隐私是人的一种专属权，在死者的名誉、隐私受到侵害时，近亲属不能代替死者行使权利。因此，英美法不存在对死者名誉权保护问题，只有在受害人为活人时，侵害名誉、隐私的行为才可能构成侵权。[③] “所谓死后人格权的保护这一概念在普通法上是完全陌生的。”[④] 尽管美国法律并不承认死者具有人格权，但是理论界普遍认为死者在死后仍然享有一定形式的名誉，而这种名誉是应当受到保护的。只是对此侵害行为的救济不能扩大到对死者遗属的金钱赔偿。[⑤]

---

① 王泽鉴：《人格权法——法释义学、比较法、案例研究》，北京大学出版社2013年版，第52、55页。

② 《澳门民法典》，中国政法大学澳门研究中心编，中国政法大学出版社1999年版，第17—18页。值得注意的是，该法所规定的近亲属范围与大陆不同，包括配偶或有事实婚关系之人、直系血亲卑亲属、直系血亲尊亲属、兄弟姊妹、侄甥或继承人。

③ See William Lloyd Prosser, *Cases and Materials on Torts*, 8th edition, Foundation Press, 1988, p877; R. F. V. Heuston and R. A. Buckley, Salmond Heuston, *on the law of Torts*, 19th edition, London: Sweet and Maxwell, 1987, p153.

④ ［德］克雷斯蒂安·冯·巴尔：《欧洲比较侵权行为法》（下卷），张新宝、焦美华译，法律出版社2001年版，第150页。

⑤ See William H. Binder, *Publicity rights and defamation of the deceased: Resurrection or R. I. P.?* 12 DePaul-LCA J. Art and Ent. L. 297 2002.

为更好地保护死者生前的合法权益，美国关于人格权的权利保护体系采取了“二元论”的保护模式：人格要素中的精神利益由隐私权加以保护；而人格要素中的经济利益则由公开权加以保护。“二元论”的权利保护模式是建立在承认自然人人格要素中的精神利益和经济利益是相互独立存在的基础之上。在此权利模式下，隐私权作为一种人身性的权利是不可转让的，在权利人死亡之后其继承人也无法得到继承；而公开权作为一种财产权则既可以转让又可以继承。① 再比如，法国法律对死者的人格尊严和人格形象是通过对死者亲属的救济间接实现的，并不承认直接针对死者的人格保护。② 法国学界认为权利随着受害人的死亡而自动消灭，但其遗属的追忆思念的利益应当为法律所保护，死者的名誉只不过是作为考量死者亲属侵害的标准时才被考虑的。③ 总之，虽然各国立法模式不同，但都对死者生前人格利益通过直接或间接方式予以保护。

（二）我国大陆的司法实践与理论探讨

从我国大陆法律规定来看，《民法通则》没有直接规定保护死者人格权。但自从1989年天津“荷花女案”④ 以来，司法解释对死者生前的人格利益的法律保护问题多有涉及。我国最高人民法院1989年在针对上述“荷花女案”的一封复函中，认定母亲有权就已死亡女儿的名誉受侵害，以死者名誉权和本人名誉权被侵害为由起诉。⑤ 这一复函，承认了死者可以享有名誉权。随后，最高人民法院1990年《关于范应莲诉敬永祥等侵害海灯法师名誉权一案有关诉讼程序问

① 张善斌：《人格要素商业化利用的规制模式选择及制度构建》，《江汉论坛》2015年第2期。

② 张民安：《现代法国侵权责任制度研究》，法律出版社2003年版，第91—93页。

③ 刘召成：《准人格研究》，法律出版社2012年版，第208页。

④ “陈秀琴诉魏锡林、《今晚报》社侵害已故女儿名誉权纠纷案”，载最高人民法院中国应用法学研究所编：《人民法院案例选》（总第3辑），人民法院出版社1993年版，第97页以下。

⑤ 最高人民法院1989年4月12日复天津高级人民法院《关于死亡人的名誉权应受法律保护的函》：“吉文贞（艺名荷花女）死亡后，其名誉权应依法保护，其母陈秀琴亦有权向人民法院提起诉讼。”

题的复函》称："海灯死亡后，其名誉权应依法保护，作为海灯的养子，范应莲有权向人民法院提起诉讼。"可见，最高人民法院认为自然人死后名誉权仍应受保护。对于为何要承认死者名誉权，这些司法解释没有提供更进一步的理由。不过，由于受到来自学界的一些批评，不久之后最高人民法院对于是否承认死名誉权，转为模糊立场。最高人民法院 1993 年《关于审理名誉权案件若干问题的解答》第 5 条规定，死者名誉受到损害的，其近亲属有权起诉。[①] 最高人民法院 2001 年《关于确定民事侵权精神损害赔偿责任若干问题的解释》第 3 条规定，自然人死亡后，因他人侵害死者姓名、肖像、名誉、荣誉、隐私，或者非法利用、损害或以其他方式侵害死者遗体、遗骨的，其近亲属遭受精神痛苦，得向人民法院起诉请求赔偿精神损害。从 1989 年以来的司法解释来看，无论是对死者人格权还是对死者生前具体人格要素予以保护，我国司法实践保护死者人格利益已是不争的事实，至于最终保护的是谁的利益以及采取什么样的方式进行保护则是另一问题。

我国学者对此认识不一，存在以下不同观点：（1）死者权利保护说。认为自然人死亡后，仍然可以继续享有某些人身权。其中，有学者认为自然人死亡后权利能力仍部分继续存在[②]，也有学者认为权利能力和权利可以分离，即尽管权利能力终于死亡，自然人仍然可以在死后享有某些权利。[③] 也就是说权利能力消灭与权利消灭是两个独立的问题，以本人的生存为前提的人格权如生命权、健康权等，因本人死亡而随同消灭；其他人格权如姓名权、名誉权、隐私权等，并非如此，"它们的存在目的并不完全依附人的生命，涉及人类的整体尊严

① 1993 年《最高人民法院关于审理名誉权案件若干问题的解答》第 5 条"……死者名誉受到损害的，其近亲属有权向人民法院起诉。近亲属包括：配偶、父母、子女、兄弟姐妹、祖父母、外祖父母、孙子女、外孙子女。"

② 民兵：《民事主体制度若干问题的探讨》，《中南政法学院学报》1992 年第 1 期；郭林、张谷：《试论我国民法对死者名誉权的保护》，《上海法学研究》1991 年第 6 期。

③ 佟柔主编：《中国民法学·民法总则》，中国人民公安大学出版社 1990 年，第 98 页；于德香：《析民事权利和民事权利能力可以适当分离》，《政治与法律》1992 年第 2 期。

和善良风俗，故有延后存续和保护的价值，不宜使之随同人的生命终止而立即消灭”[①]。（2）死者法益保护说。认为自然人死亡后，权利能力终止，不再享有任何权利。但死者的某些人身利益继续存在，法律应予以保护。[②]（3）死者人格保护说。认为对于死者进行保护的原因在于他曾经作为完全的法律主体生存过，死者在生存期间完整的人格价值继续客观存在，其人格利益至少在一定时间内仍然应受到尊重。死者不依赖于生命的部分人格形态仍然继续存在，因此死者在一定范围内具有相应的权利能力，从而成为人格权的主体。[③]（4）遗族利益维护说（也称为近亲属利益说）。认为自然人死亡后，权利能力终止，名誉权即告消灭，但按照通常的观念，死者的名誉好坏往往影响对其近亲属的评价，侵害死者名誉可能同时侵害其亲属的名誉权或者人格尊严，因此，亲属可以以自己的权利为依据要求行为人承担侵权责任。[④] 有学者建议将近亲属利益说向前推进一步，改为近亲属人格权说。[⑤] 还有学者指出，所谓侵害死者名誉，包括三种情形：纯粹侵害死者名誉时，因为死者人格已不存在，所以不是侵权行为；如果侵害死者名誉导致死者遗属名誉受损，则属于侵害了遗属的名誉权；

① 龙卫球：《民法总论》，中国法制出版社2002年版，第300页。

② 杨立新：《人身权法论》，中国检察出版社1996年版，第273页以下；王利明主编：《人格权法新论》，吉林人民出版社1994年版，第444—445页。杨立新教授虽然在其著作中将“法益保护说”和他自己提出的“延伸保护说”并列为不同的学说，但实质上其主张几乎完全一样。杨立新教授将死者保护和胎儿保护一并考察后提出了一个抽象的“人身权延伸保护”理论。也有学者提出“准名誉权”的说法，实质上可以纳入“死者法益保护说”（孙加锋：《依法保护死者名誉的原因及方式》，《法律科学》1991年第3期）。

③ 刘召成：《准人格研究》，法律出版社2012年版，第210—211页。

④ 魏振瀛：《侵害名誉权的认定》，《中外法学》1990年第1期；张新宝：《名誉权的法律保护》，中国政法大学出版社1997年，第36—37页；葛云松：《死者生前人格利益的民法保护》，《比较法研究》2002年第4期；刘国涛：《死者生前人格利益民法保护的法理基础——读〈死者生前人格利益的民法保护〉后的再思考》，《比较法研究》2004年第4期；马丽、朱显国：《死者人格利益保护理论的反思与重构——基于法的规范功能的分析》，《南京理工大学学报（社会科学版）》2009年第4期。

⑤ 张红：《死者人格精神利益保护：案例比较与法官造法》，《法商研究》2010年第4期。

如果侵害死者名誉没有造成对遗属名誉的损害，但损及遗属对死者的敬爱追慕之情，也构成对遗属人格利益的侵害，遗属得请求停止侵害和损害赔偿。[①]（5）无主体权利说。认为在欠缺权利主体的时候，仍然可以给予主观权利。这种观点被用于解释在财产权的移转过程中，在法律逻辑上存在暂时没有权利持有人的瞬间，为了未来的权利承担者（或称受让人）的利益而确定该权利继续，以避免出现权利中断的情况。[②]（6）人格利益继承说。认为人身权是专属权，不能继承，但是人身权和人身利益不可混为一谈，人身利益具有可继承性。就名誉而言，继承人所取得的不是名誉权，而是名誉利益的所有权。死者的身体利益、人格利益和部分身份利益都可以继承。名誉利益也可以由法律主体以遗嘱方式遗赠给他人。[③]（7）社会利益维护说。认为死者人格利益是基于对公共利益的保护而形成的反射利益，就死者来说，他不可能享有权利，但从社会角度考虑，仍需对其生前权利所包含的社会利益加以保护，此时法律所规定的“权利”，“与其说该公民的某些具体民事权利受法律保护，毋宁说是因与该自然人有关的某些社会利益受法律保护，基于对公共利益的保护而形成反射利益”[④]。也有学者认为：“基于对社会利益维护的需要，对人格权的保护价值超越了一个人的权利能力，对人格权的法律保护不因死亡而终止。”[⑤]否则，无法解释对死者署名权、修改权、保护作品完整权仍然予以保护的事实。[⑥]此外，还有学者主张死者没有权利，但是为了生者的

---

① 梁慧星：《民法总论》，法律出版社2007年版，第96页。

② 刘召成：《准人格研究》，法律出版社2012年版，第214—215页。

③ 郭明瑞、房绍坤、唐广良：《民商法原理（一）》，中国人民大学出版社1999年，第468页以下。与这种观点类似，有学者主张名誉权包括名誉所有权（一种无形财产权），自然人死亡后，名誉权消灭，但是名誉所有权成为遗产，可以继承（麻昌华：《论死者名誉的法律保护——兼与杨立新诸先生商榷》，《法商研究》1996年6期）。

④ 王利明：《民法总则研究》，中国人民大学出版社2003年版，第340页。

⑤ 马骏驹、余延满：《民法原论》，法律出版社2010年版，第87页。

⑥ 我国《著作权法》第20条规定：“作者的署名权、修改权、保护作品完整权的保护期不受限制”。根据该法第10、19、21条，发表权也是著作人身权的一种，不能继承，其保护期为作者终生及其死后50年。

"精神"，需要保护死者的"人身遗存"[①]；有学者提出了"死者生命痕迹保护法律关系"模式。[②]

本书认为，上述观点或多或少地存在问题，都难以自圆其说。"死者权利保护说""无主体权利说"显然都违背了权利主体、权利能力与权利之间关系的最基本原理，主张存在无主体权利的理由实属牵强，不足取。"死者法益保护说"无法解释利益的主体，因为死者既然不是主体，不能享有权利，同样也就不可能享有法益。死者享有法益的观点也不能成立。"死者人格保护说"主张人死亡之后还存在部分人格，具有部分权利能力，可以享有部分人格权，其理由是死者曾经作为完全的法律主体生存过，其在生存期间完成的人格价值和取得的人格利益至少在一定时间段内仍然应被尊重。该说包含更宽的范围，即死者不仅可以享有人格权而且可以享有利益。该说与死者权利说、无主体权利说、死者法益保护说相似，这四种观点虽然都有一定道理，但都难以圆满解决权利或利益归属或持有的问题，以及权利行使和救济的问题。"遗族利益维护说"难以解决死者生前利益与遗族利益的关系（否则，该说就违背了权利主体与权利客体相统一的基本原理），而且难以回答以下问题：如已故自然人无遗族，此时维护的是谁的利益？如遗族对死者生前享有的人格权进行侵害时，法律维护的是谁的利益？"人格利益继承说"虽然区分了人身权和人身利益，但所谓的名誉所有权或者名誉利益所有权存在诸多问题，不仅理论上没有这一称谓，而且对此也缺乏明确的界定。能够为后人继承的人格利益只有其中的财产利益，这涉及到人格要素的商业化利用的问题。"社会利益维护说"也存在问题，"如果说维护死者名誉和尊严是社会利益要求的，那么这种要求似乎并不随着年代的流逝而消退"[③]。如果这样，问题就来了：基于社会利益的需要才对死者遗族提供救

① 李锡鹤：《论保护死者人身遗存的法理根据》，《华东政法学院学报》1992 年第 2 期。

② 陈信勇：《死者民事主体地位研究》，《浙江社会科学》2002 年第 1 期。

③ 葛云松：《死者生前人格利益的民法保护》，《比较法研究》2002 年第 4 期。

济，但对遗族利益的保护仅限于三代以内的近亲属，此后是否还提供救济？是否存在期限？[①] 是否属于公益诉讼范围？如果近亲属不主张权利或者侵害人就是近亲属，是否启动公益诉讼？如此一来，似乎可能将所有死者人格利益保护案件全部纳入公益诉讼范围，这显然不可能也没必要。其实，人格概念具有社会属性，人格的某些部分依赖于本人的生命，主要是为了个人利益；某些部分不依赖于本人的生命，主要是为了社会利益。

总之，虽然我国司法实践和其他国家或地区一样对死者人格利益予以保护，但既有权利能力理论已经无法对这一现象提供圆满解释，必须进一步完善，以因应实践需要。

三 其他组织法律地位的尴尬

其他组织在各国法律体系中均存在，但具体称谓和涵盖的类型则不尽相同。如《德国民法典》第54条规定了“无权利能力社团”，《瑞士民法典》第62条规定了“无法人人格的社团”，学界则有无权利能力社团、无权利能力财团、民事合伙等不同称谓。我国《民法通则》没有关于其他组织（或非法人组织）的条文，其他法律、法规、司法解释虽有涉及，但称谓极为混乱。如《担保法》《合同法》《民事诉讼法》《行政诉讼法》称“其他组织”，《著作权法》称“非法人单位”，《反不正当竞争法》称“其他经济组织”。最高人民法院有关司法解释则称“其他组织”“其他经济组织”。我国民法学界将其他组织往往称为非法人组织、准法人、准法人团体等。中国法学会民法典编纂项目领导小组公布的《民总建议稿》称为“其他组织”。本书主张将法人以外的不具备法人资格的组织统称为“其他组织”，理由是与未来民法典或民法总则的称谓应尽可能与已经实施多年的《担保法》《合同法》等单行法以及其他法律部门的称谓相一致，尽可能

① 如前所述1976年发生在我国台湾地区的“诽韩案”（杨仁寿：《法学方法论》，中国政法大学出版社1999年版，第3页）。

避免创设新概念。其他组织包括合伙、其他不具备法人资格的组织。[①]其他组织在法律地位上既不同于法人，也不同于单个的自然人，可以说是介于自然人和法人之间的一种组织体。[②]

传统民法理论坚持民事主体二元论，认为民事主体包括自然人、法人[③]，因此其他组织被传统的权利能力制度排斥在外。随着社会的发展，这种传统理论已经不能满足现实的需要。一方面，现行法律制度已经允许其他组织作为独立的主体参与民事交往，如《合同法》规定“其他组织”可以订立合同，享有权利承担义务；《著作权法》规定“非法人单位”可以享有著作权；《合伙企业法》规定合伙企业可以参与民事流转。另一方面，我国学界逐渐突破传统理论，承认合伙组织的主体地位，认为合伙已经具备独立的名称、独立的意志、相对独立的财产和相对独立的责任，合伙与合伙人是不同的法律实体，合伙已经具备成为民事主体的基本条件，属于一种独立的民事主体。[④]“合伙既不同于公民，也不能等同于法人，而应当作为一种特殊的民事主体，即公民、法人之外的第三主体。”[⑤] 可以说，承认合伙组织为民事主体已是民法学界共识。但是，合伙组织作为民事主体仍然存在理论上的障碍。由于传统民法理论将权利能力作为成为民事主体的资格，要么整体享有，要么完全没有，不存在部分权利能力之可能。

---

① 有学者将法人以外的组织体分为非法人组织、合伙组织、其他非法人组织（余能斌主编：《民法学》第一编第七章第二、三、四节，中国人民公安大学出版社 2003 年版）。本书认为用其他组织统称这些法人以外的组织体，以区别于具有法人资格的组织，更为妥当。尽管其他组织、非法人团体、非法人组织这三个概念在含义上可能仍然存在差异，但本书在同一意义上使用，特此说明。

② 王利明：《民法总则研究》，中国人民大学出版社 2003 年版，第 326 页。

③ 关于国家的法律地位，存在特殊民事主体说（佟柔主编：《中国民法学·民法总则》，中国人民公安大学出版社 1990 年版，第 189 页）、国家法人说（马骏驹、余延满：《民法原论》，法律出版社 2010 年版，第 175 页）。

④ 陈华、刘勇：《合伙可以成为独立的民事主体和民事诉讼主体》，《法商研究》1999 年第 5 期；宋永新：《关于我国合伙法律制度的若干问题》，《中国法学》2001 年第 4 期。

⑤ 王利明：《民法总则研究》，中国人民大学出版社 2003 年版，第 448 页。“合伙具有团体的属性，可以取得民事主体资格，但它又不同于狭义的法人……因而可将其作为第三民事主体。”（马骏驹、余延满：《民法原论》，法律出版社 2010 年版，第 150 页）。

那么，承认合伙组织可以成为民事主体，是否意味着承认合伙组织可以像法人一样具有全面的权利能力？实际上，主张合伙组织为民事主体的学者也同时承认合伙组织与其成员并没有完全分离或者说没有完全独立，因此合伙组织的法律地位又不同于法人。如此一来，是否应该承认合伙组织只能享有部分权利能力？

关于其他组织的法律地位，德国同样存在理论上的障碍和制度设计上的困境。德国民法理论认为，人合团体包括社团和合伙，社团又可分为经过登记取得法人资格的有权利能力的社团和没有登记不具备法人资格的无权利能力的社团。有权利能力的社团，包括非经济社团和经济社团。非经济社团只有经过登记才具有法人资格，经济社团经国家授权而获得权利能力。① 无权利能力的社团，“本身没有权利能力，不能成为权利主体，所以权利只能共同属于全体成员”②。《德国民法典》在规定无权利能力社团时极其“吝啬”，根据第 54 条的规定，无权利能力社团适用第 705 条至第 740 条关于合伙的规定。另外，根据《德国民事诉讼法》第 50 条第 2 款的规定，无权利能力社团可以被诉，即仅具有消极当事人能力。在这种情况下，德国学者提出了部分权利能力理论，主张无权利能力社团、合伙具有部分权利能力（在本章第二节已有介绍）。目前，无权利能力社团的法律地位正在发生变化，“学说和判例已在很大程度上将无权利能力社团视同于有权利能力的社团”③。一些新的法律规定则反映了民事合伙至少具有部分权利能力的思想，例如《破产法》第 11 条第 2 款第 1 项规定，针对非法人团体的财产也可以开始破产程序。④ 在最近的裁判中，德

① ［德］迪特尔·施瓦布：《民法导论》，郑冲译，法律出版社 2006 年版，第 104 页。

② ［德］卡尔·拉伦茨：《德国民法通论》（上册），王晓晔等译，法律出版社 2003 年版，第 185 页。

③ ［德］迪特尔·梅迪库斯：《德国民法总论》，邵建东译，法律出版社 2000 年版，第 38 页。

④ 《德国破产法》（2004 年 12 月 9 日修订文本）第 11 条第 2 款“针对下列财产和遗产也可以开始破产程序”，其中第 1 项规定：“无法律人格的合伙或公司（无限公司、两合公司、自由职业者合伙、民事合伙、航运企业、欧洲经济利益联合组织）的财产”。李飞主编：《当代外国破产法》，中国法制出版社 2006 年版，第 17 页。

国联邦最高法院开始原则上放弃民法典的设计，如果合伙以“公同共有共同体（Gesamthandsgemeinschaft）”参与法律上的往来，则原则上可以以此身份取得任何法律地位，“并且在此限度之内享有权利能力而又‘不成其为法人’”①。同时通过判例抛弃了那种以合伙名义作出的法律行为由合伙人个人享有权利和承担义务的设计，改为合伙享有权利和承担义务。对于合伙的债务，首先由合伙本身来承担，合伙财产不足以清偿债务时才由合伙人以其所拥有的其他个人财产承担责任，合伙人的责任只是“附带的”。这一判例得到了绝大多数人的赞同。② 由此，合伙也“在相当大程度上具有权利能力”③。在理论界和司法实践部门的共同推动下，《德国民法典》于2000年修订时增加了关于有权利能力的合伙的规定，在其第14条关于“经营者”的规定中将有权利能力的合伙与自然人、法人并列成为独立的经营者类型，并明确规定，“有权利能力的合伙，是指具有取得权利和负担债务的能力的合伙”。按照陈卫佐教授的解释，“有权利能力的合伙，尤其指普通商事合伙和有限商事合伙，也可以是自由职业者（如律师）的合伙等”④。由此可见，有权利能力的合伙跟自然人和法人一样，都是权利主体即享有权利和承担义务者。

尽管《德国民法典》在很大程度上已经将普通商事合伙、有限商事合伙以及自由职业者的合伙与法人同等对待，但是，立法者似乎无意承认它们的法律人格，民法典并没有突破主体二元结构模式。首先，民法典将有权利能力的合伙作为经营者之一（从事经营活动的自

① 最近的判例见《联邦最高法院民事裁判集》，第146卷，第341页；第51卷，第204页（［德］迪特尔·施瓦布：《民法导论》，郑冲译，法律出版社2006年版，第106—107页）。施瓦布认为，对外不以合伙名义出现并且不形成公同共有财产的合伙（所谓的内部合伙）绝对不具有权利能力；没有合同作为基础的单纯的公同共有共同体，如继承人共同体，同样不具有权利能力。

② ［德］迪特尔·施瓦布：《民法导论》，郑冲译，法律出版社2006年版，第107页。

③ 同上书，第114页。

④ 《德国民法典》，陈卫佐译注，法律出版社2006年版，第6页，对第14条的注释。

然人、法人以及有权利能力的合伙统称为经营者）安排在第一章“人”[1] 第一节“自然人、消费者、经营者”，而这一节主要是规定自然人，修订前的标题“自然人”即是明证。其次，在标题中增加“消费者”“经营者”并不意味着在自然人之外新设置权利主体的类型。第13条明确规定：“消费者是指既非以其营利活动为目的，也非以其独立的职业活动为目的而缔结法律行为的任何自然人。”显然，“消费者”只能是自然人，而自然人本身就是主体，因此该法条理解为对“消费者”予以特别规定更为恰当，绝非增加新的主体类型。[2] 民法之所以在第14条同时增加关于“经营者”的规定，目的在于准确地界定消费合同的双方当事人——“经营者”和“消费者”，以便更好地保护“消费者”的合法权益。“经营者”也不可能是与自然人、法人并列的新的主体类型，因为第14条明确规定：“经营者是指在缔结法律行为时，在从事其营利活动或独立的职业活动中实施行为的自然人或法人或有权利能力的合伙。”与“经营者”相对应的是非经营者，包括“消费者”和不从事经营活动的法人、合伙，将“经营者”视为新的主体类型显然不符合逻辑。再次，尽管民法典在“经营者”的规定中将有权利能力的合伙与自然人、法人并列，但这并没有将有权利能力的合伙作为新的主体类型看待。有权利能力的合伙属于团体，如果是将其作为主体，有两种立法模式供选择：要么与自然人、法人并列规定成为第三主体；要么为法人吸收。遗憾的是，《德国民法典》没有采取其中任何一种形式，而是将有权利能力的合伙委居于“经营者”之下，在第一节之下的“自然人”中予以规定。

---

① 理论界一般认为第一章的标题“人”（Personen）是一个上位概念，包括自然人和法人。[德] 迪特尔·梅迪库斯：《德国民法总论》，邵建东译，法律出版社2000年版，第37—38页；[德] 卡尔·拉伦茨：《德国民法通论》（上册），王晓晔等译，法律出版社2003年版，第48、56—57页。

② 这一新增加的条款可以理解为是对民法上抽象人的规定之不足的修正，目的在于对社会弱者提供特别保护，以体现实质正义，甚至可以看作是对理论界“从抽象的人到具体的人”的理论探讨的回应。关于民法从抽象的人到关注消费者、劳动者等经济上弱势群体的研究，参见 [日] 星野英一：《私法中的人——以民法财产法为中心》，载梁慧星主编：《民商法论丛》（第8卷），王闯译，法律出版社1997年版，第150—196页。

立法者对有权利能力的合伙既赋予其权利能力，又不承认其主体地位，与《法国民法典》相比显得极为保守。由此可见，《德国民法典》的规定与民法理论和司法实践并不一致，也许立法者故意将这一问题留给理论界进行探讨，或是因为理论研究不够而不得已为之，等到研究充分之后再予以规范；也许立法者有意给司法留出足够的自由裁量的空间，保持法律的柔性，以满足社会发展的需要。

总之，无论是我国还是德国等其他国家或地区，在原有权利能力制度构架之下，均坚持权利主体二元结构，其他组织被排除在外，但现实生活中，这些其他组织已经像权利主体一样参与法律交往，理论界有承认其具有权利能力的趋势，司法实践也逐渐认可其具有一定的权利能力。如何突破传统权利能力理论以应对社会现实，还需要进一步研究。

第五章

权利能力之革新——权利能力重新定位

权利能力理论涉及权利能力之基础、权利能力之设计、权利能力之功能、权利能力之性质、权利能力之内容等诸多方面，核心就是权利能力之本质。研究权利能力就是研究人，研究生物人、研究法律人。“对于一个法律时代的风格而言，重要的莫过于对人的看法，它决定着法律的方向。”[①] 研究人也就是研究法律，寻求对法律规范的最终解释，这必然涉及法的基础、本质和根源等基本原理，涉及法哲学层面的问题。研究这一宏大的话题，难度太大。连法国学者盖斯旦、古博都认为：“这是一个根本性的判断，但是却很难表达其基本要素。实际上这需要同时具备法学家和哲学家的双重素质，而笔者不敢妄称自己有这样的能力。”甚至认为：“一个法学家若有勇气去研究已有一个世纪之久的哲学理论，那已经算作是新鲜事物了。”[②] 本书试图避开这些艰深的哲学问题，在学界已有研究成果的基础上，仅就制度层面研究权利能力的立法模式，探讨人格与权利能力的关系，以期重新定位权利能力，并在此基础上对权利能力制度的重构提出自己的建议。

第一节　域外法制及学说考察

源自于德国的权利能力理论于清末从日本传入我国。自《民国民

---

① ［德］古斯塔夫·拉德布鲁赫：《法律上的人》，舒国滢译，载《法大评论》（第1卷第1辑）中国政法大学出版社2001年版，第483页。

② ［法］雅克·盖斯旦、吉勒·古博：《法国民法总论》，陈鹏等译，法律出版社2004年版，第6、22页。

法典》我国才有权利能力法律制度。新中国成立后，权利能力理论又受到苏联民法的影响。因此在探讨权利能力革新之前有必要先考察其他国家的法制和学说及其变化，探寻其发展趋势，为权利能力重新定位提供更多思路。

一　关于人格、权利能力的立法例

以目前武汉大学图书馆能查到的25部不同国家和地区的民法典为考察对象，以是否使用人格、权利能力概念为考察目标，可以将这些民法典归纳为法国模式、埃塞俄比亚模式、德国模式和瑞士模式四种不同类别。当然，由于绝大多数民法典是翻译文本，不同国家或地区的法律用语难以与我国的法律概念一一对应；而且同一个国家或地区的民法典还可能存在不同的翻译版本，因此，下面的归类可能存在误差，但可以肯定，本书的归类基本上反映了这些民法典的整体状况。

1. 法国模式，既不规定人格，也不规定权利能力。该模式以《法国民法典》为代表。包括《奥地利民法典》（1811年）、《智利共和国民法典》（1855年）[①]、《阿根廷共和国民法典》（1869年）在内，共有4部民法典采此模式。其中《阿根廷共和国民法典》虽然没有使用人格和权利能力概念，但使用了“能力”一词，“能力”既包含权利能力内容如第52条的规定，也包含了行为能力的内容如第54—62条。[②]

2. 埃塞俄比亚模式，只规定人格，没有使用权利能力概念。该模式以《埃塞俄比亚民法典》（1960年）为代表。包括《马耳他民法典》（1870年）和《魁北克民法典》（1991年）在内，共有3部民法典采此模式。这三部民法典中，《埃塞俄比亚民法典》最为典型，在规定“自然人”时分别使用了第一章“人格与内在于人格的权

① 《智利共和国民法典》，徐涤宇译，金桥文化出版（香港）有限公司2002年版。

② 《最新阿根廷共和国民法典》，徐涤宇译注，法律出版社2007年版。

利”、第一节“人格的归属”的表述，没有使用权利能力概念。①《马耳他民法典》原本没有使用人格或法律人格概念，在2007年增设的专门规定法人制度的“附录二”中使用了“法律人格”一词，其第1条规定：“法律人格是法律授予如下组织的身份……”，第3条规定：“法人是被赋予法律人格的组织。法律人格通过国家的正式承认而取得。”该法典正文部分仍然没有规定人格或法律人格。②《魁北克民法典》第1条规定：“任何人均拥有法律人格，充分享有民事权利。”第298条规定“法人具有法律人格”之后，在“法律人格的效力”的标题下，第301、302条实际上规定了法人权利能力的内容，第303条则明确使用了行为能力概念。③ 由于译者没有使用权利能力概念，所以只好将该法典归入这一类别。

3. 德国模式，只规定权利能力，没有使用人格概念。该模式以《德国民法典》为代表。包括《日本民法典》（1898年）、《西班牙民法典》（1889年）④、《泰王国民商法典》（1921—1936年）⑤、《意大利民法典》（1942年）⑥、《韩国民法典》（1958年）⑦、《阿尔及利亚民法典》（1975年）⑧、《蒙古国民法典》（1994年）、《俄罗斯民法典》（1994—2006年）、《越南民法典》（1995年）、以及我国台湾地区民法典在内，共11部民法典采此模式。这些法典基本上都同时使用了权利能力与行为能力概念，但在主体制度部分没有明确使用人格

---

① 《埃塞俄比亚民法典》，薛军译，厦门大学出版社2013年版。

② 《马耳他民法典》，李飞译，厦门大学出版社2012年版。

③ 《魁北克民法典》，孙建江、郭站红、朱亚芬译，中国人民大学出版社2005年版。

④ 《西班牙民法典》，潘灯、马琴译，中国政法大学出版社2013年版。该法典没有使用人格概念，第29、30、32条规定了自然人的权利能力，第35、37条对法人则称为“民事能力”。

⑤ 《泰王国民商法典》，周喜梅译，中国法制出版社2013年版。该法自颁布以来经过19次修订，最新一次修订是2008年。

⑥ 《意大利民法典》，费安玲、丁玫译，中国政法大学出版社1997年版。

⑦ 《韩国民法典》，崔吉子译，北京大学出版社2010年版。

⑧ 《阿尔及利亚民法典》，尹田译，中国法制出版社、金桥文化出版（香港）有限公司2002年版。该法典深受《埃及民法典》影响，在主体制度中没有出现人格或法律人格概念，但其第417条规定合伙被视为法人时使用了“法人格”概念。

概念。值得注意的是，《意大利民法典》第 1 条对自然人使用了权利能力，但法人部分没有规定法人权利能力，第 33 条使用了“法人人格”的表述。由于该法典对权利能力的规定过于吝啬，难以判断权利能力的含义。不过，从自然人权利能力对应法人人格的角度分析，似乎可以得出权利能力等同于人格的结论。另外，这一类民法典中，只有《俄罗斯民法典》和《蒙古国民法典》规定了权利能力平等，对此，在本章第二节将进一步阐述。《越南民法典》没有权利能力一语，而是称为“民事法律能力”，与民事行为能力并列。其第 16 条规定“所有的公民都享有民事法律能力”；第 17 条规定公民的民事法律能力的内容；第 18 条规定除法律另有规定外，公民的民事法律能力不受限制。该法典还规定了法人的民事法律能力，但对于作为法律关系主体的家庭户、合伙则没有规定民事法律能力。①

4. 瑞士模式，既规定人格，也规定权利能力。该模式以《瑞士民法典》代表。包括《埃及民法典》（1948 年）②、《菲律宾民法典》（1949 年）、《葡萄牙民法典》（1966 年）、《澳门民法典》（1999 年）③、《巴西新民法典》（2001 年）④、《路易斯安那民法典》（1808 年）⑤ 在内，共 7 部民法典采此模式。关于这一模式，有几点需要说明。《菲律宾民法典》在“民事人格”的标题下于第 37 条规定：“权利能力即充当法律关系主体的资格。”第 53、54 条明确规定了缔结婚姻的权利能力。⑥ 尽管该法典同时使用人格与权利能力两个概念，但是，“其权利能力的定义跟现代多数国家的规定相仿，并没有什么新

① 《越南民法典》，朱良译，云南大学出版社 1998 年版。

② 《埃及民法典》，黄文煌译，厦门大学出版社 2008 年版。

③ 《澳门民法典》，中国政法大学澳门研究中心编，中国政法大学出版社 1999 年版。

④ 《巴西新民法典》，齐云译，中国法制出版社 2009 年版。

⑤ 《路易斯安那民法典》，娄爱华译，厦门大学出版社 2010 年版。1808 年的《路易斯安那民法典》经过 1825 年、1870 年、2008 年的修订，形成了自己的特色（参见［美］阿塔纳修斯·意亚那布勒斯：《〈路易斯安那民法典〉的制定和修改》，徐国栋译，载徐国栋著译：《比较法视野中的民法典编纂（一）》，北京大学出版社 2007 年版）。

⑥ 《菲律宾民法典》，蒋军洲译，厦门大学出版社 2011 年版，第 11 页。

意，让我们同样不能明确看出它与人格有什么不同"[1]。从该法典关于结婚权利能力的规定以及关于赠与能力、继承能力等的规定来看，权利能力应属于具体的。还有一点值得注意，该法典第39条关于限制行为能力的规定涉及身份如外国人、法律制裁如被判处刑罚等，这些通常被认为是限制权利能力的。《巴西新民法典》总则第一编"人"第一题"自然人"第一章"人格和能力"规定了人格，也实质上规定了有关权利能力的内容，但没有使用权利能力概念。意大利学者桑德罗·斯奇巴尼教授认为，该法典第1条和第2条"区分了人格和权利能力"。[2]《路易斯安那民法典》不仅同时使用了人格和权利能力两个概念，而且规定了新概念"一般权利能力"。其第27条（一般的权利能力）规定："所有的自然人享有拥有权利和承担义务的一般权利能力。"

我国《民法通则》采德国模式，明确规定了权利能力和行为能力，没有使用人格概念。权利能力已经成为近代以来我国民法理论和民事立法的重要内容，今后的民事立法不可能完全抛弃权利能力概念，因此，本书重点介绍和比较德国模式和瑞士模式。

二 德国模式

在采德国模式的诸多国家或地区的民法典中，对我国民事立法和民法理论产生重大影响的莫过于德国、日本和苏联三个国家的民法典，但德国模式是否就一定意味着人格与权利能力等同，是否必然得出自然人权利能力平等的结论？为解决这些问题，有必要对这三个国家的民法典及学界观点进行深入剖析。

1. 德国

关于人格与权利能力的关系，《德国民法典》本身没有直接给出

① 蒋军洲：《〈菲律宾民法典〉的保守与创新》，《河北法学》2007年第9期。

② ［意］桑德罗·斯奇巴尼为《巴西新民法典》作的序言（《巴西新民法典》，齐云译，中国法制出版社2009年版，第20页）。需要说明的是，该法典第1条规定的内容确实与权利能力有关，但没有使用权利能力概念，难以得出该条规定的就是关于权利能力的结论，由于缺少相关资料佐证，本书从斯奇巴尼的观点。

答案，因为法典只有权利能力，没有人格概念。法典第一编第一章的标题是“Personen”，在该标题之下并列规定自然人和法人。关于“Personen”，有学者将其翻译为“人格”，并认为人格等同于权利能力。[①] 笔者认为，该学者翻译为“人格”应属误译，其人格等同于权利能力的观点也不能成立。因为国内不同时期的学者各自翻译《德国民法典》时都将“Personen”翻译为“人”，意指法律上的人；国内学者在翻译德国民法著作时，也是将“Personen”翻译为“人”。[②] 这已是我国学界通说。另外，尽管《德国民法典》没有使用人格概念，但该法典还是通过具体条文间接表达了人格与权利能力的关系。根据该法典第 43、45、47、49、50、51 条的规定，在若干情况下可以剥夺社团的权利能力；被剥夺权利能力且社团财产不归属于国库的，必须进行清算，但已开始支付程序的除外；“到清算了结时为止，社团视为继续存在，但以清算目的要求如此为限。”社团被剥夺权利能力，必须由清算人公告；在剥夺社团权利能力的公告后 1 年以内，不得将社团的财产移交给归属权人。既然社团的权利能力可以被剥夺，而且权利能力被剥夺后，社团作为法律上的人还可以继续存在，那么，权利能力与人格显然是不同的。

就学者观点而言，黑格尔认为，人格其本质是抽象的，“人格一般包含权利能力”[③]。在黑格尔看来，人格显然与权利能力不同，人格更为抽象。普赫塔认为：“人格是一种法律上的意志或者说是一种法律上

---

① 周清林：《主体性的缺失与重构——权利能力研究》，法律出版社 2009 年版，第 79—80 页。

② 这些著作包括霍恩、科茨、莱塞的《德国民商法导论》、梅迪库斯的《德国民法总论》、拉伦茨的《德国民法通伦》、施瓦布的《民法导论》、布洛克斯的《德国民法总论》、韦斯特曼的《德国民法基本概念》，等等。也有学者将“Personen”翻译为“人格人”，如朱岩翻译克尼佩尔的《法律与历史：论〈德国民法典〉的形成与变迁》时就使用该术语。

③ ［德］黑格尔：《法哲学原理》，范扬、张企泰译，商务印书馆 1961 年版，第 46 页，第 36 节。

的权力在主体上表现出来的那种可能性。”① 普赫塔进一步认为，人格包括权利能力和名誉。但权利能力是所有权利的条件，是所有权、债以及第一种权利（普赫塔将对于本人的权利作为第一种权利，这种权利包括人格的权利和占有）的条件；因此，它是所有权利的要素，不是特别属于任何一种权利。② 普赫塔所理解的权利能力是指成为权利义务载体的能力，是享有权利的条件，权利能力不同于人格。

区分人格与权利能力的观点显然对萨维尼产生了影响，他认为：“人格或者法律主体最原始的概念必须和人的概念完全一致。这两个概念的同一性可以用下列公式表达：每个人，并且只有每个个人，才享有权利能力。”“与法人格相对立的，就是自然人格，也叫个人。”③ 在这里，萨维尼主张只有自然人才是法律主体，自然人与法律上的人完全重合，因此只有自然人才享有权利能力。同时，萨维尼将人格与权利能力两者并存，表明这两个概念存在区别。在这一点上，萨维尼与普赫塔、黑格尔的观点是一致的。值得注意的是，萨维尼认为，“权利能力理论也绝对不能和家庭法相提并论，两者毋宁具有完全不同的范围。”④也就是说，权利能力只适用于财产法领域。因为：首先，家庭法涉及伦理道德。在财产法领域，“所有的人都被理解为一个独立的整体，这样，在抽象的人格上，每个人相对于他人都是一个完全外在（尽管是相同本质）的存在”⑤。但在家庭法，“我们不是将个人视为一个独立存在，而是将其视为所有人类有机整体中的一员。

---

① ［德］普赫塔《潘德克顿法学》第8版，莱比锡1856年，第22节。转引自［德］罗尔夫·克尼佩尔：《法律与历史：论〈德国民法典〉的形成与变迁》，朱岩译，法律出版社2003年版，第63页。克尼佩尔介绍，温德沙伊德也持这一观点。

② ［德］萨维尼：《当代罗马法体系 Ⅰ》，朱虎译，中国法制出版社2010年版，第262页，注释［1］。

③ Sieh Savigny. *System des heaugen Roemischen Rechts*, Bd. 2. Berlin bei Deil und Comp. 1840, s. 3. 转引自周清林：《主体性的缺失与重构——权利能力研究》，法律出版社2009年版，第86页。

④ ［德］萨维尼：《当代罗马法体系 Ⅰ》，朱虎译，中国法制出版社2010年版，第283页。

⑤ 同上书，第263页。

他与这个大的整体之间的相互联系始终是通过特定的个人而实现，因此，他与此特定个人之间的关系就是一个新的、完全特别的法律关系种类的基础”。在这种关系中，个人不是一个独立的整体，“而是一个不完整的、需要在一个大的自然关联中加以完善的存在”①。个人的这种不完整性以及与此相关的完善体现在两个不同的方面：一是性别的区分，二是个人存在的时间限制。与此相关的对于个人的完善是婚姻以及父权、亲属。财产法并不像家庭法那样包含了道德要素。家庭关系的绝大部分仍然处于道德影响之下，只有部分为法的规则所支配。“婚姻只有一半属于法律问题，另一半属于行为方式。”② 相反，财产关系完全被法的法则所支配，更确切地说，在财产关系中通常不考虑法的行使的道德性或不道德性。其次，为法人享有权利能力寻找依据。法人的人格只是技术人格，没有伦理特性，不可能承受家庭法上权利和义务，也就没必要赋予其这方面的权利能力。通过将权利能力理论与家庭法的剥离，为法人享有权利能力创造了条件，权利能力也就成为自然人与法人共用的平台。法人只具有财产法上的权利能力，而且，“在财产法上，法人与自然人的权利能力的范围是一致的，即它不仅可以作为财产权的享有者，即权利主体，而且也可以作为承担者，即法律义务的归属主体”③。此外，萨维尼在论述家庭关系时还提到了“不同层次的权利能力理论”④，但没有予以解释。从以上资料可以将萨维尼的观点归纳如下：人格与权利能力不是同一概念；权利能力只适用于财产法；自然人的权利能力具有伦理性，法人的权利能力是个纯粹的技术概念。

由此可以得出这样的结论：对《德国民法典》产生重大影响的学

① [德] 萨维尼：《当代罗马法体系Ⅰ》，朱虎译，中国法制出版社 2010 年版，第 263—264 页。萨维尼赞成这样一种观点，所有人都应该结婚，这是一个绝对的规定，“没有结婚的人只是一半生物人。”（第 264 页，注释 [3]）

② [德] 萨维尼：《论立法与法学的当代使命》，许章润译，中国法制出版社 2001 年版，第 36 页。

③ [德] 卡尔·拉伦茨：《德国民法通论》（上册），王晓晔等译，法律出版社 2003 年版，第 182 页。

④ [德] 萨维尼：《当代罗马法体系Ⅰ》，朱虎译，中国法制出版社 2010 年版，第 282 页。

者都认为人格与权利能力不是同一概念。

根据现有资料，近年来，没有一个德国学者直接表明权利能力与人格是同一概念，当然，也没有学者直接说权利能力与人格不同。[①]那么，是不是权利能力等同于人格属于理所当然，不需要言明？拉伦茨认为，“胎儿具有部分权利能力”“与自然人的权利能力相比，法人的权利能力的范围是有限制的。”[②] 梅迪库斯认为权利能力与住所、姓名、国籍一样只是自然人的重要法律属性之一。[③] 许多学者支持部分权利能力的观点。联邦法院逐渐承认无权利能力社团、甚至民事合伙具有部分权利能力。[④] 此种意义上理解的权利能力与人格肯定不能等同，人格只存在有或无，不存在部分人格，也不可能被限制。关于德国学者对权利能力概念的理解，本书第四章已有介绍，此处不赘。

总之，在德国，无论是法律规定还是学者论述，都不能得出人格与权利能力是同一概念的结论。相反，法律规定社团的权利能力可以被剥夺，学界认为权利能力是受限制的，法院判决承认其他组织具有部分权利能力，这足以得出人格与权利能力不同的结论。

2. 日本

1896 年颁布的《日本民法典》没有使用人格概念，也没有权利能力概念。法典规定了“私权的享有”；规定了自然人“私权享有的始期”“外国人的私权享有”；第 43 条（法人权利义务的范围）规定：“法人依法令规定，于章程或捐助章程所定目的范围内，享有权

---

① 本书仅从最近二十年来我国学者翻译的霍恩、科茨、莱塞的《德国民商法导论》、梅迪库斯的《德国民法总论》、拉伦茨的《德国民法通伦》、施瓦布的《民法导论》、布洛克斯的《德国民法总论》、韦斯特曼的《德国民法基本概念》等著作得出这一结论，虽然有以偏概全的可能，但依据现有资料确实如此。

② ［德］卡尔·拉伦茨：《德国民法通论》（上册），王晓晔等译，法律出版社 2003 年版，第 123 页。

③ ［德］迪特尔·梅迪库斯：《德国民法总论》，邵建东译，法律出版社 2000 年版，第 791 页。

④ ［德］迪特尔·施瓦布：《民法导论》，郑冲译，法律出版社 2006 年版，第 112—114 页。

利，负担义务。”[①] 2004 年日本以现代语化为中心对民法典进行了重大修订，将原民法典规定的“私权的享有”修订为“权利能力”，第43 条的标题改为（法人的权利能力），内容没变。[②] 2006 年民法典再次对法人制度进行修订，删除了原来的第 38 条至第 84 条，将原第 43 条法人的权利能力的规定改为现在的第 34 条并作了适当修订。第 34 条（法人的能力）规定：“法人依照法令的规定，在章程等基本条款规定的目的范围内享有权利，承担义务。”[③] 从这些规定以及变化可以得出两点结论：一是私权的享有就是权利能力的别称；二是权利能力有范围限制。由此可以推断，人格不能等同于权利能力，因为自然人的权利能力可能受国籍限制，法人的权利能力则受法令、目的范围限制，而人格只存在有或无，不可能受限制。

就学者观点而言，参与起草《日本民法典》的富井政章认为：“得称为权利之主体者，必有权利能力，民法中所谓私权之享有，即指是也。”法人的权利能力受其范围限制，自然人享有私权的程度也有差别。“或因有一定之身份；或因受刑之结果等，致失某种权利能力。然此皆例外之事，非认有不具人格之自然人也。”[④] 在富井政章看来，权利能力涉及享有权利的范围，此种意义上的权利能力与人格并非同一概念。

日本 20 世纪最有影响的民法学家我妻荣认为：“能够构成权利主体的地位或者资格称为权利能力（Rechtfähigkeit）或者人格（Persönlichkeit）。”[⑤] 根据这一表述，可以判断我妻荣主张权利能力与人格是同一意义上的概念。也许正因如此，他进一步认为“所有的自然人平等地享有权利能力”，这是近代法的根本原则，该原则中的

---

① 《日本民法典》，王书江译，中国人民公安大学出版社 1999 年版，第 2—3 页。

② 《日本民法典》，渠涛编译，法律出版社 2006 年版。《韩国民法典》第 34 条（法人的权利能力）有几乎相同的规定，“法人在其根据法律的规定以章程所确定的目的范围内，为权利与义务的主体。”（《韩国民法典》，崔吉子译，北京大学出版社 2010 年版，第 139 页）

③ ［日］《六法全书》，三省堂 2014 年版，第 377 页。

④ ［日］富井政章：《民法原论》，陈海瀛、陈海超译，中国政法大学出版社 2003 年版，第 87、88 页。

⑤ ［日］我妻荣：《新订民法总则》，于敏译，中国法制出版社 2008 年版，第 39 页。

“自然人也包含外国人，是现代法的特色”。但是，他同时认为，“胎儿在被视为已出生的范围内具有限制性的权利能力”；外国人尤其是敌国人的权利能力受到一定限制；法人的权利能力受到性质、法令、目的范围的限制。①

目前日本民法学界通说认为权利能力是指成为权利义务主体的资格，自然人权利能力是平等的；② 法人的权利能力是有范围的，是受到性质、法令以及目的范围限制的。③ 对此，有三点值得说明。（1）关于自然人权利能力平等，民法典并没有直接规定，但学者认为，只要是人，谁都拥有相同的权利能力，民法典第3条第1款“私权的享有，始于出生”的规定可以理解为规定权利能力平等原则的条文。④ “人人都有平等的权利能力，这是现在民法的大的原则。”⑤（2）关于法人权利能力是否受目的范围限制，传统民法持肯定观点。有学者认为，对于法人，涉及两个方面的问题，第一个阶段的问题是权利义务的可能性，也就是权利能力的范围；第二个阶段的问题是权利能力范围内的权利义务是否归属于法人。针对民法典第34条（原第43条）的规定，法人在章程所规定的目的范围内享有权利，承担义务。问题是，“目的范围”的限制究竟是定位在第一阶段还是第二阶段？民法典的起草者将其理解为第一阶段的限制，即目的范围限制法人的权利能力。这种见解存在两个大的问题，一是结果的不当性，

① ［日］我妻荣：《新订民法总则》，于敏译，中国法制出版社2008年版，第41、47、52—54、144—146页。

② ［日］远藤浩、川井健《民法（1）总则》，原岛重义等编集，有斐阁1999年版，第33—34页；［日］田山辉明：《市民、财产与法》，三省堂2000年版，第52页；［日］内田贵：《民法Ⅰ总则·物权总论》，东京大学出版社2012年版，第91—92页；山本敬三：《民法讲义Ⅰ总则》，有斐阁2012年版，第32—33页。

③ ［日］远藤浩、川井健《民法（1）总则》，原岛重义等编集，有斐阁1999年版，第82—85页；［日］山川一阳：《民法总则讲义》，中央经济社2001年版，第93—94页；［日］北川善太郎：《民法总则（民法讲要Ⅰ）》，有斐阁2001年版，第121页；［日］内田贵：《民法Ⅰ总则·物权总论》，东京大学出版社2012年版，第240—245页。

④ ［日］山本敬三：《民法讲义Ⅰ总则》，有斐阁2012年版，第33页。

⑤ ［日］内田贵：《民法Ⅰ总则·物权总论》，东京大学出版社2012年版，第92页。

有阻碍法人活动的危险，也有可能成为法人逃避责任的借口；二是难以说明有关法人侵权行为的规定（《一般法人法》第78条，原民法典第44条）。目前，将基于目的范围的限制定位在第二阶段的问题的见解成了主流观点。[①] 但关于目的范围仍然存在争论，有限制行为能力说、限制代理权说等，许多学者尤其是商法学者支持“不适用营利法人说”这一新的见解，认为营利法人如公司的权利能力不受目的范围限制，非营利法人应受目的范围限制。[②] 2006年修订后的民法典第34条（法人的能力）删除了原第43条关于“捐助行为规则”的规定，法人在目的范围内享有权利承担义务成了原则性的规定，据此，日本权威学者都认为，营利法人没有理由不受目的范围限制。[③] 也就是，所有法人都受目的范围限制。尽管如此，判例对于某一行为是否属于“目的范围内”的判断通常根据法人是否以营利为目的而区别对待。对于营利法人（公司），判例逐渐趋于放宽解释，认为目的范围内的行为包括为完成其目的而实行的直接或间接的全部必要行为，至于是否必要，则依据行为的客观性质进行抽象性判断；对于非营利法人，判例比营利法人作出更为严格的解释。[④]（3）此外，日本学者对于无权利能力的社团和财团有较深入研究，这些社团和财团没有权利能力，但有当事人能力，司法实践中已有多起判例在讨论应否赋予

---

① ［日］山本敬三：《民法讲义Ⅰ总则》，有斐阁2012年版，第483—485页。

② ［日］坂井隆一：《公司的权利能力及目的外行为》，《冲大论丛》2（1），1962年3月；［日］石井文广：《试论公司权利能力的目的限制》，《横滨商大论集》第10卷第1，2合并号，1997年2月；［日］山田创一：《法人的目的范围——政治捐款是法人权利能力范围内的吗?》，《山梨学院大学法学论集》第38号，1997年7月；［日］堀口胜：《能力外原则的走向》，《东洋法学》第56卷第1号，2012年7月。

③ ［日］内田贵：《民法Ⅰ总则·物权总论》，东京大学出版社2012年版，第241页；［日］山本敬三：《民法讲义Ⅰ总则》，有斐阁2012年版，第486页。

④ ［日］近江幸治：《民法讲义Ⅰ民法总则》，渠涛等译，北京大学出版社2015年版，第114—117页。

其权利能力，学者倾向于赋予它们部分权利能力。[①]

当然，日本民法学界对权利能力也有不同理解。川岛武宜对权利能力的理解似乎更具体些。他认为，具有人的资格是权利和义务归属于人的逻辑上的前提条件。“人的权利主体性被所有权、契约、亲属关系等诸多具体的‘法律关系’赋予了实质性的内容，并以具体的形态存在于这些关系之中。因此，人的‘权利能力’和这些具体的法律关系是同时存在的，而且在这些具体的法律关系之中，人的总体地位完全成为了抽象的东西。”[②] 既然“人的总体地位”即人格成了抽象的东西，而权利能力总是和具体的法律关系同时存在，人格和权利能力分别解决两个不同层面的问题。大村敦志也认为人格与权利能力存在差异。“所谓法律人格，是指是否具有权利主体的资格。”“而权利能力则是与作为具有权利行使之资格的行为能力相对比的概念，在论及其范围时使用得比较多。”[③] 人格着眼于“是否具有”主体资格，权利能力更多地涉及享有权利的范围。

总之，从《日本民法典》关于权利能力的规定来看，权利能力不能等同于人格，但日本民法学界似乎认可权利能力等同于人格的观点。与德国相比，日本民法学界走得更远，不仅赞成权利能力等同于人格，还进一步认为自然人权利能力平等。问题在于，学者又认可本国人与外国人之间权利能力存在差异，法人的权利能力受到性质、法令、目的范围限制；对于无权利能力社团和财团，学者倾向于赋予它们部分权利能力。可见，日本学者实际上是在不同含义上使用权利能

---

① ［日］星野英一：《关于所谓的“无权利能力社团”》，《法学协会杂志》第84卷第8号，1967年；［日］相本宏：《论无权利能力社团》，《佐贺大学经济论集》8（1/2），1975年12月；［日］野口昌宏：《无权利能力社团及信托法理》，《日本法政学会法政论丛》第14卷，1978年5月；［日］门胁稔：《无权利能力社团及其问题点》，《日本法政学会法政论丛》第23卷，1987年5月；［日］酒井一：《论无权利能力社团、财团准据法的适用范围》，《甲南法学》第51卷第4号，2011年3月。

② ［日］川岛武宜：《民法中的“人”的权利能力》，载《桥山教授还历（花甲）祝贺论文集》，岩波书店1942年版，第23页。

③ ［日］大村敦志：《民法总论》，江溯、张立艳译，北京大学出版社2004年版，第46页。

力概念：自然人权利能力平等所称之权利能力指的是抽象意义上的权利能力，这一意义上的权利能力表彰主体资格，与人格相同；自然人的权利能力存在差异、法人权利能力受限制及赋予无权利能力社团部分权利能力所称之权利能力则是具体意义上的权利能力，此时的权利能力涉及权利范围，并不表彰抽象意义的主体资格，显然与人格不同。日本民法学界对权利能力的解释前后矛盾，难以自圆其说。

3. 俄罗斯

前苏联1922年《苏俄民法典》规定了权利能力制度。1961年的《苏联和各加盟共和国民事立法纲要》（也被译为《民事立法原则》，以下简称“立法纲要”）和1964年《俄罗斯苏维埃联邦社会主义共和国民法典》（以下简称“1964年民法典”）承袭了1922年民法典的规定并将权利能力制度进一步完善。立法纲要及其1964年民法典对我国《民法通则》的制定有过重要影响，而且对1994—2006年的《俄罗斯民法典》亦有重要影响。因此，有必要简要介绍立法纲要和1964年民法典的规定。立法纲要和1964年民法典都没有使用人格概念。立法纲要第8条和1964年民法典第9条规定，权利能力就是享有民事权利和承担民事义务的能力；所有公民都平等地享有权利能力，自出生起至死亡止。立法纲要第9条和民法典第10条规定了权利能力的内容，列举了苏联公民可以享有的基本财产权利和人身非财产权利。该法典第8条和第12条规定，除了在法定的情况下和按照法定的程序以外，任何人的权利能力不得被限制。该法典第26条规定，法人按照规定的活动目的拥有民事权利能力。

1994—2006年的《俄罗斯民法典》① 同样只规定了权利能力，没有使用人格概念。其第17条（公民的权利能力）规定：“1. 所有公民均被承认平等地具有享有民事权利和承担民事义务的能力（民事权利能力）。2. 公民的权利能力自其出生之时产生，因其死亡而终止。”第18条（公民权利能力的内容）规定了公民可以享有的诸多权利，包括可以拥有财产所有权、债权、继承权、知识产权以及其他财产权利和人

① 《俄罗斯联邦民法典》，黄道秀译，北京大学出版社2007年版。

身非财产权利，可以从事经营活动和法律不予禁止的任何其他活动、可以设立法人等。第22条规定，除非依照法律规定，任何人的权利能力均不得受限制。公民全部或部分放弃权利能力，以及旨在限制权利能力的其他法律行为，自始无效，但法律允许的情形除外。第49条（法人的权利能力）规定："法人能够享有符合其设立文件所规定的活动宗旨的民事权利并承担与该活动有关的义务。"只有依照法律规定，法人的权利才能受到限制。法人的权利能力自其成立时产生并在其清算完成之时终止。这些规定表明，俄罗斯的权利能力制度具有以下几个特点：宣称自然人权利能力平等；权利能力的内容涉及诸多方面的权利；依照法律规定可以限制自然人和法人的权利能力；区分商合伙与普通合伙，商合伙为法人，具有权利能力，普通合伙没有权利能力。

俄罗斯学者认为："法律承认每个公民均有能力享有诸多财产权和人身非财产权，但具体每个公民永远不能享有'全套'权利，他只享有这些权利的一部分。""对于权利能力而言，与任何主体权利一样，它的基本特点也是有某些限度的。"也就是说，任何主体可能享有的权利，或者说，其作为权利人的行为尺度，都是有一定限度的，"某些权利是可以被禁止享有的"，比如，未成年人、精神病人事实上或者法律明确规定不能享有某些权利和承担某些义务；再比如，农场负责人"作为一般公民具有所有公民共同的权利能力"之外，还具有诸如农产品的生产、加工、销售等权利能力，因此，"某些公民的权利能力可能具有特殊性质"①。按照学者的理解，权利能力是具体的、是有限度的，甚至是可以被禁止享有的。

无论是前苏联1964年民法典还是现行《俄罗斯民法典》，都规定了自然人权利能力平等，但同时又规定了自然人和法人的权利能力是有范围的，是可能受到限制的。与前述日本学界理解的权利能力一样，俄罗斯立法和学界使用的权利能力概念在不同场合具有不同含义，既有表彰主体资格即人格的（权利能力平等），也有表彰主体享

① ［俄］E. A. 苏哈诺夫主编：《俄罗斯民法》，黄道秀译，中国政法大学出版社2011年版，第103—105页。

有权利范围的（权利能力受限制）。不同的是，《俄罗斯民法典》明确规定了自然人权利能力平等，没有给学术研究留下讨论的空间；《日本民法典》则没有这方面的规定，学者可以进行不同解读，也许是日本立法者有意给学术研究留下一定的空间。

三　瑞士模式

1. 瑞士

在瑞士，人格与权利能力是两个不同的概念。首先，从法律规定的标题和排列顺序来看，人格包含权利能力。《瑞士民法典》[①] 第一章“自然人”第一节“人格法”规定了“一、人格的一般规定”“二、人格的保护”“三、人格的开始及终止”，在“人格的一般规定”标题之下规定权利能力、行为能力、血亲及姻亲、籍贯与住所等；该法第二章“法人”第一节“一般规定”首先规定人格，然后规定权利能力、行为能力、住所、解散及有关法律的适用等内容。由此可见，人格包含权利能力，权利能力只是人格的内容或构成部分。其次，从法律条文的内容来看，权利能力存在范围问题。如关于法人人格，该法第 52 条表述为“……即取得法人人格”“……不能取得法人人格”；关于法人权利能力，该法第 53 条规定为“法人享有除以自然人的本质为要件的，如性别、年龄或亲属关系以外的一切权利及义务”。关于自然人的权利能力，该法第 11 条同样以“在法律范围内”予以限制。这些规定表明，人格只存在有或无、开始及终止的问题，而权利能力则涉及享有权利承担义务的范围。再次，瑞士学者也认为人格与权利能力是两个不同概念。自然人的权利能力具有普遍性，即在法律范围内，任何自然人作为个人均享有权利能力，但权利能力只是被理解为“人格的普遍特征”“与人格有必然的结合”。[②] 对于制定法上的不同规定，学者认为除因自然属性所产生之区别外，立

---

① 《瑞士民法典》，殷生根、王燕译，中国政法大学出版社 1999 年版。

② ［瑞］贝蒂娜·许莉蔓—高朴、狄安娜·奥斯瓦尔德：《瑞士民法上的人格权保护》，金可可译，《东方法学》2013 年第 3 期。

法者原则上不得另作区别对待，比如保险公司仅得为妇女承担分娩的费用。① 这样理解的权利能力，毫无疑问是享有具体权利的资格，涉及享有权利的范围，与作为法律上人的资格的人格是两个不同层面的概念。另外，“为实践上便利，立法者还承认一些具有限制权利能力的组织”②。按照学者的解释，《瑞士民法典》第712条l规定的区分所有人团体是其典型例子。该条规定：“（1）全体区分所有人，有权以全体的名义通过共同管理行为取得财产，如收取定期金并从中提取楼房更新的资金等。（2）全体区分所有人，有权以全体的名义，起诉或应诉。”③ “法人不得拥有以自然人的自然属性为前提的权利、义务。”“法人的权利能力范围问题，立法者特意留待实务判断。”④ 可见，无论是自然人的权利能力还是法人的权利能力，瑞士学者都认为是具体的而非抽象的，与人格不同。

可见，在瑞士，人格包含权利能力，权利能力只是人格的内容或构成部分；人格只存在有或者无的问题，权利能力则涉及享有权利承担义务的范围；人格是抽象的，权利能力是具体的。

2. 葡萄牙

葡萄牙1861年的民法典基本上是对《法国民法典》的继受。在学说汇纂学派的影响下，1966年《葡萄牙民法典》在立法体系上转

---

① ［瑞］贝蒂娜·许莉蔓—高朴、狄安娜·奥斯瓦尔德：《瑞士民法上的人格权保护》，金可可译，《东方法学》2013年第3期。

② 同上。

③ 值得说明的是，该条的标题是“（三）全体建筑物区分所有人的行为能力”，但享有权利能力是享有行为能力的前提条件，因此该条实际上规定了全体区分所有人的部分权利能力。另外，关于建筑物区分所有人之全体的法律地位，存在特殊的民事主体说、法人说、业主集合说等不同观点（王利明：《物权法研究》（上卷），中国人民大学出版社2007年版，第615—616页）。“在法国、新加坡、我国香港地区及新修订后的《德国住宅所有权法》上，业主大会为一法人，具有法人人格。”“从各国的发展趋势来看，业主管理团体向法人化方向发展，乃是各国立法与实务上的基本潮流。”（梁慧星、陈华彬：《物权法》，法律出版社2010年版，第192页）。我国《物权法》“建筑物区分所有权解释”以及《物业管理条例》对业主大会的主体资格和诉讼资格没有作出明确规定。

④ ［瑞］贝蒂娜·许莉蔓—高朴、狄安娜·奥斯瓦尔德：《瑞士民法上的人格权保护》，金可可译，《东方法学》2013年第3期。

采德国模式，[①] 该法典关于人格与权利能力的规定具有典型意义。《葡萄牙民法典》的变革直接影响了我国《澳门民法典》，具有重要的参考价值。

《葡萄牙民法典》同时使用了人格和权利能力两个概念。第 66 条（人格之开始）规定："人格始于出生且有生命之时。" 第 67 条（权利能力）规定："除法律另有规定外，自然人得成为任何法律关系之主体：此为自然人之权利能力。" 第 68 条（人格之终止）规定："人格随死亡而终止。" 第 158 条规定了法人的 "人格之取得"；第 160 条（能力）规定："一、法人之能力范围包括对实现其宗旨属必要或适宜之一切权利及义务。二、上述范围不包括法律禁止或不能与自然人之人格分割之权利及义务。"[②]《葡萄牙民法典》将自然人的人格与权利能力并列，规定人格始于出生终于死亡，权利能力则是成为法律关系主体的资格，权利能力可以依法予以限制（"除法律另有规定外" 表明法律可以对自然人的权利能力作限制性规定）。这种制度安排显然是将人格理解为更抽象的概念，涉及法律上的人的资格；权利能力为更具体的概念，涉及法律关系主体的资格。另外，《葡萄牙民法典》关于法人只规定了法律人格之取得和笼统规定了 "能力" 范围，没有权利能力，也没有行为能力概念。不过，从其第 160 条（能力）规定内容来看，该条实际上就是其他国家民法典所规定的权利能力。[③] 值得注意的是，该条直接使用了 "能力范围" 的概念，表明权利能力是有范围的，这种权利能力只是具体的。

关于人格与权利能力的概念及其相互关系，葡萄牙学者认为："法律人格（权利义务的可拥有性）是人与人交际时为实现自己的目的和利益而必不可少的条件。" 法律人格是独立拥有法律关系的资格，也就是成为法律关系主体的资格。自然人的人格是一种法律资格、地

---

① 范剑虹、李翀：《德国法研究导论》，中国法制出版社 2013 年版，第 29 页。

② 相关法条参见《葡萄牙民法典》，唐晓晴等译，北京大学出版社 2009 年版。

③ 葡萄牙学者也认为法律能力就是权利能力，法律能力与行为能力概念不同（［葡］平托：《民法总论》，澳门翻译公司、林炳辉等译，澳门法律翻译办公室、澳门大学法学院 1999 年版，第 100—101 页）。

位，是一种直接实现个人尊严的法律工具；而法人的法律人格则是一种法律技术机制，法人由此参与各种法律关系，以达到某一集体目的。“法人的法律人格和自然人的法律人格，均为法律概念，都是法律现实。”① 法律能力或权利能力是法律人格不可缺少的必要内容。在严格的技术意义上，承认人有权利能力就可以把人视为可拥有权利和承担义务的实体。“人格表示人的法律资格或法律条件——该人可以有也可以没有人格。法律能力则指成为一定法律关系范围拥有人的能力，根据一定条件或状况，能力可大可小；但不论能力大小，人总是人。”②

与瑞士相比，《葡萄牙民法典》的规定和学者观点更加清晰地表明了人格与权利能力的关系：权利能力是人格不可缺少的内容；人格表示法律主体的资格，权利能力则是享有权利的范围；人格只存在有或无，权利能力则可大可小。

比较上述25部民法典及其发展变化，可以得出这样的结论：第一，权利能力制度的影响力在逐渐扩大，在25部民法典中有18部规定了权利能力制度，占绝对多数，尤其是原来采法国模式的民法典现在也吸纳了权利能力制度，如《路易斯安那民法典》《葡萄牙民法典》《西班牙民法典》等；第二，同时使用人格与权利能力概念的民法典的数量呈逐渐增加态势，原来只有《瑞士民法典》规定了人格和权利能力，现在增加到了7部；第三，只有2部民法典规定了权利能力平等，在18部规定了权利能力制度的民法典中属于极少数派。

第二节　人格与权利能力之关系

本书第四章已经简单介绍了关于权利能力与人格关系的几种学说，目的在于指出传统民法理论存在的逻辑矛盾。在进一步探讨人格

---

① ［葡］平托：《民法总论》，澳门翻译公司、林炳辉等译，澳门法律翻译办公室、澳门大学法学院1999年版，第41、63、64页。

② 同上书，第100页。

与权利能力关系之前必须先解决两个基础问题。一是人格的含义。人格可能是法学上最难定义的概念，不同学者对人格可能会有不同理解，赋予人格不同含义。正如庞德所言："人和人格都是使用了很久的术语，并且在涉及法律单位时用的如此经常，以至于当我们不得不在不同的背景下使用这些术语时，除了直面困难和缺陷外别无他法。"① 目前法学界较为常见的是从主体资格、权利、权利主体、权利能力、人格利益等不同角度来理解人格。本书认为，人格不是权利或者原权利，只是成为法律主体的资格，进而也是获得权利的资格，将人格理解为权利②是不恰当的；法律主体是一种社会存在，人格则是该存在能够成为法律主体的资格，可以说法律主体是外在形式，人格是内在实质；人格也不是人格利益，人格是一种资格，人格利益则是人格权的内容。总之，人格既不是权利，也不是法律主体，更不涉及人格利益，人格仅指成为民法上主体的资格。"它是法学以及法律上专有的、不可替代的基本范畴。"③ 对此，前面有论述，此处不赘。二是权利能力概念应该是确定的、周延的、"无漏洞的"④，无论是自然人的权利能力还是法人的权利能力都是同一意义上的权利能力。因此，只要论证自然人或者法人的权利能力与人格不同就足以证明人格与权利能力不同。

基于这两个前提，本节从我国清末以来权利能力与人格关系学说的发展演变入手，分析域外学说及法制上人格与权利能力的关系，探寻权利能力与人格关系学说的发展趋势，重新定位两者的关系。

---

① ［美］罗斯科·庞德：《法理学》（第四卷），王保民等译，法律出版社2007年版，第153—154页。

② 徐国栋教授在谈到罗马法上能力与权利关系时认为，"人格本身是一种权利，但它又派生出7种更具体的权利或能力。人格与其包含的权利的这种关系预示着现代的作为原权的权利能力与其他派生权利的格局。"（徐国栋：《罗马私法要论：文本与分析》，科学出版社2007年版，第45—46页）。

③ 胡玉鸿：《围绕'人格'问题的法理论辩》，《中国法学》2008年第5期。

④ ［德］弗朗茨·维亚克尔：《近代私法史》（下），陈爱娥、黄建辉译，上海三联书店2006年版，第418页。

一 我国人格与权利能力关系学说之演进

欲理顺人格与权利能力的关系，必须正本清源，了解我国权利能力理论的源头，揭示人格与权利能力关系之最初定位及其发展变化。

我国权利能力制度起源于清朝末年，权利能力理论来源于日本民法学。我国近代的民事立法经历了《大清民律草案》《民国民律草案》以及《中华民国民法》，在整个民法的近代化过程中，“以移植西方近代民法为主旋律，从法律理念、法律原则，到法典结构、法律概念等，均直接吸收西方近代民法的基本框架。”① 清末通过聘请日本法学家松冈义正等外国法律专家为修律顾问，参与民法典的起草工作，大量的西方民法理论尤其是被日本继受的法国、德国的民法制度和原则被引入了《大清民律草案》。② 中国传统语境中没有现代法律意义上的人格、权利能力概念，这些概念都是经由日本民法转入中国，这就造成了中国法学关于人格、权利能力的理解基本上是日本法学的翻版的现象。

根据俞江教授考证，日本近代民法学在混杂移植《法国民法典》《德国民法典》的复杂过程中，由于对罗马法、法国法以及德国法的法律概念的翻译、理解及表达法上的局限和误差，造成日本民法中有两个对应“人格”的词语，即“私权之享有”和“权利能力”。很明显，前者是受法国民法影响，后者受德国民法影响。1898 年的《日本民法典》最终选择了“私权之享有”，没有将“人格”一词纳入法律正式词汇中。虽然法典没有使用“权利能力”概念，但日本民法学界仍然使用这一概念，并认为权利能力与人格具有同一意义。③ 日本民法的这种理论通过翻译或者编译梅谦次郎、富井政章等学者的著

---

① 朱勇：《中国民法近代化研究》，中国政法大学出版社 2006 年版，第 2 页。

② 《大清民律草案》共五编，其中，总则、债、物权三编是由松冈义正等人，仿照《日本民法典》的体例和内容起草而成（陈晓枫、柳正权：《中国法制史》，武汉大学出版社 2012 年版，第 727 页）。

③ 日本著名民法学家我妻荣的观点足以说明问题，他认为，“能够构成权利主体地位或者资格称为权利能力或者人格”（［日］我妻荣：《新订民法总则》，于敏译，中国法制出版社 2008 年版，第 39 页）。

作介绍到中国，[①] 尤其是松冈义正在中国的讲学和受聘参与清末立法，对我国清末乃至民国时期的立法和民法理论产生深刻影响。松冈义正认为："权利能力、私权之享有，及人格，其意义皆同，皆指示得为私权主体之资格，故不可拘泥于文字而害意也。"[②] 但是，松冈义正又认为权利能力存在一定的范围，"有非男子即不能享有之权利能力在焉，如男子有夫权之权利能力，而女子不有之是也"。"有非有一定身份即不能享有之权利能力在焉，如亲有亲权能力，而子不有之是也。""有非达法律上一定之年龄即不能享有之权利能力在焉，如非满十七岁之男子，满十五岁之女子，即不得为婚姻是也。""外国人，据日本民法言，不得享有法令或条约所禁止之私权。"[③] 这种意义上的权利能力涉及享有权利的范围，不同于人格。松冈义正的观点直接影响了《大清民律草案》。一方面，受权利能力与人格为同一意义观点的影响，该草案于第一编"总则"、第二章"人"之下规定第一节"权利能力"，没有使用人格概念，人格似乎完全被权利能力替代了。另一方面，受权利能力存在一定范围观点的影响，该草案又在随后的第五节规定了"人格保护"，第 49 条规定了"权利能力及行为能力不得抛弃"，第 51 条使用了"人格关系"概念，如此，权利能力成了人格的内容，权利能力又有别于人格。[④]

尽管《大清民律草案》没有成为正式法律，但其对后来的影响却是巨大的。"民国初期国内的民法研究、教学及司法，基本上皆以《大清民律草案》为知识背景。松冈义正所采的各种学说或观点，大

---

① 从 1903 年开始至 1911 年，我国陆续翻译、编译出版了二十几部日本学者的民法著作，包括梅谦次郎的《民法总则》《民法财产》《民法讲义》《民法要义》和富井政章的《民法原论》。（俞江：《近代中国法律与学术》，北京大学出版社 2008 年版，第 333—334 页）。梅谦次郎、富井政章曾担任《日本民法典》的起草委员，他们的著作代表了日本当时的主流观点。

② ［日］松冈义正口述：《民法总则》（下），熊元楷、熊元襄编，陈融、罗云锋点校，上海人民出版社 2013 年版，第 17—18 页。

③ 同上书，第 19—27 页。

④ 有关《大清民律草案》的条文，参见杨立新主编：《中国百年民法典汇编》，中国法制出版社 2011 年版，第 56、59 页。

多数也通过《大清民律草案》的影响，成为国内通说。”[①]《大清民律草案》第二章“人”关于权利能力的许多规定被《民国民律草案》第一章“人”第一节“人”及《民国民法典》第二章“人”第二节“自然人”直接或改头换面后采用，比如，后两者没有采用“人格保护”的标题，但保留了“人格保护”的有关规定。民国时期和现在我国台湾地区学者多主张权利能力等同于人格。如梅仲协先生认为：“权利能力，亦即人格之别称。”[②] 史尚宽先生认为：“权利能力与法律上之人格一致。”[③] 郑玉波先生也认为：“堪为权利主体之地位或资格，谓之‘权利能力’，亦曰‘人格’。”[④] 可见，我国近代以来的民法学者的著作中，权利能力就等同于人格。

新中国成立以后，由于当时政治因素影响，很长一段时间学界对权利能力问题几乎没有讨论。从20世纪50年代以来的民事立法活动来看，1955年10月5日的《中华人民共和国民法总则草稿》使用过权利能力概念，此后1955年的第二草稿、1956年的第三草稿、1957年的第四草稿没有这一概念；1963年至1964年的几部《中华人民共和国民法（草案）》及其修改稿都将民法的调整范围确定为“经济关系”，规制对象为参与经济关系的“单位”和“个人”，没有也不可能使用权利能力概念。1980年8月15日的《中华人民共和国民法草案》恢复使用权利能力概念。从50年代开始到80年代的多次民事立法文件，有关主体制度的规定都没有出现过人格概念。当时的主流观点认为：“民事权利能力，就是公民享有民事权利，负担民事义务的资格。具有权利能力即具有法律上的人格。权利能力是成为民事权利主体的前提条件。”[⑤] 这一观点没有明确表示权利能力等同于人格，但从其“具有权利能力即具有法律上的人格”表述来看，似乎两者具有同一意义。1990年出版的两本有影响的著作都明确表示权利能

① 俞江：《近代中国民法学中的私权理论》，北京大学出版社2003年版，第149页。
② 梅仲协：《民法要义》，中国政法大学出版社1998年版，第53页。
③ 史尚宽：《民法总论》，正大印书馆1980年版，第72页。
④ 郑玉波：《民法总则》，中国政法大学出版社2003年版，第97页。
⑤ 佟柔主编：《民法原理》，法律出版社1983年版，第40页。

力与人格含义是一致的："对民事主体的权利能力，传统民法与外国民法中均有相应的规定，虽然使用的术语各不相同，但基本含义是一致的。例如，罗马法把民事权利能力称作'人格'；《法国民法典》中使用'民事权利的享有'一语。"① "法律人格体现为独立参与民事法律关系的资格，它与民事权利能力的概念在实质上是一回事。"② 目前，这一观点是我国民法学界的通说。学者认为，民事权利能力又称法人格或人格。③ 人格与权利能力系同一概念，"因为权利能力的取得是享有法律人格的充分必要条件，具有权利能力肯定具有法律人格，反之亦然，因而，现代法中的权利能力与人格实质上是一致的，只不过是从不同的角度来揭示同一问题"④。有学者认为"对'Rechtfähigkeit'的翻译，最准确的莫过于'法律能力'或者'法律人格'"。"作为西方法律源泉的人格，本来就和'Rechtfähigkeit'在同一意义上使用。"⑤

本书第四章第一节已经介绍，将上述观点称之为同义说，即认为权利能力与人格属于等同的概念，与此相对的是异义说，即认为权利能力与人格属于不同的概念。为更好地了解人格与权利能力关系之学说的发展变化，有必要对这两种对立观点进一步予以剖析。

同义说历史悠久，根基深厚，广为赞同，但仍存在问题。"人格即国家赋予自然人、社会组织或目的财产充当民事主体的资格。"⑥ 人格只存在有或者无的问题，每个民事主体的人格都是平等的、不可限制或剥夺；权利能力等同于人格，那么，权利能力同样只存在有或者无的问题，每个民事主体的权利能力也应该是平等的、不可限制或剥夺。然而，持同义说的学者认为："法人与自然人之权利能力，皆

---

① 佟柔主编：《中国民法学·民法总则》，中国人民公安大学出版社 1990 年版，第 90 页。

② 佟柔主编：《中国民法》，法律出版社 1990 年版，第 61 页。

③ 梁慧星：《民法总论》，法律出版社 2007 年版，第 65 页。

④ 马骏驹、余延满：《民法原论》，法律出版社 2010 年版，第 54 页。

⑤ 周清林：《中国语境中的"权利能力"》，《北大法律评论》（2009 年）第 10 卷第 1 辑，第 284、289 页。

⑥ 徐国栋：《民法哲学》，中国法制出版社 2009 年版，第 73 页。

系法律所赋予，则法律均得予以限制。”① 法人的权利能力因性质而受限制，即法人不可能享有专属于自然人的权利义务；也有学者认为法人的权利能力还受目的范围的限制。为了解决法人与法人之间以及法人与自然人之间权利能力的差异，有学者主张区分一般权利能力与特别权利能力。“一般权利能力，泛指参加一般民事法律关系的法律资格；特别权利能力，指参加特定的民事法律关系所要求的法律资格。”“自然人与法人，基于性质上的差异，存在特别民事权利能力的差别。”“本国人与外国人之间，基于政策上的考虑，也有特别民事权利能力的差异。”② 这样一来，同义说陷入了矛盾之中：一方面，权利能力等同于人格，则所有民事主体的权利能力应一律平等，不得被限制或剥夺；另一方面，自然人与自然人之间、自然人与法人之间以及法人与法人之间享有权利的范围确实不同，权利能力又存在差异。

异义说是基于对同义说的反思而提出的权利能力有别于人格的新观点。关于我国学者中何人何时第一次提出人格与权利能力区别的观点，没有人考证，但学界阐述这一观点时都不约而同地指向了江平教授在 1994 年主编的《法人制度论》中提出的权利能力与人格含义不同的观点：权利能力学说与人格学说虽然存在密切联系，但二者不能等同；权利能力与人格不是一个概念。“人格是指可以成为民事权利主体的资格，而权利能力则是指可以享有民事权利并承担民事义务的资格。前者指条件，即具备了什么条件才能成为主体，后者指范围，即民事主体可以享有的权利范围。前者指前提，是主体可以享有权利的前提，没有主体资格，一切权利义务无从谈起；后者指内涵，是主体可以享受权利的内涵。”③ 江平教授的观点受到了学界的关注，但没有引起深入讨论，当时的主流观点仍然是同义说，一方面坚持权利能力等同于人格，自然人的权利能力具有平等性，另一方面又认为自然人的权利能力可能有所限制，法人的权利能力受其性质、法律规定

① 郑玉波：《民法总则》，中国政法大学出版社 2003 年版，第 182 页。

② 梁慧星：《民法总论》，法律出版社 2007 年版，第 66 页。

③ 江平主编：《法人制度论》，中国政法大学出版社 1994 年版，第 3 页。

以及目的的限制。[①]

自2002年以后，学界开始深入探讨权利能力与人格的关系，出现了很多经典的论述。如尹田教授认为，与权利能力相比，人格具有更高的抽象性；人格描述的是人的一般法律地位，其并不考虑主体可能享有的权利范围。在民法上享有权利范围之大小、成为某种法律关系主体的资格之有无，与有无人格完全不同。"从严格意义上讲，法律人格与权利能力并不相同。"[②] 为克服自然人权利能力等同于人格所导致的无法克服的逻辑矛盾，尹田教授认为，可以赋予权利能力不同含义：一是抽象意义上的权利能力，指成为民事主体的资格，在此意义上的权利能力等同于人格；二是具体意义上的权利能力，指成为某类特定民事法律关系主体的资格，在此意义上的权利能力不同于人格。[③] 马俊驹教授认为，"人格是特定社会的准入条件"，权利能力是人格的基础，是生物人和具有独立地位的社会团体（社团和财团）成为法律人的"适格判断"的标准。[④] 柳经纬教授认为："人格是现代法律对自然人和社会组织的主体性的确认，而非赋予。""权利能力则是法律赋予民事主体的一种资格。"人格既为确认，则不能加以限制或剥夺。"权利能力既为法律所赋予，那么法律就可以加以限制或者部分剥夺。""自然人之间、法人之间、自然人与法人之间在权利能力上存在差异是明显的。"[⑤] 胡玉鸿教授更是不惜重墨着力论证了权利能力与人格的区别，认为"权利能力与人格毕竟是两个极为不

① 张俊浩主编：《民法学原理》（上册），中国政法大学出版社2000年版，第96—97、140、189—191页；魏振瀛主编：《民法》，北京大学出版社、高等教育出版社2000年版，第50—51、80—81页。王利明主编的《民法》虽然没有直接说明权利能力与人格具有同一意义，但从其表述来看，似乎也是支持这一观点的；同时该教材也是一方面坚持自然人权利能力平等，另一方面又认为法人权利能力受性质、法律、目的限制（参见王利明主编：《民法》，中国人民大学出版社2000年版，第52—53、82页。

② 尹田：《论自然人的法律人格与权利能力》，《法制与社会发展》2002年第1期。

③ 尹田：《民事主体理论与立法研究》，法律出版社2003年版，第12页。

④ 马俊驹：《人与人格分离技术的形成、发展与变迁——兼论德国民法中的权利能力》，《现代法学》2006年第4期。

⑤ 柳经纬：《权利能力的若干基本理论问题》，《比较法研究》2008年第1期。

同的范畴，对此不加区分地混用，不仅无法体现人格在法律上的意义，也同样会使得权利能力的内涵不彰”。人格与权利能力的区别主要表现为“内蕴的理念不同”“存在的依据不同”“实质的内涵不同”“所处的地位不同”以及“指涉的范围不同”。[①]

权利能力学说自清末传入我国以后，在整个20世纪，民法学界主流观点一直都是坚持同义说，即权利能力等同于人格，或者说权利能力取代了人格，尽管也有学者提出过不同见解，但始终没有动摇同义说的正统地位。进入21世纪以来，学界逐渐认识到了同义说存在的逻辑漏洞，有影响的几位学者先后提出了很有见地的观点，出现了同义说向异义说转化的趋势。正如学者所言，“学界似乎出现了一种潮流，即严格区分权利能力与人格”[②]。

总之，在我国，同义说始于清末，为一百多年来理论界通说，但这一观点存在逻辑上的矛盾，难以自圆其说，始于20世纪90年代的异义说渐成有力之新说。

二 域外伦理人格向法律人格之嬗变

本章第一节介绍了关于人格、权利能力的立法模式，下面进一步分析德国学说关于人格与权利能力的关系，探讨同样是学说汇纂学派的《瑞士民法典》为什么同时使用人格和权利能力两个概念，在比较这两种立法模式的基础上探寻权利能力制度的发展趋势。

在德国，人格是伦理的，是抽象的，人格的本质是自由意志。一般认为，“伦理学的人格主义是《德国民法典》的精神基石”[③]。康德强调人是一种理性的存在。“人，是主体，他有能力承担加于他的行

① 胡玉鸿：《围绕“人格”问题的法理论辩》，《中国法学》2008年第5期。

② 周清林：《中国语境中的“权利能力”》，《北大法律评论》（2009年）第10卷第1辑，第278页。该学者在分析区分权利能力与人格的理由时认为，“随着人本主义意识的加强，学界开始慢慢地向人格的本来意义，即人格的伦理意义靠拢。”这一观点不能成立。笔者认为，区分权利能力与人格的重要原因在于伦理人格向法律人格的嬗变，而不是相反。

③ ［德］卡尔·拉伦茨：《德国民法通论》（上册），王晓晔等译，法律出版社2003年版，第110页。

为。因此，道德的人格不是别的，它是受道德法则约束的一个有理性的人的自由。”这里的人指的就是生物人，道德的人格也就是法律上人的资格。另外，康德将“意志”等同于“实践理性”。[①] 在康德看来，一个拥有自由意志的人就是一个理性的人。黑格尔进一步认为，自为地存在的意志即抽象的意志就是人。人的本质就是人的自由意志。“自由意志借外物（特别是财产）以实现其自身，就是抽象法。自由意志在内心中实现就是道德。自由意志既通过外物，又通过内心，得到充分的现实性，就是伦理。”[②] 在论述抽象法的时候，黑格尔指出：“人格……构成抽象的从而也是形式的法的概念……”[③] 人格是近现代法律的根基，“实际上法和一切法的规定仅仅是基于自由的人格”[④]。人格是抽象的，在基于抽象人格所构成的法律世界里，法的命令是：“成为一个人，并尊敬他人为人。”[⑤]“成为一个人”是基于自然理性每个人当然享有的权利，尊重他人为人则是每个人的义务，由此形成人与人之间人格平等。生物人因具备人格而成为人；人既是权利主体，也是义务主体。自由意志就是人格的质的规定性。

自由意志理论对德国民法学说和立法产生了深远影响。萨维尼认为：“法服务于道德，但服务的方式并非执行道德的诫命，而是保障内在于所有个人意志当中的道德力量的自由展开。”[⑥] 萨维尼将法律人限定为具有自由意志的生物人，法律人与生物人的概念是一致的，

① ［德］康德：《法的形而上学原理——权利的科学》，沈叔平译，商务印书馆1991年版，第12—13、26页。

② 贺麟：《黑格尔著〈法哲学原理〉一书评述》，［德］黑格尔：《法哲学原理》，范扬、张企泰译，商务印书馆1961年版，第12页。

③ ［德］黑格尔：《法哲学原理》，范扬、张企泰译，商务印书馆1961年版，第46页。

④ ［德］黑格尔：《精神哲学——哲学全书·第三部分》，杨祖陶译，人民出版社2006年版，第322页。

⑤ ［德］黑格尔：《法哲学原理》，范扬、张企泰译，商务印书馆1961年版，第46页。

⑥ ［德］萨维尼：《当代罗马法体系Ⅰ》，朱虎译，中国法制出版社2010年版，第257—258页。

因此，在他看来，只有个人才是法律上的人，才具有权利能力。普赫塔、温德沙伊德等学者都认为，人具有自由意志而为人格人，人格是一种法律上的意志。“内在于作为种属物的人的道德的自由及其意志，该自由与意志的因素证明人具有资格成为人格人。”① 正如学者所言，“人格构造的意义在于，它统一了人的行为模式与特征，并以此来达到规范个体的目的，并为个体提供其生存必要的预期与安全。换句话就是，人格使得人成为法律上的主体成为可能”②。《德国民法典》第一草案说明书也认为：“不论现实中的人的个体性和其意志，承认其权利能力是理性和伦理的一个戒律。”③ 因为自然人是理性的，不论性别、年龄、种族、宗教信仰等个体性或者意志方面的差别，基于伦理的要求，每个自然人都享有权利能力。因此，“对我们的整个法律制度来说，伦理学上的人的概念须臾也不可或缺。”④ 在德国，人格只是就自然人而言的。

由于伦理人格学说只针对自然人，不能解决团体成为“人”的问题，于是创设权利能力概念作为法律主体资格的判断标准。为此，不得不把所有的生物人定义为法律人，然后将所有法律人定义为“人”。“人”是一个上位概念，包括自然人和法人，构成“人”概念的必要条件只有权利能力。温德沙伊德认为：“权利能力基于实证法(positives Recht)。”⑤ 权利能力设计的目的就是为了使法人成为法律主体，法人基于权利能力而享有权利和承担义务，具有与自然人相同的地位。法人成为“人”，只是在法人的形式化意义上说的，只是意味着具有权利能力而已，除了权利能力以外，其他有关自然人的内容

① ［德］罗尔夫·克尼佩尔：《法律与历史：论〈德国民法典〉的形成与变迁》，朱岩译，法律出版社2003年版，第63页。

② 王森波：《人格——源流、含义及功能》，《甘肃政法学院学报》2010年第5期。

③ ［德］罗尔夫·克尼佩尔：《法律与历史：论〈德国民法典〉的形成与变迁》，朱岩译，法律出版社2003年版，第58页。

④ ［德］卡尔·拉伦茨：《德国民法通论》(上册)，王晓晔等译，法律出版社2003年版，第45页。

⑤ ［德］罗尔夫·克尼佩尔：《法律与历史：论〈德国民法典〉的形成与变迁》，朱岩译，法律出版社2003年版，第58页。

均不予考虑。因此，“法人的权利能力充其量不过是部分权利能力”①。法人享有财产法上的权利能力，而且与自然人在财产法上的权利能力的范围是一致的。法人不能享有家庭法上的权利，因为权利能力理论不适用于家庭法领域②，家庭关系所涉及的婚姻、亲属、监护等，对于权利能力根本没有任何影响；家庭关系只是部分属于法领域，更多的属于伦理道德范畴。权利能力基于法律规定，而且只适用于财产法领域。

既然权利能力是法定的，是法律赋予的，那么权利能力也就可能受限制或被剥夺。萨维尼认为，“首先，成文法可以全部或部分否定一些单个人具有权利能力。其次，成文法可以将权利能力转授予单个人之外的某些主体即经由拟制所构建的法人”③。萨维尼甚至还写一篇“通过宗教限制权利能力”的文章④，论述禁止在犹太人和天主教徒之间的通婚。当然，禁止通婚并不否定各自的主体资格，只是限制某方面的权利能力。权利能力可能受限制或被剥夺的观点为《德国民法典》所接受。该法典第 1306 条规定⑤，愿意相互缔结婚姻的二人，如果其中一人和第三人之间存在同性生活伴侣关系的，不得结婚。这实际上就是剥夺了存在同性生活伴侣关系的人的缔结婚姻的权利能力。该法典第 43 条规定了在某些情况下可以剥夺法人权利能力；第 49 条则明确规定了法人被剥夺权利能力之后，以清算目的的要求为

---

① ［德］卡尔·拉伦茨：《德国民法通论》（上册），王晓晔等译，法律出版社 2003 年版，第 182 页。

② ［德］萨维尼：《当代罗马法体系Ⅰ》，朱虎译，中国法制出版社 2010 年版，第 283 页。

③ ［德］萨维尼：《当代罗马法体系Ⅱ》，第 2 页和第 236 页以下。转引自［德］罗尔夫·克尼佩尔：《法律与历史：论〈德国民法典〉的形成与变迁》，朱岩译，法律出版社 2003 年版，第 63 页。

④ ［德］罗尔夫·克尼佩尔：《法律与历史：论〈德国民法典〉的形成与变迁》，朱岩译，法律出版社 2003 年版，第 62 页。

⑤ 2001 年德国颁布《关于已登记的同性生活伴侣关系的法律》，并于 2004 年修订，该法赋予已登记的同性生活伴侣关系类似于婚姻的法律效力。《德国民法典》相关条文随之修订。相反，《路易斯安那民法典》不承认同性婚姻，不承认作为所谓同性婚姻的结果的任何权利或请求权的主张（第 89、3520 条）。

限该法人可以继续存在；第50条规定法人被剥夺权利能力的公告后1年以内，不得将社团的财产移交给归属人。这些规定表明，法人的权利能力可以被剥夺，但被剥夺的只是从事经营的资格，法人的主体地位毫无疑问还继续存在，此时法人的活动仅限于以清算为目的，即在清算范围内法人仍然享有权利能力。

基于德国法制和学说，人格与权利能力的关系可以概括为：人格是伦理的，表彰自然人的主体性；人格蕴含了自然法中的理性基础，体现人的尊严，呈现理性的人本价值理念，具有更深层次的抽象特征。权利能力是法定的，是为了表彰自然人和法人的主体资格而采取的一种立法技术；权利能力并不反映自然人的本质；无论自然人还是法人，都是基于法律规定才具有权利能力①；权利能力是具体的，是受限制甚至是可以被剥夺的。基于伦理的、抽象的人格与基于实证法的、具体的、可以限制的权利能力显然不能等同。如果将法律主体限于自然人，伦理人格理论完全可以自圆其说。但是，当法人成为法律主体时，问题就来了：法人是否有人格？如果有，那么法人人格是伦理人格还是法律上的人格？如果没有，如何解释法人的主体性？这涉及对法人性质的认识。

关于法人的法律性质，即法人究竟是一个设想中拟制的人，还是一个法律实体，一直是理论界争论的话题。以萨维尼和温德沙伊德为代表的拟制说认为，法人在其本来意义上仅仅是自然人的一种表现，只是形式化意义上的"人"，是一种法律技术的产物，法人本身没有自由意志，只有权利能力。这样的法人不可能具有伦理性的人格，也不需要通过法律上的人格概念来统领自然人和法人，权利能力足以表彰它们的主体地位。以吉尔克为代表的实在说则认为，法人是一种现实存在，是一种事实真相，不是人为的技术手段。法人自身具有团体人格。这种团体人格显然不同于自然人的伦理人格。"吉尔克的'实

① "对于所有人的权利能力不存在一个先于法律的、准人类的论证。"［德］罗尔夫·克尼佩尔：《法律与历史：论〈德国民法典〉的形成与变迁》，朱岩译，法律出版社2003年版，第58页。

在的组织人格'的理论避而不谈作为自然界生命体的和伦理意义上的（自然）人与那些由法律所规范的社会世界的产物之间存在的差异。"① 现在，人们已经不再讨论这一问题了，大多数人认为，这一争论是没有意义的，因为这两种对立观点都存在不足，没有一个是完全站得住脚的。"人们更倾向于采纳中性的表述：法人就其宗旨而言被视为归属载体。"② 这种回避矛盾的态度无助于问题的解决，搁置争议的结果就是各自站在自己的立场上自说自话。采拟制说的学者闭口不谈法人人格，采实在说的学者不仅认为法人具有真实人格，而且还要讨论其人格保护。③ 正如学者所言，在制定《德国民法典》时，"立法者将构建和论证人格人的概念（的任务）转交给了学界。然而学界就此任务一如既往并没有完成"④。

采拟制说或者采实在说对于确定人格与权利能力关系具有重要意义，采拟制说不承认法人的法律人格，基于伦理人格和权利能力足以解决自然人和法人的主体资格问题，似乎可以自圆其说。一般认为，《德国民法典》采法人拟制说——没有规定法人行为能力即是明证，因此，该法典不需要使用人格概念，不需要规定法人的人格。采实在说则必须承认法人的真实人格，该人格不是伦理人格而是法律人格，伦理人格理论无法解决自然人的伦理人格与法人的法律人格并存的问题。《日本民法典》采法人实在说，2006 年之前的法典第 43 条规定了法人的权利能力，关于法人的行为能力，尽管其没有像《瑞士民法

① ［德］卡尔·拉伦茨：《德国民法通论》（上册），王晓晔等译，法律出版社 2003 年版，第 180 页。

② ［德］迪特尔·梅迪库斯：《德国民法总论》，邵建东译，法律出版社 2000 年版，第 823 页。

③ 如莱斯曼的《法人的人格保护》，载《民法实务档案》第 170 卷（1970 年）；克利佩尔的《对联合会的民法上的人格保护》，载《法学家报》1988 年（［德］迪特尔·施瓦布：《民法导论》，郑冲译，法律出版社 2006 年版，第 102 页）。弗卢梅的《德国民法总论》第 1 卷，第 2 册（［德］迪特尔·梅迪库斯：《德国民法总论》，邵建东译，法律出版社 2000 年版，第 822 页）。

④ ［德］罗尔夫·克尼佩尔：《法律与历史：论〈德国民法典〉的形成与变迁》，朱岩译，法律出版社 2003 年版，第 67 页。

典》那样明确规定，但原第 44 条规定了“法人侵权行为能力”，实际上这是以法人存在“行为”为前提的，基于其行为，侵权行为就当然能够成立。[①] 也就承认了法人拥有团体意思，具有行为能力。按照伦理人格主义哲学的逻辑思维，承认法人拥有团体意思，应当承认法人具有独立的法律上的人格。但该法典没有规定法人的人格，仍然沿用德国做法，通过权利能力来表彰法人的主体资格，由此陷入逻辑矛盾：一方面权利能力表彰抽象的主体资格，另一方面法人的权利能力与自然人权利能力不同，法人的权利能力是受性质、法令限制的。如果像我国《民法通则》那样规定权利能力平等，更是落入逻辑陷阱不能自拔。

《瑞士民法典》大胆尝试，第一次在法典中使用人格概念，标志着法律上人格概念的最终形成。[②] 该法典用人格表彰自然人和法人的主体资格，自然人、法人的法律人格一律平等；同时通过权利能力规定主体享有权利的范围。此时的人格不同于康德伦理人格主义哲学上的人格，不再是哲学或法哲学上的概念，不再是伦理上的而是一个法律上的概念。该法典在“人格的一般规定”之下规定权利能力，而且第 1 条将自然人的权利能力限定“在法律范围内”，第 53 条将法人的权利能力范围排除了以自然人的本质为要件以外的一切权利和义务。这两条规定足以表明该法典的权利能力只能是具体的，绝非抽象的。权利能力不表彰主体资格，只关涉享有权利的范围，该范围可能受到限制，自然人、法人以及他们相互之间的权利能力可能不同。人

① ［日］我妻荣：《新订民法总则》，于敏译，中国法制出版社 2008 年版，第 151 页。2006 年民法典修订后关于法人的权利能力和侵权行为能力的规定分别见民法典第 34 条和《一般法人法》第 78 条。

② 王森波：《人格——源流、含义及功能》，《甘肃政法学院学报》2010 年第 5 期。该文作者将人格与人格权相区分作为法律上独立人格概念最终形成的标志，实不敢苟同，人格表彰主体资格，人格与人格权是否相区分与法律上人格概念是否独立是两个不同层面的问题。

格（personhood）的含义应当宽于权利能力（legal capacity）的范围。[①]《瑞士民法典》不仅在具体意义上使用权利能力概念，而且将权利能力作为人格的内容，开民法典之先河，为后世各国制定民法典提供了更宽广的思路。

由《瑞士民法典》首倡的通过法律上的人格表彰主体资格的模式实现了伦理人格向法律人格的转变，标志着人格的法律化，法律上独立的人格概念由此形成，这为后世民法典的制定提供了新的范式，对我国未来立法极具参考价值。

三　我国未来立法之选择

本书第四章第一节及本章第二节已经介绍了我国学界关于人格与权利能力关系的两种对立的观点，即同义说和异义说。由于同义说既在抽象意义上理解权利能力，认为权利能力等同于人格，但又认为法人的权利能力与自然人不同，法人权利能力是受限制的，因此该说存在无法克服的逻辑矛盾。本书赞成异义说，在具体制度设计上，我国未来的民法典应选择瑞士模式。

首先，只有区分伦理人格与法律人格，区分法律人格与权利能力，确定法律人格表彰主体资格，权利能力表彰享有权利的资格，才能真正理顺人格与权利能力的关系。

近代民法承认所有自然人都是法律上的人，是奠基在伦理人格基础之上的。基于伦理人格理论，近代民法通过对自然人法律上主体资格的普遍承认，从而保障自然人的独立和自由，体现人格一律平等，最终实现人的尊严，实现人类文明的重大进步。“私法自治，与自由平等的人格，为近代民法的根本原则。”[②] 当所有自然人都具有（伦理）人格，都是法律上的人，而且法律上的人也只有自然人时，法律

① See Eilionoir Flynn and Anna Arstein-Kerslake, *Legislating personhood: realising the right to support in exercising legal capacity*, International Journal of Law in Context/Volume 10/Issue 01/March 2014, pp. 81 – 104.

② 梁慧星：《民法总论》，法律出版社 2007 年版，第 4 页。

上的人与自然人完全重合，伦理人格与法律主体资格即法律人格也完全重合，此时的法律没有必要规定（法律）人格以彰显自然人的主体地位。在自然人一元结构的主体制度下，伦理人格理论完全自足，足以应对。在自然人、法人二元结构主体制度下，如果坚持法人拟制说，坚持自然人是唯一主体，倒也可以勉强对付，但如果坚持法人实在说，问题就显现了。如有学者认为："法律上的人或法律主体以拥有伦理人格为基础，法律上的人之所以可以享有权利负担义务，究其根源，莫不是植根于人的伦理内涵。"① 这显然是将法律上的人限于自然人了。自然人的人格具有伦理性，这是不争的事实，但作为自然人和法人共用的法律人格概念仅具技术性。因此，对自然人而言，既有伦理人格，也有法律人格；对法人而言，只有法律人格，绝无伦理人格。如果不加以区分，极易造成混用甚至得出错误的结论。

在讨论人格与权利能力关系时，既要避免将伦理人格与权利能力进行比较，也要避免将所谓公法上人格与权利能力进行比较。基于自然理性的伦理人格与基于实证法的权利能力两者处于不同层面，前者是后者的基础，后者是前者的表现。法律人格只是私法上的概念，表彰私法上的主体资格。如果认为人格是公私法都使用的概念，② 甚至认为是宪法上的概念，并在此基础上对人格与权利能力两个概念予以比较，不可能得出正确结论。关于人格的性质，本书第二章已有分析，不再赘述。

另外，法律人格与权利能力都是法律赋予的，正如德国学者所言，"作为物理的人的法律主体性和法人的法律主体性各自本身都是规范的、成文法的结构"③。也就是说，无论是自然人还是法人，主体资格都是法律赋予的，都是一种法律结构。人格表彰主体资格，权

① 姜新东、朱孝彦：《论法律上人格的伦理性》，《山东科技大学学报（社会科学版）》2010 年第 10 期。

② 胡玉鸿：《围绕"人格"问题的法理论辩》，《中国法学》2008 年第 5 期；姜新东、朱孝彦：《论法律上人格的伦理性》，《山东科技大学学报（社会科学版）》2010 年第 10 期。

③ ［德］罗尔夫·克尼佩尔：《法律与历史：论〈德国民法典〉的形成与变迁》，朱岩译，法律出版社 2003 年版，第 72 页。

利能力表彰享有权利的资格，权利能力以人格为前提，人格通过权利能力得以表现；有人格者必有权利能力，有权利能力必有人格；权利能力与人格如影相随。“私法将权利、义务和法律关系归属于自然人或法人。如果我们在一定程度上赋予人合公司以及无权利能力的社团以部分权利能力，那么我们就在同样程度上承认它们具有部分人格。”[①] 赋予权利能力，也就当然承认其法律人格。

其次，我国自清末以来的法律传统，决定了我国未来民法典应继续采法人实在说，用人格表彰法人的主体资格是立法本身的需要。

开启我国近代民事立法序幕的《大清民律草案》即采法人实在说，其第62条明确规定了法人具有行为能力，第65条规定了关于自然人“人格保护”的有关规定可以准用于法人。[②] 该草案明确规定了自然人的权利能力，并且对自然人专门规定了第五节“人格保护”。但该草案对法人没有使用权利能力概念，而是直接规定法人有享受权利负担义务的“能力”，说明起草者已经意识到了如果用权利能力表彰自然人的主体资格就不能再用权利能力来表彰法人的主体资格，因为法人毕竟与自然人不同，法人的权利范围受法令和性质限制，于是用“能力”表示享有权利的资格，避免使用权利能力概念产生逻辑矛盾。至于用什么概念表彰法人的主体资格，以及为何将适用于自然人的“人格保护”规定准用于法人，未见资料介绍。[③]《民国民律草案》继续采法人实在说，同时，为了避免《大清民律草案》的不足，或是受到《瑞士民法典》的影响，该草案直接规定社团及财团依法取得“人格”，用人格来表彰团体及财团的主体资格，用“能力”表示法人享有权利的资格，没有使用权利能力概念，但规定了法人的行

---

① ［德］福尔克·博伊庭（Volker Beuthien）：《德国公司法中的代表理论》，邵建东译，载梁慧星主编：《民商法论丛》第13卷，法律出版社2000年版，第555页。

② 杨立新主编：《中国百年民法典汇编》，中国法制出版社2011年版，第60—61页。

③ 本书认为，适用于自然人的第五节“人格保护”所称之人格只能是伦理人格，法人没有伦理人格，当然不适用该规定。该草案规定“于法人准用之”，说明起草者认可法人具有人格，但法人仅有法律人格，所以只能准用。

为能力。[①] 该草案以权利能力表彰自然人的主体资格，用人格表彰团体的主体资格，形成了有别于瑞士法的新模式。这是我国立法史上第一次使用人格表彰团体的主体资格。

《中华民国民法》没有规定法人权利能力和行为能力。[②] 按照学者解释，该法采法人实在说。[③] 胡长清先生认为："我民法虽无明文规定，但既采法人实在说，则法人之有行为能力，是不待言。"[④] 史尚宽先生也认为，根据该法第28条的规定："其承认法人有侵权行为能力，盖无疑议。"[⑤] 法人有侵权行为能力，当以有行为能力为前提。既然该法系采法人实在说，那么法人的主体资格通过什么来表彰，人格，还是权利能力？按照郑玉波先生的观点，"法律既赋与法人以人格，则法人应于如何之范围内，得享有权利并负担义务，是为法人之权利能力问题"。自然人和法人的权利能力"均得予以限制"。[⑥] 根据这一表述，似乎可以得出以下结论：人格表彰法人主体资格，权利能力规定享有权利负担义务的范围；人格与权利能力有别。但通说认为，权利能力就是人格的别称，两者具有同一意义。正是由于法典没有规定法人权利能力和行为能力，更没有明确区分人格与权利能力，导致学理解释往往陷入尴尬境地，难以自圆。

新中国成立以后，50年代和60年代的民法草案都没有使用法人权利能力和行为能力概念，甚至连自然人的权利能力也只有一个草案作出明确规定。1980年《中华人民共和国民法草案（征求意见稿）》在我国立法史第一次同时规定了法人的权利能力和行为能力，此后的

① 参见该草案第27—31条（杨立新主编：《中国百年民法典汇编》，中国法制出版社2011年版，第222页）。

② 杨立新主编：《中国百年民法典汇编》，中国法制出版社2011年版，第388—391页。该法修订后使用了法人权利能力概念，但仍然没有规定法人行为能力。

③ 梁慧星主持：《中国民法典草案建议稿附理由·总则篇》，法律出版社2004年版，第59—60页。

④ 胡长清：《中国民法总论》，中国政法大学出版社1997年版，第108页。

⑤ 史尚宽：《民法总论》，正大印书馆1980年版，第141页。

⑥ 郑玉波：《民法总则》中国政法大学出版社2003年版，第181、182页。

三次草案均作了相同规定。[①]《民法通则》顺理成章地采法人实在说，规定了法人权利能力和行为能力。

从我国近代以来的民事立法来看，无论是立法草案还是正式法律，基本上都采法人实在说，法人权利能力和行为能力的基本概念、理论以及由此形成的制度体系已经成为我国法律传统和法律文化的重要组成部分，因此，今后我国民法典应该继续采法人实在说。采实在说就必须承认法人具有人格。如果继续坚持现行法规定的法人权利能力和行为能力的框架，并继续坚持法人权利能力受限制的观点，就有必要用人格表彰法人的主体资格，采人格与权利能力并存模式。这样，既可以使权利能力概念进一步准确、清晰、严谨，也有利于消除既有理论存在的逻辑矛盾。

再次，人格等同于权利能力的传统理论已被证明存在无法克服的逻辑矛盾，如果人格与权利能力相区别，这些逻辑矛盾将迎刃而解。

对于人格与权利能力关系，传统的同义说陷入逻辑矛盾，无法自拔；异义说能有效化解逻辑矛盾，能自圆其说，因而受到越来越多的学者支持。江平教授首先提出人格与权利能力不同的观点，此后，支持这一观点的学者逐渐增加。尹田教授认为，在德国民法理论上，无论对权利能力作何理解，权利能力都没有被直接解释为“人格”的同义语，二者并非等同。[②] 马俊驹教授认为：“人格是特定社会的准入条件”，“权利能力只是一种资格、一种取得法律关系的可能性。”权利能力是生物人和社会团体成为法律人的“适格判断”的标准。[③] 柳经纬教授认为，自然人、法人的权利能力存在差异；“人格是现代法律对自然人和社会组织的主体性的确认”，“权利能力则是法律赋予民事主体的一种资格。”人格不能加以限制或剥夺，权利能力可以

---

① 何勤华、李秀清、陈颐：《新中国民法典草案总览》（下），法律出版社 2003 年版，第 375、440、499、566 页。

② 尹田：《论人格权的本质——兼评我国民法草案关于人格权的规定》，《法学研究》2003 年第 4 期。

③ 马俊驹：《人与人格分离技术的形成、发展与变迁——兼论德国民法中的权利能力》，《现代法学》2006 年第 4 期。

加以限制或者部分剥夺。同义说不足以解释法律生活的现实，理论上应采异义说。[①] 胡玉鸿教授认为，权利能力与人格是两个极为不同的概念，并从内蕴的理念、存在的依据、实质的内涵、所处的地位、指涉的范围等方面深入论证了人格与权利能力的区别。[②] 笔者基本赞成胡玉鸿教授的分析和结论，但其关于人格不仅仅是私法上的概念，而是指所有法律领域的主体资格的观点，以及混淆权利能力与行为能力的做法实不能苟同；况且，其没有将伦理人格与法律人格予以区分。有学者认为，权利能力只是一种法技术，不能反映主体的本质，更不是确认民事主体的判断标准。[③] 还有学者认为，人格与权利能力在所涉主体的范围上并没有区别，但在内涵上有不同。“权利能力包含着‘权利范围’的意义，人格则无此意义。”[④] 另外，徐国栋教授主持的《绿色民法典草案》采人格与权利能力并存模式。该草案第一编人身关系法、第一分编自然人法、第一题“人格”标题之下规定自然人的权利能力，在第二分编法人法、第一题“一般规定”、第一章“法人的人格”标题下规定法人的权利能力。[⑤] 该草案明确使用人格表彰主体资格，权利能力涉及享有权利的范围，基本上是采瑞士模式，但规定自然人权利能力平等，实属多余。

最后，通过人格表彰主体资格符合世界立法潮流。《瑞士民法典》

① 柳经纬：《权利能力的若干基本理论问题》，《比较法研究》2008 年第 1 期。

② 胡玉鸿：《围绕“人格”问题的法理论辩》，《中国法学》2008 年第 5 期。也有学者认为，人格与权利能力的存在的基础不同、法律地位不同、产生的逻辑顺序不同、蕴涵理念不同（叶欣：《私法上自然人法律人格之解析》，《武汉大学学报（哲学社会科学版）》2011 年第 6 期）。

③ 吕海宁：《论确认民事主体的标准——权利能力亦或法律人格》，《黑龙江省政法管理干部学院学报》2009 年第 5 期。该学者认为，“判断一个组织体能否成为民事主体的事实标准主要有两点：一是是否有自己的意志；二是是否有自己可支配的财产。”本书认为，团体成为民事主体的判断标准应该是独立名义和独立意志，至于是否具备可支配的财产不应该成为这里的判断标准，理由是非营利法人的设立并不以财产为要件，即使是公司，修订后的公司法彻底取消了注册资本的规定，没有财产也能取得法人资格，说明财产对于团体而言不是成为主体的判断标准。

④ 王森波：《人格——源流、含义及功能》，《甘肃政法学院学报》2010 年第 5 期。

⑤ 徐国栋主编：《绿色民法典草案》，社会科学文献出版社 2004 年版，第 45、113 页。

首倡人格表彰主体资格的模式，此后，许多国家和地区纷纷效仿。《埃塞俄比亚民法典》《马耳他民法典》和《魁北克民法典》规定了人格，但没有规定权利能力；《埃及民法典》《菲律宾民法典》《葡萄牙民法典》《澳门民法典》《巴西新民法典》《路易斯安那民法典》既规定人格，也规定权利能力。目前，在本书考察的25部民法典中已有10部规定了人格（或者民事人格、法律人格、法人格），而且这一数量呈逐渐增加态势。尤其是人格、权利能力并存的模式，彻底解决了权利能力表彰主体资格的诸多矛盾而广受欢迎。总之，用人格表彰主体资格已成为当今立法潮流。

基于上述理由，本书建议我国今后立法采用人格表彰法人的主体资格，至于如何处理人格与权利能力的关系，又有四种不同模式可供选择：

第一种模式，人格与权利能力并存，人格表彰自然人和法人的主体资格，自然人和法人都具有权利能力。这种模式以《瑞士民法典》为代表。

第二种模式，人格表彰自然人和法人的主体资格，但自然人具有权利能力，法人没有。这种模式以《菲律宾民法典》为代表。该法典在“民事人格”的标题下首先规定了第一章“一般规定”，然后再规定第二章“自然人”、第三章“法人”，按照法律逻辑，“一般规定”应该是自然人和法人共用的规则，但遗憾的是，其第37条规定：“权利能力，即充当法律关系主体的资格，为每个自然人内在地具有并仅因死亡而丧失。”这一规定将法人排除在外。法人没有权利能力，而自然人的权利能力是“内在地具有并仅因死亡而丧失”，因此，“让我们同样不能明确看出它与人格有什么不同”①。另外，从该法典关于结婚权、赠与、继承等权利能力的规定来看，权利能力应属于具体的，这与第37条的规定明显矛盾。

第三种模式，权利能力表彰自然人的主体资格，人格表彰法人的主体资格；规定自然人的权利能力和行为能力，不使用人格概念；法

① 蒋军洲：《〈菲律宾民法典〉的保守与创新》，《河北法学》2007年第9期。

人没有权利能力，但有行为能力。这种模式以《埃及民法典》为代表。该法典没有用统一的法律人格作为自然人和法人的主体资格，而是开辟了一条新思路。该法典对自然人遵循德国伦理人格理论，没有使用人格概念，仍然沿用权利能力表彰自然人的主体资格；反之，对法人没有使用权利能力概念，而是用法律人格来表彰其主体资格。另外，该法典规定了法人的行为能力和法人代表人制度，表明采法人实在说。该法典在非洲和西亚伊斯兰世界中有巨大的影响，是叙利亚、伊拉克、利比亚等10个国家制定民法典的蓝本，其影响力仅次于《法国民法典》。[①] 实际上，这种模式与我国1926年《民国民律草案》的处理方式完全相同，笔者猜想该草案可能被1948年的《埃及民法典》所借鉴，如果没有，则说明两个国家的民法起草者英雄所见略同。

第四种模式，只有法律人格，没有权利能力。这种模式以《魁北克民法典》为代表。虽然使用了法律人格概念，没有规定权利能力，但明确规定了自然人和法人的行为能力。该法典第1条明确规定："任何人均拥有法律人格，充分享有民事权利。"这一条仅仅是针对自然人的法律人格作的规定。第2、3条进一步规定自然人享有权利的范围，包括财产权、人格权等。[②] 第298条规定："法人具有法律人格。"在"法律人格的效力"的标题下实际上规定了法人享有权利的范围，如第301条："法人能充分享有民事权利。"第302条："任何法人均在法律规定的范围内拥有可被分割或为一定目的取得的财团。法人也享有源于其性质的非财产权利和义务。"[③] 该法典虽然没

① 徐国栋：《〈埃及民法典〉绪言》，载《埃及民法典》，黄文煌译，厦门大学出版社2008年版，第22、29页。

② 第2条："任何人均拥有财团。""仅在法律规定的范围内，此等财团可被分割或被设定为目的性财产。"第3条："任何人均为人格权的享有者，诸如生命权、人身不可侵犯和完整权、姓名、名誉和私生活受尊重权。""上述权利不可转让。"（《魁北克民法典》，孙建江、郭站红、朱亚芬译，中国人民大学出版社2005年版，第1页）

③ 《魁北克民法典》，孙建江、郭站红、朱亚芬译，中国人民大学出版社2005年版，第38—39页。

有使用权利能力概念，但已经表明了民法典所规定的享有权利的范围实际上就是法律人格的效力的一部分。这种模式也是采法人实在说，但没有使用权利能力概念，实际上是用人格替代了权利能力，表现出与《德国民法典》相反的思路。

我国未来应采瑞士模式，人格与权利能力并存。用人格表彰主体资格的理由前面已经阐述，此处不赘。继续保留权利能力概念的理由主要有两点：一是我国 1980 年起草《中华人民共和国民法草案（征求意见稿）》以来，自然人和法人都拥有权利能力和行为能力，这种理论、制度已经成为我国新的法律传统，法律人都已经熟悉了这些理论和规则。我国 2002 年的《中华人民共和国民法草案》以及王利明教授、梁慧星教授、徐国栋教授分别主持起草的民法典学者建议稿、中国法学会民法典编纂项目领导小组秘书处公布的《民总建议稿》都规定了权利能力和行为能力，因此自然人和法人都拥有权利能力和行为能力的规定不宜更改。二是其他模式或多或少存在不足。比如，第二种模式虽然通过人格表彰自然人和法人的主体资格解决了法人权利能力表彰主体资格的矛盾，但自然人权利能力与人格的关系难以理顺，实不足取。第三种模式用权利能力表彰自然人的主体资格，人格表彰法人的主体资格，也存在问题，自然人和法人的主体资格都是法律赋予，法人有法律人格，而自然人却是权利能力，理由何在？两者是否等同？在使用人格概念时如何区分法人的法律人格与自然人的伦理人格？第四种模式只有法律人格，没有权利能力，对于主体享有权利的资格缺少一个明确的概念称谓，略显不足。所以，本书建议采瑞士模式，用人格表彰自然人和法人的主体资格，权利能力表彰自然人和法人享有权利的资格；人格一律平等，权利能力则可能存在差异。

第三节　权利能力重新定位

人格表彰主体资格，权利能力表彰享有权利的范围；人格是抽象的，权利能力是具体的。在此理论框架下，如何重新定位权利能力，将是本书面临的新任务。本节主要从权利能力的概念、性质、特征、内容等方面进行探讨。

一 权利能力之概念

现代法律制度，“所有的一切都必须以法律概念为基础”[①]。重新定位权利能力，首先必须厘清权利能力的概念。

关于权利能力的概念，存在不同表述。“公民的权利能力，是指法律赋予公民享有民事权利、承担民事义务的资格。”[②] 这种表述指明了权利能力是法律赋予的，具有法定性。“民事权利能力，指据以充当民事主体，享有民事权利和承担民事义务的法律地位或法律资格。又称法人格，或人格。”[③] 这种表述指明了权利能力等同于人格，表彰主体资格。在我国台湾地区学者通常将权利能力定义为：“为权利与义务主体的能力。”[④] 这种表述明显是认为权利能力是一种主体资格。我国大陆民法学界通说认为，权利能力“是指民事主体享有民事权利和承担民事义务的资格”[⑤]。

以上关于权利能力概念的各种表述都是建立在人格等同于权利能力基础上的，在区分人格与权利能力的前提下，这些表述不能反映权利能力新的含义。本书认为，新的权利能力概念应涵盖三个方面的信息，一是权利能力是法律赋予的、是法定的；二是权利能力是享有权利承担义务的资格；三是权利能力是人格的体现。为此，可以将权利能力定义为：

权利能力是指具备法律人格之社会存在（自然人、法人、其他组织等）依法享有权利和承担义务的资格。

---

① ［美］罗斯科·庞德：《法律史解释》，邓正来译，中国法制出版社 2002 年版，第 179 页。

② 佟柔主编：《中国民法》，法律出版社 1990 年版，第 67 页。

③ 梁慧星：《民法总论》，法律出版社 2007 年版，第 65 页。

④ 黄立：《民法总则》，中国政法大学出版社 2002 年版，第 74 页。

⑤ 马骏驹、余延满：《民法原论》，法律出版社 2010 年版，第 53 页；魏振瀛主编：《民法》，北京大学出版社、高等教育出版社 2010 年版，第 52—53 页。

二　权利能力之性质

关于权利能力的性质，涉及两个方面的问题：权利能力究竟是自然的还是法定的，或者说是伦理的还是技术的？权利能力究竟是私法的还是公法的？对此，我国民法学界以前涉及较少。近年来，伴随着制定民法典的争议，这一问题逐渐引起了学界的关注。

德国立法者认为，每个人都有权利能力，这是很自然的事，因此，不论现实生活中人的个体差异性，"承认其权利能力是理性和伦理的一个戒律。"① 正是"理性和伦理的一个戒律"的表述，引起了学界关于权利能力究竟是自然的还是法定的这一问题的思考。对此，存在"自然说"、"法定说"两种对立的观点。"自然说"认为，权利能力是自然存在的，不是法律赋予的，权利能力不能被限制或剥夺。有学者认为，自然人的权利能力与人的自然生命同步，因出生的事实而当然取得，不需要登记；因死亡而当然消灭，不存在继承。另外，自然人的权利能力不能转让，也不得被剥夺。"因此是一种自然权利。"② 相反，"法定说"认为，权利能力不是天赋的，而是法律赋予的，是法定的，基于法定条件和法定程序可以对自然人或者法人的权利能力予以限制甚至剥夺。如凌相权教授和余能斌教授认为："权利能力是由统治阶级根据自己的意志所制定的法律规定的，不是天赋的。资产阶级学者所谓'天赋权利'的说教，只不过是一种欺骗劳动群众的麻醉剂。"③《民法通则》颁布之后的统编教材认为："公民的民事权利能力不是天赋的，而是由法律赋予的，归根结底是由一定社会经济基础决定的。""非依法律不得对公民民事权利能力加以限制和剥夺。"④"民事权利能力是法律所赋予的，它的内容和范围是直

① ［德］罗尔夫·克尼佩尔：《法律与历史：论〈德国民法典〉的形成与变迁》，朱岩译，法律出版社2003年版，第58页。

② 李永军：《论权利能力的本质》，《比较法研究》2005年第2期。

③ 凌相权、余能斌：《民法总论》，武汉大学出版社1986年版，第93页。

④ 李由义主编：《民法学》，北京大学出版社1988年版，第43页。

接由统治阶级的意志确定的。”[1] 由此，权利能力是法定的观点成了学界通说。

毫无疑问，权利能力是法定的。《德国民法典》是法律实证主义在19世纪末所取得的最杰出的成果。[2] 这一点笔者在本书第三章探讨权利能力概念为什么会在德国产生时曾提到过。所谓实证主义，是指将科学限定在可经验的东西、即“实证的”预设上。法律实证主义是作为自然法的对立面而提出来的新的法哲学思想。自然法思想认为，在人类制定的法律之外，还存在一种效力至高无上的、普遍适用于全人类的、其内容恒久不变的规则，即自然法，它是制定法是否良法的评判标准。与自然法理论相对立，实证主义法学把法律看成是国家的命令或者主权者的意志表现的概念，他们相信法律必能由国家制定，相信法律的效力来自国家惩罚违法行为的权力。在19世纪，实证主义的科学方法动摇了一切含糊的、不可证明的先验理论的地位，自然法理论也不例外地受到了冲击，甚至被历史法学家和实证法学家们当作“毫无根据的观点”抛在了一边。[3] 于是，肇始于《德国民法典》的权利能力概念及制度，从一开始就注定了其实证主义的宿命。所以该法典规定，具有权利能力的、能够成为民法上的人只有两种，即自然人和法人；其他组织只能被称为无权利能力的社团或财团，无法成为权利义务的载体，不被当做法律上的人。所以，权利能力成为“法定权利能力”。也正是基于这样的法律实证主义，权利能力人所享有的权利就不再是天赋权利，而是法赋权利，权利能力也就成了“法定权利”能力了。权利能力为法律所赋予，那么法律就可以根据不同主体设计不同权利能力，如自然人的权利能力不同于法人，法人之间的权利能力也存在差异；法律也可以限制甚至部分剥夺民事主体的权利能力，如对外国人权利能力予以限制。“权利能力并非是伦理

① 佟柔主编：《中国民法》，法律出版社1990年版，第67页。

② ［德］阿图尔·考夫曼、温弗里德·哈斯默尔主编：《当代法哲学和法律理论导论》，郑永流译，法律出版社2002年版，第116页。

③ 陈林林：《从自然法到自然权利——历史视野中的西方人权》，《浙江大学学报（人文社会科学版）》2003年第2期。

上的概念，它是公权力对私权进行干预的工具。"[①] 当然，权利能力的范围在不同社会发展阶段可能发生变化，同一时期不同的民事主体之间可能有所差异。

关于权利能力是私法的还是公法的的问题，涉及人格与权利能力的关系，涉及权利能力的功能定位，学界讨论并不多。有学者认为权利能力是"主权者操纵的治理工具"[②]，统治者通过限制或剥夺社会成员的权利能力以达到治理社会目的。也有学者认为："权利能力是国家赋予社会成员（包括法人）的一种资格或者能力，其范围依社会成员的身份不同而有所差异；同时，国家对不同社会成员的权利能力的限制体现了政治国家对市民社会的组织与调控，具有国家强制力，体现了公法性。"甚至认为，"权利能力制度本身乃是一种政治制度"[③]。还有一些学者虽然没有直接表明权利能力的公法性质，但认为人格作为主体的基础，在公法领域同样存在；"权利能力最鲜明地体现了人格的价值诉求"，"人格可以借助权利能力来实现"，"权利能力意味着一种资格"，"代表着一种地位"。[④] 这些表述实际上说明该学者主张权利能力具有公法性。

权利能力真的具有公法性质吗？我们来看看德国学者的经典表述。拉伦茨认为，"在法律上，权利能力是指一个人作为法律关系主体的能力。"[⑤] 那么，如何理解这里的法律关系？萨维尼认为，"所有的法律关系就是通过法规而界定的人（Person）与人之间的联系（Beziehung）。"[⑥] 萨维尼进一步认为，"法律关系的本质被确定为个人

---

① 仲崇玉、王燕：《权利能力的功能与实质》，《东方论坛》2007 年第 1 期。

② 徐国栋：《民法哲学》，中国法制出版社 2009 年版，第 129 页。

③ 仲崇玉、王燕：《权利能力的功能与实质》，《东方论坛》2007 年第 1 期。

④ 胡玉鸿：《围绕人格问题的法理论辩》，《中国法学》2008 年第 5 期。

⑤ ［德］卡尔·拉伦茨：《德国民法通论》（上册），王晓晔等译，法律出版社 2003 年版，第 119 页。

⑥ ［德］萨维尼：《当代罗马法体系 I》，朱虎译，中国法制出版社 2010 年版，第 258 页。

意志独立支配的领域。”① 根据意志支配的对象不同，将法律关系区分为三个不同类型，不同类型的法律关系形成不同的权利：对自己的权利（相当于现在所称之人格权）、对物的权利（物权）、对他人的权利（债权和家庭关系中的权利）。萨维尼排除对自己的权利之后，将剩下权利进行分类并由此产生法的三个主要类型，即家庭法、物法、债法。萨维尼所理解的法律关系只涉及私法领域，只涉及私权的享有，与公法没有直接关联。拉伦茨进一步解释：“法律关系总是法律规定的人与人之间的关系，它可以存在于两个或多数的特定的人之间，也可以存在于一个人同所有否定这种法律关系、不尊重这个人的权利的其余的人之间。”② 法律关系只是个体与个体之间的关系，不涉及个体与国家之间的关系。法律关系的私法性质，决定了作为能否成为法律关系主体的判断标准的权利能力只能是私法性质的。另外，德国学者普遍认为，法学家的职责仅仅局限于法的技术构造，寻求和描述法的规则，追求实体公平。“学说汇纂法学的实践仅局限于技术的构造；学说汇纂法学在发现、构建规则时，在发展包容每个规则在内的体系时，完全排除政治目的。”③ 温德沙伊德甚至认为：“伦理方面、政治方面与国民经济方面的斟酌不是法学家的事情。”④ 基于这一思想设计的权利能力制度显然不是为了公法目的，更不是政治目的。“尽管个体与国家的关系上，同样存在人的主体地位，但这种关系与抽象人格所适应的个体之间的关系是有本质上的不同，应予以严格区别。离开了私法的土壤，‘人格’的一切假设均瞬间失去其意

---

① ［德］萨维尼：《当代罗马法体系Ⅰ》，朱虎译，中国法制出版社 2010 年版，第 260 页。

② ［德］卡尔·拉伦茨：《德国民法通论》（上册），王晓晔等译，法律出版社 2003 年版，第 257 页。

③ ［德］霍尔斯特·海因里希·雅科布斯：《十九世纪德国民法科学与立法》，王娜译，法律出版社 2003 年版，第 52 页。

④ 同上书，第 6 页。

义。"[①] 权利能力只能是私法上的概念，"不具有公法的性质"[②]。

至于权利能力制度具有组织社会的功能，毫无疑问，这是所有法律制度都具有的功能，但我们不能因此而认为权利能力具有公法性，否则，所有的法律都是公法。本书第二章第三节关于人格性质的论证同样适合于这里。过分强调国家的干预，"公法将覆盖私法"[③]，市民社会的自治空间逐渐缩小甚至丧失殆尽，这将是一种可怕的现象。

三　权利能力之特征

在权利能力表彰主体资格，或者权利能力只表彰享有权利的资格这两种不同模式下，权利能力的特征必然存在差异。

在传统权利能力理论中，学界讨论权利能力的特点主要集中在自然人权利能力方面，对于法人权利能力较少涉及。通说认为，权利能力的特征主要是平等性、抽象性、法定性、固定性（不可转让性、不可放弃性）[④]，其中，平等性成了自然人权利能力的首要特征。[⑤]

本书认为权利能力的特征只有两个，即法定性和固定性。抽象性不再是权利能力的特征，因为人格表彰主体资格，权利能力仅表彰享有权利的资格，关涉享有权利的范围，权利能力相对具体。平等性也不应该再是权利能力的特征，因为平等性主要是指主体资格平等，既然权利能力不表彰主体资格，当然也就不存在权利能力平等之说。

---

① 王森波：《人格——源流、含义及功能》，《甘肃政法学院学报》2010 年第 5 期。

② 黄琳：《姓名权和肖像权的异化——论自然人人格要素中的财产利益》，载王利明、葛维宝主编：《中美法学前沿对话——人格权法及侵权法专题研究》，中国法制出版社 2006 年版，第 289 页。

③ ［德］罗尔夫·克尼佩尔：《法律与历史：论〈德国民法典〉的形成与变迁》，朱岩译，法律出版社 2003 年版，第 2 页。

④ 马骏驹、余延满：《民法原论》，法律出版社 2010 年版，第 54 页；李永军：《论权利能力的本质》，《比较法研究》2005 年第 2 期。

⑤ 李由义主编：《民法学》，北京大学出版社 1988 年版，第 43 页；佟柔主编：《中国民法学·民法总则》，中国人民公安大学出版社 1990 年版，第 91—92 页；王利明主编：《民法》，中国人民大学出版社 2000 年版，第 52—53 页；魏振瀛主编：《民法》，北京大学出版社、高等教育出版社 2000 年版，第 51 页。

关于权利能力法定性和固定性的特征，本书赞成学界多数学者观点，此处不再赘述。以下重点探讨我国未来立法是否继续规定权利能力平等。

我国未来立法应摒弃自然人权利能力平等的规定，理由是，首先，“平等主要是宪法问题”①。宪法确定的法律面前人人平等的基本原则在民法领域表现为主体资格平等即人格平等，这只是一种抽象的平等而非具体的平等。在私法领域，一方面强调人格平等、私法自治，另一方面通过公序良俗原则、禁止权利滥用原则对民事主体的行为予以限制，以及通过对劳动者、消费者等弱者提供更多保护，以达到实质公平。正如本书第二章第一节的分析，私法人格以公法的规定为前提，“私法诞生于公法的保护之下”②。因此，实现自然人相互之间的平等不能仅依赖于民法。试想，没有宪法和其他公法保障，单靠民法能真正实现权利能力平等吗？关于公法与私法的关系，尤其是民法与宪法的关系，笔者曾有专门论述，在此不赘述。③ 其次，在区分人格与权利能力的前提下，人格表彰主体资格，权利能力表彰享有权利的资格，此时没有必要也不应该继续规定权利能力平等。最后，如果继续坚持用权利能力表彰主体资格，并规定权利能力平等，必然产生逻辑矛盾。即使采取“两分说”之一般权利能力与特别权利能力予以区分仍然无法解决问题，详见本书第四章第一节及本章前面的分析。

需要说明的是，前苏联规定权利能力平等有其特定历史原因，并不是逻辑论证的当然结果，我们没有必要效仿。前苏联 1964 年民法典是第一部规定权利能力平等的民法典。但此前的 1922 年《苏俄民法典》并没有这一规定，该法典第 4 条规定：“苏俄为发展国家之生产力，对于未经法院限制权利之全体公民，均畀与民事上之权利能力（有民事上权利及义务之能力）。”“性别、人种、民族、信仰、出身

① 徐国栋：《民法哲学》，中国法制出版社 2009 年版，第 121 页。

② ［德］G. 拉德布鲁赫：《法哲学》，王朴译，法律出版社 2005 年版，第 127 页。

③ 张善斌、赵光：《也论民法的地位与功能——以民法与宪法的关系为视角》，《法学评论》2009 年第 3 期。

等项，对于民事上权利能力之范围，并无任何影响。”第 5 条规定了权利能力的范围。第 6 条规定：“任何人之民事权利非依法定情形及程序，不能遭受剥夺，或受限制。”[①] 该民法典所规定的权利能力是有范围的，是可以依据法定情形和程序予以剥夺或限制的，此种意义上的权利能力显然是具体的，有别于抽象意义上的人格，所以该法典没有规定权利能力平等。那么，1964 年民法典为什么突然规定权利能力平等？这可能与前苏联法律的历史发展阶段有关。一般认为，前苏联在 1936 年以前处于资本主义向社会主义过渡阶段，1936 年宪法的通过标志着苏联进入建立社会主义时期。社会主义改造完成以后，国家职能发生了变化，主要是经济组织工作和文化教育工作，后一工作表现为“以共产主义精神来改造劳动群众的工作，进行着根除劳动者意识中资本主义残余的工作”。这一工作非常重要，因为“群众意识的转变以及他们文化水平的提高，反过来又促进苏维埃经济发展”。[②] 此时，“苏维埃法是开展国家机关的经济组织和文化教育工作的有力工具”[③]。国家和法的重要任务就是“在每个人身上摧毁多少个世纪里罪恶的经济组织遗留下来的反社会态度的倾向”[④]。对人民进行再教育，毫无疑问包括公民一律平等的教育内容。有学者认为：“宪法规范确认的公民一律平等，不是别的，正是权利能力的平等。”[⑤] 也许这就是 1964 年民法典为什么要规定权利能力平等的一个重要原因。难怪《荷兰新民法典》最后起草阶段的主要参与人斯奈

---

① 相关条文参见《苏俄民法典》，王增润译，新华书店 1950 年版。

② ［俄］阿·费·谢班诺夫：《论苏维埃法权在实现由社会主义过渡到共产主义中的作用：国家与法权理论参考资料》，中国人民大学马列主义关于国家与法权理论教研室译，中国人民大学出版社 1955 年版，第 5—6 页。

③ ［俄］卡列娃、费其金主编：《苏维埃国家和法的基础》，中国人民大学编译室译、沈其昌校，法律出版社 1955 年版，第 109 页。

④ ［法］勒内·达维德：《当代主要法律体系》，漆竹生译，上海译文出版社 1984 年版，第 180—181 页。

⑤ C. H. 勃拉图斯：《苏维埃民法的对象和体系》，莫斯科，1963 年，第 140 页。转引自［俄］E. A. 苏哈诺夫主编：《俄罗斯民法（第 1 册）》，黄道秀译，中国政法大学出版社 2011 年版，第 105 页。

德教授感慨，“一些荷兰人看来不证自明的基础性问题——实践中视为理所当然——在俄罗斯人看来却往往变得新奇而有趣，有时还需要大量的重新思考。”①

可以说，前苏联民法典之所以规定权利能力平等，与当时需要通过法典宣示性规定来培养民众平等的法律意识有关。德国学者克尼佩尔在评价《俄罗斯民法典》时指出，法典关于法人制度的规定存在不一致甚至相互矛盾，“它们代表了经常导致法律欠缺融贯性但其基本观念仍可使人辨识的一种不幸的政治妥协。”② 实际上，关于权利能力平等的规定明显与其他规定相冲突，但该规定之所以出现，即使不是“一种不幸的政治妥协”，至少可以认为是一种意识形态的妥协。前苏联的权利能力理论已经成为今天的俄罗斯的法律传统，不知道俄罗斯在1994年制定民法典时是否存在过对权利能力平等理论的重新思考和再次选择，结果是《俄罗斯民法典》第17条（公民的权利能力）规定：“所有公民均被承认平等地具有享有民事权利和承担民事义务的能力（民事权利能力）。”至于为什么权利能力平等被新民法典再次明确规定，笔者不敢妄下结论，暂且归因于法律传统巨大的历史惯性使然吧。

总之，《民法通则》第10条关于权利能力平等的规定不仅与既有理论明显抵牾，而且与本书主张的人格和权利能力并存模式绝对不兼容。笔者赞成徐国栋教授的观点，“简单的建议就是在制定民法典时删掉此条。”③ 因此，对于2015年4月20日中国法学会民法典编纂项目领导小组秘书处公布的《民总建议稿》第16条关于“自然人的权利能力一律平等”的规定，建议予以删除。

---

① ［荷兰］沃特·斯奈德：《俄罗斯联邦民法典与荷兰新民法典：相似与差异》，于子亮译，载魏磊杰、张建文主编：《俄罗斯联邦民法典的过去、现在及其未来》，中国政法大学出版社2012年版，第179页。

② ［德］罗夫尔·克尼佩尔：《俄罗斯联邦民法典的稳定与转型》，朱淼译，载魏磊杰、张建文主编：《俄罗斯联邦民法典的过去、现在及其未来》，中国政法大学出版社2012年版，第155页。

③ 徐国栋：《民法哲学》，中国法制出版社2009年版，第122页。

四 权利能力之内容

权利能力的内容就是主体所享有权利和承担义务的范围，通常从权利角度规定权利能力的内容。无论是对自然人的权利能力还是法人的权利能力，大多数民法典都予以概括规定，只有少数民法典采列举方式，如《俄罗斯民法典》第18条（公民权利能力的内容）规定公民可以拥有物权、债权、知识产权等广泛的财产权利和人身非财产权利；但第49条（法人的权利能力）则采取概括式规定。《越南民法典》第17、96条也有类似规定。①

从权利角度理解，权利能力的内容是享有权利的总和，民事主体可以有能力享有诸多的财产权利和人身权利，但对某一具体的民事主体而言，其“永远不可能享有‘全套’的权利”，② 也没有必要享有法律规定的所有权利，只能享有这些权利中的一部分。基于民事主体自身性质的规定性以及社会管理和政策等方面的考虑，各个国家和地区都对不同民事主体规定了不同的权利能力范围。

以法律是否有特殊规定为判断标准，可以将权利能力区分为特殊权利能力和一般权利能力。特殊权利能力指的是法律对于能否享有某些民事权利作出特殊规定，符合规定者才具有权利能力。特殊权利能力也可以理解为对特定民事主体划出的权利范围。法律没有特殊规定的、民事主体可以自由享有的权利能力就是一般权利能力，包括自然人的一般权利能力，如享有生命权、肖像权等；法人的一般权利能力，如享有财产权等；以及自然人和法人共同享有的一般权利能力，如享有财产权。对一般权利能力通常作概括式规定，对特殊权利能力采列举式规定。《路易斯安那民法典》即采取这种模式，该法典在人格和权利能力两个概念并存的情况下使用了“一般权利能力”概念。

① 对自然人权利能力的内容俄罗斯和越南均采列举式规定，越南的规定相对简洁，俄罗斯的规定更为具体；对法人权利能力的范围均采概括式规定。

② ［俄］E. A. 苏哈诺夫主编：《俄罗斯民法》，黄道秀译，中国政法大学出版社2011年版，第103页。

其第27条（一般的权利能力）规定："所有的自然人享有拥有权利和承担义务的一般权利能力。"

这里的一般权利能力与特殊权利能力与前述"两分说"所称的一般权利能力和特殊权利能力不同。两分说所主张的一般权利能力是指主体资格，特殊权利能力是享有权利的范围。两分说认为自然人的权利能力一律平等，法人的权利能力则具有差异性，不同法人的权利能力范围不同，自然人的权利能力具有广泛性，而法人不能享有自然人能够享有的某些民事权利（生命健康权、肖像权等），故法人的权利能力受到各种限制。[①] 这种观点存在明显缺陷：第一，权利能力含义不清，"自然人的权利能力一律平等"中的"权利能力"和"人格"是同义语，其描述的是自然人的主体资格，并不涉及主体具体享有权利的范围。[②] 而除此之外的"权利能力"则是从本书主张的特殊权利能力角度理解的。在概念内涵尚未统一的情况下对权利能力进行解读，当然不可能得出令人信服的结论。第二，因为法人不能享有自然人能够享有的某些民事权利，就得出法人的权利能力要受到各种限制的结论是错误的。不能忽略的历史事实是，原有的私权体系并不是为法人准备的，而团体人格与自然人人格所建立的基础（可称为"载体"）并不相同，自然人人格的载体是作为生命现象存在的个人，团体人格的载体是人或财产的抽象集合之实体，因此，无论法律是否加以明文规定，团体人格之性质决定法人不可能享有自然人专有的权利。另外，团体人格的出现也不可能不对原本专为自然人而设立的私权体系产生某些冲击，即导致某些专属于团体人格的、法人"固有"的权利的发生，而自然人也不能享有。[③] 无论自然人或者法人，其享有的民事权利的范围均受其自身性质决定，法人不能享有自然人基于生理、血缘亲属关系而享有的人身权利，自然人也不能享有法律规定

---

① 梁慧星：《民法总论》，法律出版社2007年版，第125—126页；史尚宽：《民法总论》，正大印书馆1980年版，第134—137页；胡长清：《中国民法总论》，中国政法大学出版社1997年版，第106—108页。

② 尹田：《论法人的权利能力》，《法制与社会发展》2003年第1期。

③ 李永军：《民法总论》，法律出版社2006年版，第213页。

专属于团体人格享有的某些财产权利。

想要消除如上的错误认识，必须明确自然人和法人都是法律设计的结果，在主体资格的赋予、在各自性质的规定上，二者是相同的，没有差别的，正如曾世雄先生在所言，“自然人外之组织体，如欲认定符合权利义务集散处之设计，赋予权利能力，大可不必影射自然人。”① 由于法律对于自然人和法人能否享有某些民事权利和承担某些民事义务存在不同的规定，自然人之间、法人之间的特殊权利能力也存在差异。就二者各自的特殊权利能力而言，法律既有条件性的规定，如自然人或者法人必须具备一定条件才能享有某些民事权利，如《渔业法》第8条规定，外国人、外国渔业船舶进入中华人民共和国管辖水域，从事渔业生产或者渔业资源调查活动，必须经行政许可；也有排除性的规定，即规定不得享有某些民事权利的情形，例如《婚姻法》第7条规定，禁止“患有医学上认为不应当结婚的疾病”的自然人结婚，也就是说“患有医学上认为不应当结婚的疾病”的自然人被剥夺了结婚的特殊权利能力。我国台湾地区“水利法”规定：非“本国”人民，原则上不能取得水权。“矿业法”规定“本国”人民才能依矿业法取得矿业权。② 如果仅仅是从此类限权和赋权性的规定进行简单归纳，我们可以认为法律既对自然人和法人的特殊权利能力的取得作出了规范，也对自然人和法人特殊权利能力的限制或排除作出了规范。取得和限制实际上可以看作一个问题的两个方面，尤其是当从限制的角度进行理解时更是如此，法律条文规定自然人或者法人必须具备一定条件才能享有某些民事权利时，实际上也是对不具备此种条件的自然人或者法人的特殊权利能力的限制或排除。这样的话，对于自然人和法人而言，就只存在特殊权利能力的限制问题了。

综上所述，我们可以得出如下结论：权利能力是指具备法律人格之社会存在（自然人、法人、其他组织等）依法享有权利和承担义务的资格。这里的权利既可能是一般的权利，也可能是特定的权利。

---

① 曾世雄：《民法总则之现在与未来》，中国政法大学出版社2001年版，第82页。

② 施启扬：《民法总则》，中国法制出版社2010年版，第71页。

正如余能斌教授所言，权利能力“通常是通过具体权利的总和表现出来的”。[①] 只有透过具体的权利才能真正了解权利能力的含义。根据法律对权利之享有是否有特别限制，可以将权利能力划分为一般权利能力和特殊权利能力；前者为享有一般权利的资格，后者为享有特定权利的资格。这一分类有助于进一步认识权利能力之含义，也有助于正确认识权利能力与人格之区别。当然，对于某类民事主体来说，真正重要的是其一般权利能力的取得以及特殊权利能力的限制问题，因为权利能力是民事主体展开丰富多彩的民事活动的依据，是民法世界得以五彩纷呈的根源。法制发展的方向是尽量缩小特殊权利能力的限制范围，让民事主体获得更多的权利和享有更大的自由空间。

① 余能斌：《余能斌法学研究文选》，法律出版社 2007 年版，第 197 页。

第六章

结　　论

一　权利能力之缘起、反思及重新定位

通说认为，权利能力是人格之别称，而人格理论源自罗马法，因此，研究权利能力必须了解权利能力的源流，分析传统权利能力理论存在的问题，梳理人格与权利能力的关系，在此基础上重新定位权利能力。

人格是最为抽象概念之一。在近现代，社会学、哲学、法学和心理学等多个学科都将人格作为研究对象。在法学上，人们在不同意义上使用人格概念。本书认为，法律意义上的人格是以公法规定为前提的私法概念，是能够成为私法上人的资格；人格只能是抽象的，不存在具体人格；也不存在公法人格、事实人格。

罗马法上的人格载体是家庭，只有家庭才是罗马法上的私法主体。无论是家父还是家子，个人都不是私法主体。即使家父代表家庭行使私权利，如所有权，也不表明家父是所有权人。罗马法上的人格制度是私法制度，其功能在于解决主体资格问题，协调身份社会与商品经济之间的矛盾和冲突；人格不是阶级划分的工具，而是阶级划分的结果。罗马法上的人格具有团体性，家庭人格与个人分离；家庭与家庭之间人格平等，但个人的社会地位则存在差异。

中世纪是人格载体由家庭向个人演变的必经阶段；在中世纪中期以后，由于受基督教精神、自然法思想和商人意识影响，家庭逐渐退出主体范围，个人逐渐成为唯一的私法主体。当然，中世纪缺乏关于人格的系统规定，身份等级决定享有权利之范围甚至决定人格之有无，而且人格可能被剥夺。

《法国民法典》之所以放弃人格概念而以法国人作为权利主体（即以国籍作为主体资格的判断标准），是因为在制定民法典之前所有法国人均已具备民事主体资格、奴隶制仍然存在以及主权观念的影响。《德国民法典》创设权利能力的主要原因是受德意志民族逻辑严密、概念抽象的思维方式的影响，民法典对概念清晰、准确的要求，法人成为“人”的需要，以及人格公法色彩的阻却。

传统权利能力理论存在缺陷，人格与权利能力的关系难以理顺，权利能力平等存在逻辑矛盾，创设清晰、准确的权利能力概念的目标成了泡影，而且也不能满足社会发展的需要。权利能力被塞入过多内容，被赋予太多功能，导致其有不能承受之重。只有给权利能力减负，才能理顺人格与权利能力的关系，才能使权利能力概念更加清晰和准确，才能重新设计权利能力制度以适应社会需要。

实际上，人格和权利能力是两个不同层面的概念，人格表彰主体资格，权利能力仅是主体享有权利承担义务的资格；人格涉及社会存在能否成为主体，权利能力涉及主体享有权利的范围；人格是抽象的，权利能力是具体的。当然，人格与权利能力联系密切，权利能力是人格的体现和标志，有人格者必有权利能力；人格则通过权利能力得以充实。

权利能力是指具备法律人格之社会存在（自然人、法人、其他组织等）依法享有权利和承担义务的资格。权利能力是纯粹的私法概念，具有法定性。权利能力分为一般权利能力与特殊权利能力，一般权利能力是法律赋予主体享有最基础的一般权利的资格，特殊权利能力是法律基于政策考量赋予部分主体享有特定权利的资格。自然人之间、法人之间以及自然人与法人的权利能力都可能存在差异，但其人格则是平等的，无差别的。

二　对我国未来立法之建议

权利能力制度之设计与法人理论有关。拟制说以伦理人格主义哲学为理论基础，将权利主体限于具有伦理人格的自然人个人，团体之所以能够成为主体完全是法律拟制的结果。拟制说认为通过权利能力表彰自然人和法人的主体资格的制度设计，能够满足团体成为法律主体的社会需要，因此没有必要对法人使用人格概念。但是，以权利能力表彰主体资格，存在逻辑矛盾，一方面从抽象意义上理解权利能力，另一方面又认为权利能力是受限制的，法人权利能力与自然人权利能力不同；而且拟制说无视团体的真实存在，与社会现实不符。与此相反，实在说则认为法人是一种社会实在，具有独立的社会性作用，具有团体意思，具有适合于成为法律主体的社会价值。实在说承认法人的团体意思和行为能力，因此也就承认法人具有人格。采实在说，就得承认法人具有人格，该人格为法律人格，不同于自然人的伦理人格，因此有必要使用法律人格概念来表彰自然人和法人的主体资格，以避免权利能力表彰主体资格形成的逻辑矛盾。

目前各个国家和地区民法典对于人格、权利能力的规定可以归纳为法国模式、埃塞俄比亚模式、德国模式和瑞士模式四种不同立法模式。随着伦理人格向法律人格嬗变，人格与权利能力并存的瑞士模式成为未来发展趋势。

我国正在制定民法典，在主体制度构建方面，我们该作何抉择？套用意大利学者阿雅尼的一句话，在21世纪初期的亚洲，一个新的幽灵正在四处游荡：中国法律学者正在找寻他们的法律模式。[①] 其实，早在一百多年之前，我们的前人就已经为我国的法律模式作出了选择，我国未来民法典只能采德国模式。另外，从清末以来的民事立法一直采法人实在说，现行法也明确规定了法人的权利能力和行为能力，因此未来民法典应继续采实在说，这就有必要使用人格概念表彰主体资格。而且，自《瑞士民法典》首次规定人格以来，使用人格表彰主体资格已成为当今世界立法潮流。

我国未来民法典应采人格与权利能力并存的立法模式。人格表彰

① “在20世纪90年代的欧洲，一个新的幽灵正在四处游荡：苏联法律学者正在找寻他们的法律模式。”［意］简玛利亚·阿雅尼：《苏联法典编纂经验：理论与比较的双重视角》，魏磊杰译，载魏磊杰、张建文主编：《俄罗斯联邦民法典的过去、现在及其未来》，中国政法大学出版社2012年版，第46页。

主体资格，权利能力表彰主体享有权利承担义务的资格。当然，这里的人格不同于自然人的伦理人格，人格和权利能力都是法定的。权利能力可以分为一般权利能力和特殊权利能力，前者是主体享有一般权利的资格，后者是主体享有特定权利的资格。

现实生活中不能令人满意的事情很多，法学研究何尝不是如此。本书从罗马法上的人格出发，论证罗马法上的人格为主体资格、为私法概念，探寻权利能力替代人格的真正原因以及传统权利能力理论存在的困境，主张回归人格，用人格表彰主体资格，用权利能力表彰主体享有权利的范围，建议我国未来立法采人格与权利能力并存模式。但无论作何论证，难免疏漏；无论作何抉择，难免存在不周。“试图通过一篇论文去和一个约定俗成的用语较劲实在有些吃力不讨好。”①何况，较真的结果不一定正确、不一定被认可。但是，既然崇尚理论上的精确和制度设计的完善，就有必要对权利能力概念、对人格与权利能力的关系较真。

① 熊谓龙：《理论的误读：论一般人格“权”的非权利本质》，载王利明、葛维宝主编：《中美法学前沿对话》，中国法制出版社2006年版，第240页。

索　　引

参考文献

一　中文文献（含翻译文献）①

（一）著作类

1. 佟柔主编：《中国民法学·民法总则》，中国人民公安大学出版社 1990 年版。

2. 王利明主编：《民法》，中国人民大学出版社 2000 年版。

3. 梁慧星：《民法总论》，法律出版社 2007 年版。

4. 魏振瀛主编：《民法》，北京大学出版社、高等教育出版社 2010 年版。

5. 马骏驹、余延满：《民法原论》，法律出版社 2010 年版。

6. 尹田：《民法典总则之理论与立法研究》，法律出版社 2010 年版。

7. 王利明：《人格权法研究》，中国人民大学出版社 2012 年版。

8. 佘能斌主编：《民法学》，中国人民公安大学出版社、人民法院出版社 2003 年版。

9. 张翔：《自然人格的法律构造》，法律出版社 2008 年版。

10. 尹田：《民事主体理论与立法研究》，法律出版社 2003 年版。

11. 曾世雄：《民法总则之现在与未来》，中国政法大学出版社 2001 年版。

12. 崔拴林：《论私法主体资格的分化与扩张》，法律出版社 2009 年版。

---

① 参考文献以被引用的先后为顺序。

13. 周清林：《主体性的缺失与重构：权利能力研究》，法律出版社2009年版。

14. 王春梅：《民事主体的历史嬗变与当代构建》，人民出版社2011年版。

15. 刘召成：《准人格研究》，法律出版社2012年版。

16. 张俊浩主编：《民法学原理》（上册），中国政法大学出版社2000年版。

17. 徐国栋：《民法哲学》，中国法制出版社2009年版。

18. 梅仲协：《民法要义》，中国政法大学出版社1998年版。

19. 江平主编：《法人制度论》，中国政法大学出版社1994年版。

20. 马俊驹：《人格和人格权理论讲稿》，法律出版社2009年版。

21. 陈朝璧：《罗马法原理》，法律出版社2006年版。

22. 周枏：《罗马法原论》（上册），商务印书馆1994年版。

23. 江平、米健：《罗马法基础》，中国政法大学出版社2004年版。

24. 黄风：《罗马私法导论》，中国政法大学出版社2003年版。

25. ［英］巴里·尼古拉斯：《罗马法概论》，黄风译，法律出版社2000年版。

26. 徐国栋：《罗马私法要论：文本与分析》，科学出版社2007年版。

27. 姚辉：《民法的精神：法学学术随笔》，法律出版社1999年版。

28. ［意］彼德罗·彭梵得：《罗马法教科书》，黄风译，中国政法大学出版社1992年版。

29. ［德］黑格尔：《法哲学原理》，范扬、张企泰译，商务印书馆1961年版。

30. 《马克思恩格斯全集》第1卷，人民出版社1956年版。

31. ［日］我妻荣：《债权在近代法中的优越地位》，王书江、张雷译，中国大百科全书出版社1999年版。

32. ［英］梅因：《古代法》，沈景一译，商务印书馆1959年版。

33. 王利民：《论人的私法地位：从一个制度的分析》，法律出版社2007年版。

34. ［德］罗尔夫·克尼佩尔：《法律与历史：论〈德国民法典〉的形成与变迁》，朱岩译，法律出版社 2003 年版。

35. 王利明：《民法总则研究》，中国人民大学出版社 2003 年版。

36. ［德］拉德布鲁赫：《法哲学》，王朴译，法律出版社 2005 年版。

37. ［德］卡尔·拉伦茨：《法学方法论》，陈爱娥译，商务印书馆 2003 年版。

38. ［美］约翰·亨利·梅利曼：《大陆法系》，顾培东、禄正平译，法律出版社 2004 年版。

39. ［日］美浓部达吉：《公法与私法》，黄冯明译，中国政法大学出版社 2003 年版。

40. ［德］卡尔·拉伦茨：《德国民法通论》（上册），王晓晔等译，法律出版社 2003 年版。

41. 龙卫球：《民法总论》，中国法制出版社 2002 年版。

42. ［意］朱塞佩·格罗索：《罗马法史》，黄风译，中国政法大学出版社 1994 年版。

43. ［法］雅克·盖斯旦、吉勒·古博：《法国民法总论》，陈鹏等译，法律出版社 2004 年版。

44. 梁西主编：《国际法》，武汉大学出版社 2004 年版。

45. ［德］奥托·基弗：《古罗马风化史》，姜瑞璋译，辽宁教育出版社 2000 年版。

46. 鄂振辉：《自然法学》，法律出版社 2005 年版。

47. 汪琴：《基督教与罗马私法》，法律出版社 2011 年版。

48. 《现代汉语词典》，商务印书馆 1992 年版。

49. 周枏：《罗马法原论》（下册），商务印书馆 1994 年版。

50. ［法］古郎士：《希腊罗马古代社会研究》，李玄伯译，中国政法大学出版社 2005 年版。

51. ［古罗马］阿庇安：《罗马史》（上卷），谢德风译，商务印书馆 1979 年版。

52. ［德］特奥多尔·蒙森：《罗马史》（第一卷），李稼年译，商务印书馆 2004 年版。

53. ［罗马］查士丁尼：《法学总论——法学阶梯》，张企泰译本，商务印书馆 1989 年版。

54. ［德］恩格斯：《家庭、私有制和国家的起源》（中译本），人民出版社 1999 年版。

55. ［美］路易斯·亨利·摩尔根：《古代社会》（下册），杨东莼等译，商务印书馆 1977 年版。

56. ［俄］科瓦略夫：《古代罗马史》，王以铸译，生活·读书·新知三联书店 1957 年版。

57. ［古罗马］阿庇安：《罗马史》（下卷），谢德风译，商务印书馆 1976 年版。

58. 由嵘主编：《外国法制史》，北京大学出版社 2007 年版。

59. ［美］斯塔夫里阿诺斯：《全球通史：从史前史到 21 世纪》（上），董书慧等译，北京大学出版社 2005 年版。

60. 陈允、应时：《罗马法》，商务印书馆 1939 年版。

61. 丘汉平：《罗马法》，中国方正出版社 2004 年版。

62. ［德］迪特尔·施瓦布：《民法导论》，郑冲译，法律出版社 2006 年版。

63. 《马克思恩格斯选集》第 4 卷。

64. 佟柔主编：《中国民法》，法律出版社 1990 年版。

65. 《马克思恩格斯全集》第 3 卷。

66. ［美］艾伦·沃森：《民法法系的演变及形成》，李静冰等译，中国政法大学出版社 1992 年版。

67. 沈宗灵：《比较法研究》，北京大学出版社 1998 年版。

68. ［法］勒内·达维德：《当代主要法律体系》，漆竹生译，上海译文出版社 1984 年版。

69. ［意］桑德罗·斯奇巴尼选编：《公法》，张礼洪译，中国政法大学出版社 2000 年版。

70. ［美］M. 罗斯托夫采夫：《罗马帝国社会经济史》（上册），马雍、厉以宁译，商务印书馆 1985 年版。

71. ［英］彼得·斯坦、约翰·香德：《西方社会的法律价值》，王献平译，中国法制出版社2004年版。

72. ［德］萨维尼：《当代罗马法体系Ⅰ》，朱虎译，中国法制出版社2010年版。

73. 戴东雄：《中世纪意大利法学与德国的继受罗马法》，中国政法大学出版社2003年版。

74. 黄佑昌：《罗马法与现代》，北京大学出版社2008年版。

75. ［美］伯尔曼：《法律与革命》，贺卫方等译，中国大百科全书出版社1993年版。

76. ［美］孟罗·斯密：《欧陆法律发达史》，姚梅镇译，中国政法大学出版社2003年版。

77. 李秀清：《日耳曼法研究》，商务印书馆2005年版。

78. 李宜琛：《日耳曼法概说》，中国政法大学出版社2003年版。

79. ［法］马克·布洛赫：《封建社会》（上卷），张绪山译，商务印书馆2004年版。

80. ［法］孟德斯鸠：《论法的精神》（下册），张雁深译，商务印书馆1963年版。

81. 杨昌栋：《基督教在中古欧洲的贡献》，社会科学文献出版社2000年版。

82. 彭小瑜：《教会法研究》，商务印书馆2003年版。

83. ［法］马克·布洛赫：《封建社会》（下卷），李增洪等译，商务印书馆2004年版。

84. ［德］弗朗茨·维亚克尔：《近代私法史》（上），陈爱娥、黄建辉译，上海三联书店2006年版。

85. 《元照英美法词典》，薛波主编，潘汉典总审订，法律出版社2003年版。

86. 瞿同祖：《中国封建社会》，上海人民出版社2003年版。

87. ［德］哈里·韦斯特曼：《德国民法基本概念》，张定军等译，中国人民大学出版社2013年版。

88. 何勤华、魏琼：《西方民法史》，北京大学出版社2006年版。

89. 何华勤、魏琼主编：《西方商法史》，北京大学出版社 2007 年版。

90. ［法］伊夫·居荣：《法国商法》第一卷，罗结珍、赵海峰译，法律出版社 2004 年版。

91. ［美］泰格、利维：《法律与资本主义的兴起》，纪琨译，学林出版社 1996 年版。

92. ［美］汤普逊：《中世纪经济社会史》（下册），耿淡如译，商务印书馆 1963 年版。

93. 马俊驹：《法人制度通论》，武汉大学出版社 1988 年版。

94. ［比］R. C. 范·卡内冈：《法官、立法者与法学教授——欧洲法律史篇》，薛张敏敏译，北京大学出版社 2006 年版。

95. ［法］基佐：《欧洲文明史》，程洪逵等译，商务印书馆 2005 年版。

96. 何勤华主编：《法国法律发达史》，法律出版社 2001 年版。

97. ［法］狄骥：《〈拿破仑法典〉以来私法的普遍变迁》，徐砥平译，中国政法大学出版社 2003 年版。

98. ［美］斯塔夫里阿诺斯：《全球通史：从史前史到 21 世纪》（下），董书慧等译，北京大学出版社 2005 年版。

99. ［法］西耶斯：《论特权：第三等级是什么?》，冯棠译，商务印书馆 1990 年版。

100. ［法］托克维尔：《旧制度与大革命》，冯棠译，商务印书馆 1992 年版。

101. ［法］卢梭：《论人类不平等的起源和基础》，李常山译，商务印书馆 1997 年版。

102. ［日］大木雅夫：《比较法》，范愉译，法律出版社 1999 年版。

103. ［法］皮埃尔：《论平等》，王允道译，商务印书馆 2005 年版。

104. 张千帆：《宪法学导论》，法律出版社 2004 年版。

105. 张千帆：《西方宪政体系》（下），中国政法大学出版社 2001

年版。

106. ［德］K. 茨威格特、H. 克茨：《比较法总论》，潘汉典等译，法律出版社 2003 年版。

107. ［德］霍尔斯特·海因里希·雅科布斯：《十九世纪德国民法科学与立法》，王娜译，法律出版社 2003 年版。

108. ［法］孟德斯鸠：《论法的精神》（上册），张雁深译，商务印书馆 1963 年版。

109. ［美］伯尔曼：《法律与宗教》，梁治平译，中国政法大学出版社 2003 年版。

110. 陈卫佐：《德国民法总论》，法律出版社 2007 年版。

111. ［德］格尔德·克莱因海尔、扬·施罗德主编：《九百年来德意志及欧洲法学家》，许兰译，法律出版社 2005 年版。

112. ［德］拉德布鲁赫：《法学导论》，米健、朱林译，中国大百科全书出版社 1997 年版。

113. ［德］萨维尼：《论立法与法学的当代使命》，许章润译，中国法制出版社 2001 年版。

114. ［德］考夫曼：《法律哲学》，刘幸义等译，法律出版社 2004 年版。

115. 《新德汉词典》，上海译文出版社 2000 年版。

116. ［德］迪特尔·梅迪库斯：《德国民法总论》，邵建东译，法律出版社 2000 年版。

117. 杨生茂、张芝联、程秋原主编：《世纪通史·近代部分（上册）》，人民出版社 1972 年版。

118. 史尚宽：《民法总论》，正大印书馆 1980 年版。

119. 佟柔主编：《民法原理》，法律出版社 1983 年版。

120. 李由义主编：《民法学》，北京大学出版社 1988 年版。

121. 王伯琦：《民法总则》，国立编译馆 1979 年版。

122. ［日］山本敬三：《民法讲义 I 总则》，解亘译，北京大学出版社 2004 年版。

123. 郑玉波：《民法总则》，中国政法大学出版社 2003 年版。

124. 王泽鉴：《民法总则》，中国政法大学出版社 2001 年版。

125. 黄立：《民法总则》，中国政法大学出版社 2002 年版。

126. 施启扬：《民法总则》，中国法制出版社 2010 年版。

127. ［德］罗伯特·霍恩、海因·科茨、汉斯·G. 莱塞：《德国民商法导论》，楚建译，中国大百科全书出版社 1996 年版。

128. 李永军：《民法总论》，中国政法大学出版社 2006 年版。

129. 夏利民：《民法基本问题研究》，中国人民公安大学出版社 2001 年版。

130. 汪渊智：《民法总论问题新探》，人民法院出版社 2005 年版。

131. 刘得宽：《民法诸问题与新展望》，中国政法大学出版社 2002 年版。

132. 胡长清：《中国民法总论》，中国政法大学出版社 1997 年版。

133. 刘得宽：《民法总则》，中国政法大学出版社 2006 年版。

134. 李开国：《民法总则研究》，法律出版社 2003 年版。

135. 柯芳枝：《公司法论》，中国政法大学出版社 2004 年版。

136. 王泰铨：《公司法新论》，三民书局 2002 年版。

137. 范健、王建文：《公司法》，法律出版社 2006 年版。

138. 周友苏：《新公司法论》，法律出版社 2006 年版。

139. 施天涛：《公司法论》，法律出版社 2006 年版。

140. 赵旭东主编：《公司法学》，法律出版社 2006 年版。

141. 王保树、崔勤之：《中国公司法原理》，社会科学文献出版社 2006 年版。

142. ［德］汉斯·布洛克斯等：《德国民法总论》，张艳译，中国人民大学出版社 2012 年版。

143. 卢谌：《德国民法专题研究》，法律出版社 2008 年版。

144. 李锡鹤：《民法哲学论稿》，复旦大学出版社 2009 年版。

145. ［美］罗斯科·庞德：《法律史解释》，邓正来译，中国法制出版社 2002 年版。

146. 杜景林、卢谌：《〈德国民法典〉评注：总则·债法·物权》，法律出版社 2011 年版。

147. ［德］克雷斯蒂安·冯·巴尔：《欧洲比较侵权法》（下卷），焦美华译，法律出版社 2001 年版。

148. 马特、袁雪石：《人格权法教程》，中国人民大学出版社 2007 年版。

149. 杨仁寿：《法学方法论》，中国政法大学出版社 1999 年版。

150. 王泽鉴：《人格权法——法释文学、比较法、案例研究》，北京大学出版社 2013 年版。

151. 张民安：《现代法国侵权责任制度研究》，法律出版社 2003 年版。

152. 最高人民法院中国应用法学研究所：《人民法院案例选》（总第 3 辑），人民法院出版社 1993 年版。

153. 杨立新：《人身权法论》，中国检察出版社 1996 年版。

154. 王利明主编：《人格权法新论》，吉林人民出版社 1994 年版。

155. 张新宝：《名誉权的法律保护》，中国政法大学出版社 1997 年版。

156. 郭明瑞、房绍坤、唐广良：《民商法原理》（一），中国人民大学出版社 1999 年版。

157. 李飞主编：《当代外国破产法》，中国法制出版社 2006 年版。

158. ［日］富井政章：《民法原论》，陈海瀛、陈海超译，中国政法大学出版社 2003 年版。

159. ［日］我妻荣：《新订民法总则》，于敏译，中国法制出版社 2008 年版。

160. ［日］近江幸治：《民法讲义 I 民法总则》，渠涛等译，北京大学出版社 2015 年版。

161. ［日］大村敦志：《民法总论》，江溯、张立艳译，北京大学出版社 2004 年版。

162. ［俄］E. A. 苏哈诺夫主编：《俄罗斯民法》，黄道秀译，中国政法大学出版社 2011 年版。

163. 王利明：《物权法研究》（上卷），中国人民大学出版社 2007 年版。

164. 梁慧星、陈华彬：《物权法》，法律出版社 2010 年版。

165. 范剑虹、李翀：《德国法研究导论》，中国法制出版社 2013 年版。

166. ［葡］平托：《民法总论》，澳门翻译公司、林炳辉等译，澳门法律翻译办公室、澳门大学法学院 1999 年版。

167. ［美］罗科斯·庞德：《法理学》（第四卷），王保民等译，法律出版社 2007 年版。

168. 朱勇：《中国民法近代化研究》，中国政法大学出版社 2006 年版。

169. 陈晓枫、柳正权：《中国法制史》，武汉大学出版社 2012 年版。

170. 俞江：《近代中国法律与学术》，北京大学出版社 2008 年版。

171. ［日］松冈义正口述：《民法总则》（下），熊元楷、熊元襄编，陈融、罗云锋点校，上海人民出版社 2013 年版。

172. 杨立新主编：《中国百年民法典汇编》，中国法治出版社 2011 年版。

173. 俞江：《近代中国民法学中的私权理论》，北京大学出版社 2003 年版。

174. ［德］康德：《法的形而上学原理——权利的科学》，沈叔平译，商务印书馆 1991 年版。

175. ［德］黑格尔：《精神哲学——哲学全书·第三部分》，杨祖陶译，人民出版社 2006 年版。

176. 梁慧星主持：《中国民法典草案建议稿附理由·总则篇》，法律出版社 2004 年版。

177. 何勤华、李秀清、陈颐：《新中国民法典草案总览》（下），法律出版社 2003 年版。

178. 徐国栋主编：《绿色民法典草案》，社会科学文献出版社 2004 年版。

179. 凌相权、余能斌：《民法总论》，武汉大学出版社 1986 年版。

180. ［德］阿图尔·考夫曼、温弗里德·哈斯默尔主编：《当代法哲学和法律理论导论》，郑永流译，法律出版社 2002 年版。

181. ［俄］阿·费·谢班诺夫：《论苏维埃法权在实现由社会主义过渡到共产主义中的作用：国家与法权理论参考资料》，中国人民大学马列主义关于国家与法权理论教研室译，中国人民大学出版社 1955 年版。

182. ［俄］卡列娃、费其金主编：《苏维埃国家和法的基础》，中国人民大学编译室译、沈其昌校，法律出版社 1955 年版。

（二）论文类

1. 尹田：《论自然人的法律人格与权利能力》，《法制与社会发展》，2002 年第 1 期。

2. 姚辉：《人格权的研究》，载杨与龄主编：《民法总则争议问题研究》，清华大学出版社 2004 年版。

3. 徐国栋：《“人身关系”流变考》，载《中国民法百年回顾与前瞻学术研讨会文集》，法律出版社 2003 年版。

4. 张代恩：《民事主体权利能力研究》，博士学位论文，中国政法大学，2001 年版。

5. 傅强：《论废除民事权利能力制度的必要性》，《新视野》2005 年第 5 期。

6. 李永军：《论权利能力的本质》，《比较法研究》2005 年第 2 期。

7. ［日］星野英一：《私法中的人——以民法财产法为中心》，王闯译，载梁慧星主编：《民商法论丛》（第 8 卷），法律出版社 1997 年版。

8. 尹田：《论人格权的本质——兼评我国民法草案关于人格权的规定》，《法学研究》2003 年第 4 期。

9. 马俊驹：《从人格利益到人格要素——人格权法律关系客体之界定》，《河北法学》2006 年第 10 期。

10. 曹新明、夏传胜：《抽象人格论与我国民事主体制度》，《法商研究》2000 年第 4 期。

11. ［日］北川善太郎：《关于最近之未来的法律模型》，李薇译，载梁慧星主编：《民商法论丛》（第 6 卷），法律出版社 1997 年版。

12. 张善斌：《人格与人格权相关问题探讨》，《法学评论》2011 年第 6 期。

13. 徐国栋：《寻找丢失的人格——从罗马、德国、拉丁法族国家、苏联、俄罗斯到中国》，《法律科学》2004 年第 6 期。

14. 尹田：《论法人人格权》，载《法学研究》2004 年第 4 期。

15. 付翠英：《人格·权利能力·民事主体辩思——我国民法典的选择》，《法学》2006 年第 8 期。

16. 张善斌：《再论人格与阶级划分的关系——对人格为阶级划分工具观点的反驳》，《法商研究》2009 年第 2 期。

17. ［意］阿尔多·贝特鲁奇：《从市民法到民法——关于一个概念的内涵及其历史发展的考察》，薛军译，载《民法总则论文选萃》，中国法制出版社 2004 年版。

18. 谢怀栻：《大陆法国家民法典研究》，《外国法译评》1994 年第 3 期。

19. 尹田：《无财产即无人格——法国民法上广义财产理论的现代启示》，《法学家》2004 年第 2 期。

20. 马俊驹：《人与人格分离技术的形成、发展与变迁——兼论德国民法中的权利能力》，《现代法学》2006 年第 4 期。

21. 高利红：《动物不是物，是什么?》，载梁慧星主编：《民商法论丛》第 20 卷，金桥文化出版社（香港）有限公司 2001 年版。

22. 徐昕：《论动物法律主体资格的确立——人类中心主义法理念及其消解》，《北京科技大学学报（社会科学版)》2002 年第 3 期。

23. 陈本寒、周平：《动物法律地位之探讨——兼析我国民事立法对动物的应有定位》，《中国法学》2002 年第 6 期。

24. ［美］斯蒂文·M. 怀斯：《动物的法律物格》，郭晓彤译，载陈小君主编：《私法研究》第 3 卷，中国政法大学出版社 2003 年版。

25. 杨立新、朱呈义：《动物法律人格之否定——兼论动物之法律物格》，《法学研究》2004 年第 5 期。

26. ［法］罗贝尔·巴丹戴尔：《最伟大的财产》，载《法国民法典》（上册）中译本代序，罗结珍译，法律出版社 2005 年版。

27. ［苏］乌特琴科：《罗马公民权问题》，何芳泽，中国世界古代史学会：《古代世界城邦问题译文集》，时事出版社 1985 年版。

28. 方朝晖：《市民社会的两个传统及其在现代的汇合》，《中国社会科学》1994 年第 5 期。

29. 薛军：《蒂堡对萨维尼的论战及其历史遗产》，载徐国栋主编：《中国民法典起草思路论战》，中国政法大学出版社 2001 年版。

30. ［德］海尔穆特·库勒尔：《〈德国民法典〉的过去与现在》，孙宪忠译，载梁慧星主编：《民商法论丛》第 2 卷，法律出版社 1994 年版。

31. 龙卫球：《法人的主体性质探讨》，载《民法总则论文选萃》，中国法制出版社 2004 年版。

32. ［德］尤根·哈贝马斯：《公域的结构性变化》，童世骏译，载《国家与市民社会》，中央编译出版社 2002 年版。

33. 徐国栋：《再论民法中人格法的公法性——兼论物文主义的技术根源》，《法学》2007 年第 4 期。

34. 柳经纬：《权利能力的若干基本理论问题》，《比较法研究》2008 年第 1 期。

35. 胡玉鸿：《围绕“人格”问题的法理论辩》，《中国法学》2008 年第 5 期。

36. 杨振山：《权利能力与人的解放》，载王利明主编：《民商法前沿论坛》（第 1 辑），人民法院出版社 2004 年版。

37. 邹爱华：《自然人人格和民事权利能力一致说评析》，《湖北大学成人教育学院学报》2007 年第 5 期。

38. 薛鹏：《民事特别权利能力限制性分析——以人格与权利能力的比较为展开》，《广西政法管理干部学院学报》2009 年第 9 期。

39. 周清林：《中国语境中的“权利能力”》，《北大法律评论》（2009 年）第 10 卷第 1 辑。

40. 仲崇玉、王燕：《权利能力的功能与实质》，《东方论坛》2007 年第 1 期。

41. 徐国栋：《权利能力制度的理想与现实——人法的英特纳雄耐

尔之路》，《北方法学》2007 年第 2 期。

42. 秦伟、杨琳：《民事权利能力质疑论》，《山东大学学报（哲学社会科学版）》2012 年第 1 期。

43. 刘国涛：《论权利能力的现代价值》，载《山东师范大学学报（人文社会科学版）》2007 年第 5 期。

44. 沈建峰：《权利能力概念的形成和变迁》，《北方法学》2011 年第 3 期。

45. 梅夏鹰：《民事权利能力、人格与人格权》，《法律科学》1999 年第 1 期。

46. 尹田：《论法人的权利能力》，《法制与社会发展》2003 年第 1 期。

47. 严雪峰：《论法人的权利能力及限制》，《河北法学》2004 年第 4 期。

48. 张民安：《论企业法人民事权利能力之本质》，《法制与社会发展》1997 年第 5 期。

49. 刘得宽：《论无权利能力之社团》，载《民法诸问题与新展望》，中国政法大学出版社 2002 年版。

50. 刘召成：《部分权利能力制度的构建》，《法学研究》2012 年第 5 期。

51. 张善斌、李雅男：《人类胚胎的法律地位及胚胎立法的制度构建》，《科技与法律》2014 年第 2 期。

52. 朱呈义：《论死者人格利益私法保护的理论基础》，载王利明、葛维宝主编：《中美法学前沿对话》，中国法制出版社 2006 年版。

53. 罗丽：《日本的抚慰金赔偿制度》，《外国法译评》2000 年第 1 期。

54. 范忠信：《又见"诽谤孔子"案件》，载《法学》2010 年第 6 期。

55. 张善斌：《人格要素商业化利用的规制模式选择及制度构建》，《江汉论坛》2015 年第 2 期。

56. 民兵：《民事主体制度若干问题的探讨》，《中南政法学院学报》1992 年第 1 期。

57. 郭林、张谷：《试论我国民法对死者名誉权的保护》，《上海法学研究》1991 年第 6 期。

58. 于德香：《析民事权利和民事权利能力可以适当分离》，《政治与法律》1992 年第 2 期。

59. 孙加锋：《依法保护死者名誉的原因及方式》，《法律科学》1991 年第 3 期。

60. 魏振瀛：《侵害名誉权的认定》，《中外法学》1990 年第 1 期。

61. 葛云松：《死者生前人格利益的民法保护》，《比较法研究》2002 年第 4 期。

62. 刘国涛：《死者生前人格利益民法保护的法理基础——读〈死者生前人格利益的民法保护〉后的再思考》，《比较法研究》2004 年第 4 期。

63. 马丽、朱显国：《死者人格利益保护理论的反思与重构——基于法的规范功能的分析》，《南京理工大学学报（社会科学版）》2009 年第 8 期。

64. 张红：《死者人格精神利益保护：案例比较与法官造法》，《法商研究》2010 年第 4 期。

65. 麻昌华：《死者名誉的法律保护——兼与杨立新诸先生商榷》，《法商研究》1996 年第 6 期。

66. 李锡鹤：《论保护死者人身遗存的法律根据》，《华东政法学院学报》1992 年第 2 期。

67. 陈信勇：《死者民事主体地位研究》，《浙江社会科学》2002 年第 1 期。

68. 陈华、刘勇：《合伙可以成为独立的民事主体和民事诉讼主体》，《法商研究》1999 年第 5 期。

69. 宋永新：《关于我国合伙制度的若干问题》，《中国法学》2001 年第 4 期。

70. ［德］古斯塔夫·拉德布鲁赫：《法律上的人》，舒国滢译，载《法大评论》（第 1 卷第 1 辑）中国政法大学出版社 2001 年版。

71. ［美］阿塔纳修斯·意亚那布勒斯：《〈路易斯安那民法典〉的制定和修改》，徐国栋译，载徐国栋著译：《比较法视野中的民法典编纂（一）》，北京大学出版社2007年版。

72. ［瑞］贝蒂娜·许莉蔓—高朴、狄安娜·奥斯瓦尔德：《瑞士民法上的人格权保护》，金可可译，《东方法学》2013年第3期。

73. 王森波：《人格——源流、含义及功能》，《甘肃政法学院学报》2010年第5期。

74. 姜新东、朱孝彦：《论法律上人格的伦理性》，《山东科技大学学报（社会科学版）》2010年第10期。

75. ［德］福尔克·博伊庭：《德国公司法中的代表理论》，邵建东译，载梁慧星主编：《民商法论丛》第13卷，法律出版社2000年版。

76. 叶欣：《私法上自然人法律人格之解析》，《武汉大学学报（哲学社会科学版）》2011年第6期。

77. 吕海宁：《论确认民事主体的标准——权利能力亦或法律人格》，《黑龙江省政法管理干部学院学报》2009年第5期。

78. 陈林林：《从自然法到自然权利——历史视野中的西方人权》，《浙江大学学报（人文社会科学版）》2003年第2期。

79. 黄琳：《姓名权和肖像权的异化——论自然人人格要素中的财产利益》，载王利明、葛维宝主编：《中美法学前沿对话——人格权法及侵权法专题研究》中国法制出版社2006年版。

80. 张善斌、赵光：《也论民法的地位与功能——以民法与宪法的关系为视角》，《法学评论》2009年第3期。

81. ［荷兰］沃特·斯奈德：《俄罗斯联邦民法典与荷兰新民法典：相似与差异》，于子亮译，载魏磊杰、张建文主编：《俄罗斯联邦民法典的过去、现在及其未来》，中国政法大学出版社2012年版。

82. ［德］罗夫尔·克尼佩尔：《俄罗斯联邦民法典的稳定与转型》，朱淼译，载魏磊杰、张建文主编：《俄罗斯联邦民法典的过去、现在及其未来》，中国政法大学出版社2012年版。

83. ［意］简玛利亚·阿雅尼：《苏联法典编纂经验：理论与比较的双重视角》，魏磊杰译，载魏磊杰、张建文主编：《俄罗斯联邦民法典典的过去、现在及其未来》，中国政法大学出版社 2012 年版。

84. 熊谓龙：《理论的误读：论一般人格“权”的非权利本质》，载王利明、葛维宝主编：《中美法学前沿对话》，中国法制出版社 2006 年版。

二 外文文献

（一）日文类

1. 北川善太郎：《民法总则》，有斐阁 2001 年版。

2. 村上纯一：《道德上的人格・法律上的人格・法人》，《法学协会杂志》98 卷 6 号（1981 年）。

3. 石本雅男：《法律人格的理论和历史》，日本评论社 1949 年版。

4. ［奥］埃里希：《权利能力论》（日文版），川岛武宜、三藤正译，岩波书店 1975 年版。

5. 远藤浩、川井健《民法（1）总则》，原岛重义等编集，有斐阁 1999 年版。

6. 田山辉明：《市民、财产与法》，三省堂 2000 年版。

7. 山本敬三：《民法讲义 I 总则》，有斐閣 2012 年版。

8. 内田贵：《民法 I 总则・物权总论》，东京大学出版社 2012 年版。

9. 齐藤博：《对死者的名誉损害》，《判例评论》第二二八号（1978）。

10. 吉村良一：《侵权行为法》，有斐閣 2010 年版。

11. 内田贵：《民法Ⅱ债权各论》，东京大学出版社 2014 年版。

12. ［日］《六法全书》，三省堂 2014 年版。

13. 山川一阳：《民法总则讲义》（第三版），中央经济社 2001 年版。

14. 坂井隆一：《公司的权利能力及目的外行为》，《冲大论丛》2（1），1962 年 3 月。

15. 石井文广：《试论公司权利能力的目的限制》，《横滨商大论集》第 10 卷第 1，2 合并号，1997 年 2 月。

16. 山田创一：《法人的目的范围—政治捐款是法人权利能力范围内的吗？》，《山梨学院大学法学论集》第38号，1997年7月。

17. 堀口胜：《能力外原则的走向》，《东洋法学》第56卷第1号，2012年7月。

18. 星野英一：《关于所谓的“无权利能力社团”》，《法学协会杂志》第84卷第8号，1967年。

19. 相本宏：《论无权利能力社团》，《佐贺大学经济论集》8（1/2），1975年12月。

20. 野口昌宏：《无权利能力社团及信托法理》，《日本法政学会法政论丛》第14卷，1978年5月。

21. 门胁稔：《无权利能力社团及其问题点》，《日本法政学会法政论丛》第23卷，1987年5月。

22. 酒井一：《论无权利能力社团、财团准据法的适用范围》，《甲南法学》第51卷第4号，2011年3月。

23. 松冈熊三郎：《设立中的公司的权利能力》，《私法》第10号，1953年。

24. 川岛武宜：《民法中的“人”的权利能力》，载《桥山教授还历（花甲）祝贺论文集》，岩波书店1942年版。

25. 福泷博之：《德国法中合伙公司（Personengesellschaft）的综合权利能力——合伙公司法诸概念的关系》，《关西大学法学论集》54卷4号，2004年12月。

26. 中山秀登：《〈德国民法典〉中权利能力规定的演变过程》，《流通经济大学论集》31（2），1996－11。

27. 福泷博之：《德国法中民法上合伙的权利能力（1）—BGH判决及Karsten Schmidt的见解》，《关西大学法学论集》54卷1号，2004年5月。

28. 福泷博之：《德国法中民法上合伙的权利能力（2完）—BGH判决及Karsten Schmidt的见解》，载《关西大学法学论集》54卷2号，2004年9月。

（二）英文类

1. *Black's Law Dictionary*, Abridged Seventh Edition, Copyright 2000 By West Grop.

2. Dennis Lloyd: *The Idea of Law*, Pengnin Books Ltd 1985.

3. William Lloyd Prosser, *Cases and Materials on Torts*, 8th edition, Foundation Press, 1988.

4. R. F. V. Heuston and R. A. Buckley, Salmond Heuston, *on the law of Torts*, 19th edition, London: Sweet and Maxwell, 1987.

5. William H. Binder, *Publicity rights and defamation of the deceased: Resurrection or R. I. P.?* 12 DePaul-LCA J. Art and Ent. L. 297 2002.

6. James Gordley, Arthur Taylor von Mehren, *An Introduction to the Comparative Study of Private Law: Readings, Cases, Materials*, Cambridge University Press, 2006.

7. John Henry Merryman, *The civil law tradition: an introduction to the legal systems of Western Europe and Latin America*, Stanford University Press, 1985.

8. Franz Wieacker, translated by Tony Weir, *A History of Private Law in Europe: With Particular Reference to Germany*, Clarendon Press, 1995.

9. Eilionoir Flynn and Anna Arstein-Kerslake, Legislating personhood: realising the right to support in exercising legal capacity, International Journal of Law in Context / Volume 10 / Issue 01 / March 2014.

三 域外民法典

1. 《日本民法典》，王书江译，中国人民公安大学出版社 1999 年版。

2. 《日本民法典》，渠涛译，法律出版社 2006 年版。

3. 《拿破仑民法典》，李浩培、吴传颐、孙鸣岗译，商务印书馆 1979 年版。

4. 《法国民法典》，罗结珍译，中国法制出版社 1999 年版。

5. 《法国民法典》，罗结珍译，法律出版社 2005 年版。

6. 《瑞士民法典》，殷生根、王燕译，中国政法大学出版社 1999 年版。

7. 《德国民法典》，陈卫佐译注，法律出版社 2006 年第 2 版。

8. 《俄罗斯联邦民法典》（全译本），黄道秀译，北京大学出版社 2007 年版。

9. 《奥地利普通民法典》，周友军、杨垠红译，清华大学出版社 2013 年版。

10. 《西班牙民法典》，潘灯、马琴译，中国政法大学出版社 2013 年版。

11. 《意大利民法典》，费安玲、丁玫译，中国政法大学出版社 1997 年版。

12. 《韩国民法典》，崔吉子译，北京大学出版社 2010 年版。

13. 《葡萄牙民法典》，唐晓晴等译，北京大学出版社 2009 年版。

14. 《智利共和国民法典》，徐涤宇译，金桥文化出版（香港）有限公司 2002 年版。

15. 《最新阿根廷共和国民法典》，徐涤宇译注，法律出版社 2007 年版。

16. 《埃塞俄比亚民法典》，薛军译，厦门大学出版社 2013 年版。

17. 《魁北克民法典》，孙建江、郭站红、朱亚芬译，中国人民大学出版社 2005 年版。

18. 《巴西新民法典》，齐云译，中国法制出版社 2009 年版。

19. 《马耳他民法典》，李飞译，厦门大学出版社 2012 年版。

20. 《埃及民法典》，黄文煌译，厦门大学出版社 2008 年版。

21. 《澳门民法典》，中国政法大学出版社 1999 年版。

22. 《阿尔及利亚民法典》，尹田译，中国法制出版社、金桥文化出版（香港）有限公司 2002 年版。

23. 《蒙古国民法典》，海棠、吴振平译，中国法制出版社 2002 年版。

24. 《越南民法典》，米良译，云南大学出版社 1998 年版。

25. 《路易斯安那民法典》，娄爱华译，厦门大学出版社 2010

年版。

26. 《菲律宾民法典》，蒋军洲译，厦门大学出版社 2011 年版。

27. 《泰王国民商法典》，周喜梅译，中国法制出版社 2013 年版。

后　记

本书是在我的博士论文基础上修改完成的。在职攻读博士学位不容易，像我这样年纪还能坚持的更不容易。我在2005年底之前就已经搜集整理了大量资料，2006年元旦前后开始撰写博士论文，原以为可以“毕其功于一役”，一年之内完成博士论文撰写任务，还想着2009年将博士论文出版，以纪念奥地利法学家埃里希著作《权利能力论》出版100周年。① 但真正动笔之后，才发现这些想法多么不切实际。教学、科研、指导硕士研究生等工作任务本来就繁重，还有其他一些杂事纷扰，时间完全被碎片化了，不知不觉一过一天、一晃一年；有时碰到难题论文写不下去而无奈搁置，还美其名曰放一放也许能找到灵感，实际上是有意逃避，加上其他原因，博士论文的撰写数度辍笔；当然，最主要的是本人能力有限，又缺乏持之以恒的毅力，总觉得推迟毕业也没啥关系，结果一拖再拖，论文迟迟未能杀青。感谢学校和导师三番五次敦促，否则我这老博士生还不知道哪一年才能毕业。所幸博士论文答辩总算顺利通过了，本书也即将出版。按照惯例，在付梓之际，有些事情还须进一步说明：

本人曾将博士论文题目拟定为“民事能力研究”，欲就民事能力制度的本质、功能及其发展规律，民事能力的体系、结构及各种民事能力之间的关系，民事能力的限制及相关利益之间的平衡等基础理论和司法实务问题进行全面、系统的研究。经过一段时间资料收集和初步研究，

---

① ［奥］埃里希：《权利能力论》（日文版），川岛武宜、三藤正译，岩波书店1975年版。埃里希的这部著作1909年出版，川岛武宜、三藤正1941年将其翻译为日文，1975年改译。

觉得在一篇二三十万字的博士论文中很难将民事能力论述清楚，所以最后将论文题目确定为“权利能力论”，只就民事能力中的核心部分——权利能力进行深入探讨。

虽然我的这本书与埃里希著作《权利能力论》书名相同，但两者所要解决的问题不同，进而两者的理论基础不同、论证思路不同、结论也不同。埃里希是法社会学的代表人物，是罗马法专家，而且也是历史学者、社会学者；通晓英国、德国、法国、东欧各国、俄罗斯及北欧各国当时的法律及法史学，学问惊人地渊博。他的学问背景为其主要著作《法社会学的基础理论》及《权利能力论》增添了耀眼的魅力。在《权利能力论》中，埃里希以人的社会地位为核心描述从古罗马、中世纪向近代社会转变的过程，分析德国、法国、奥地利近代以来的权利能力制度存在的问题，因此，一开始他就把权利能力界定为涉及人的全部社会地位的模糊、宽泛的概念。在论述权利能力的构成要素时，他首先介绍的就是“具有政治上的诸权利并行使之的能力”，然后才是涉及家庭关系、财产权、侵权损害赔偿方面的能力。该书既论述了私法中的权利能力，也论述了公法中的权利能力；既在抽象意义上使用权利能力概念，探讨权利能力平等问题，又在权利范围的意义上使用权利能力概念，介绍对妻子、子女权利能力的限制问题；甚至，既在实定法层面探讨权利能力，也在活法层面探讨社会实际生活中的权利能力。权利能力作为权利义务归属的资格，就个体而言（如家子）存在从无权利能力到限制权利能力再到完全权利能力的量变过程，就全社会而言，个人之间则存在量的差异，这就是权利能力概念的法社会学的内容。埃里希研究社会学层面的权利能力的发展变化，即从无到完全的权利能力的各种形态及其演变，涉及人的社会、经济、政治、思想的方方面面，核心点是人能否享有权利以及享有权利的范围。但从私法角度，无论是将权利能力理解为主体资格还是理解为享有权利的资格，权利能力只存在有与无的问题，不存在限制与完全之分。如果说限制，只能是限制享有权利的范围。不存在所谓的完全权利能力，因为每个主体都不可能享有法律提供的“全套”的权利。埃里希所称的完全权利能力是就自然人能充分享有权利而言的。可以说，埃里希的法社会学意义上的权利能力概念与私法意义上的权利能力概念大相径庭。因此，我的这本书与埃里希的著作完全是两码事。这里简单介绍埃里希的著作不是为了傍大款，而是为了撇清关系，避免抄袭之嫌。

本书原计划用专章研究权利能力与其他能力的关系，但因时间关系和能力所限，最终没有涉及，深表遗憾。这里简单介绍几种观点，希望引起大家关注，也希望自己以后有机会再研究。传统民法理论认为，权利能力和行为能力是两个不同的概念，权利能力涉及享有权利、承担义务的资格，解决权利、义务的归属问题，而行为能力是关于契约等法律行为的生效要件问题，因此，必须将权利能力与行为能力相区分。但也有学者认为这两者存在密切联系。埃里希认为权利能力派生出行为能力。“任何权利都不能享有的人，当然不能处分任何东西，因此在这个范围内，无权利能力是伴随着无行为能力的。在这个意义上，罗马的奴隶是全面无行为能力，家子是部分无行为能力。即使如此，他们可以在得到了他人的授权时处分他人的权利、尤其是家父享有的权利。所以，可以说无行为能力不过是不完全权利能力的衍生物。”① 例如，在罗马的后期帝政时期，家子可以在一定的情况下取得财产，但是其用益权仅属于家父。这意味着权利能力的限制。“行为能力的所有限制都是由权利能力的限制发展而来的。”② 德国学者法布里秋斯（Fabricius）则提出了相反的观点，主张行为能力派生出权利能力。他提出“相对权利能力”理论，认为应从积极的方面来理解权利能力概念，权利能力与行为能力有着最密切的联系，所以他将权利能力解释为“人或其他被认可为权利主体的社会组织能有效地为法律行为的或者能够由其受托人、代理人或机构为此行为的能力。”也就是应从行为能力中派生出权利能力，出生不久的孩子不能自行实施法律行为，可以通过受托人、代理人或机构从事行为。另外，他提出了部分权利能力的观点，认为《德国民法典》第 1 条仅涉及完全权利能力的开始，而不涉及部分权利

① ［奥］埃里希：《权利能力论》（日文版），川岛武宜、三藤正译，岩波书店 1975 年版，第 17 页。

② 同上书，第 18 页。

能力。[①] 关于权利能力与责任能力的关系，有学者认为权利能力是享有权利承担义务的资格，而民事权利、民事义务、民事责任在民事法律关系的逻辑构成上具有相关性，因此权利能力包含承担民事责任的资格，责任能力实际上就是权利能力的一个方面或者要素，权利能力包含责任能力；也有学者认为权利能力与责任能力是两种不同的民事能力，权利能力表征平等人格之确立，责任能力则表征平等人格之自由与健全，两者内涵不同、功能不同，不应相互混淆。[②] 我国民法学界对此关注不多，还有研究空间。

本书的前两部分，即“权利能力之源头——罗马法上的人格”和“权利能力之形成——从人格到权利能力”的初稿完成于2010年2月，全部初稿完成于2014年3月，由于写作时间跨度长，可能存在写作期间资料本身更新的问题，也可能存在发现新的已有资料的问题。比如，在撰写本书第二章第三节“罗马法人格之性质”时国内研究罗马公法的资料确实欠缺，所以我引用了包括法国比较法学家勒内·达维德在内的许多学者的观点，来论证市民法主要是私法。资料显示，虽然市民法存在少量公法内容，但人格制度并非公法部分所规定的制度，而是在私法部分规定的，所以本书认为人格制度是私法上的制度。徐国栋教授的力作《罗马公法要论》填补了国内罗马公法研究的空白，徐教授还在该书序言部分撰文为罗马公法的存在及其价值申辩，纠正了一些错误的观点。[③] 所幸的是，我的博士论文及此前发表的其他论文一贯主张人格是以公法规定为前提的私法概念，从未否定罗马公法的存在，应该没有这方面的硬伤。

毫无疑问，本书还存在其他很多不足。本书没有关注权利能力制度的思想基础。在博士论文答辩时，马俊驹教授就指出了这一问题。实际

① 关于法布里秋斯的观点，参见［德］迪特尔·梅迪库斯：《德国民法总论》，邵建东译，法律出版社2000年版，第781页；［德］卡尔·拉伦茨：《德国民法通论》（上册），王晓晔等译，法律出版社2003年版，第120页，注释［1］，第126页，注释［13］。

② 郑晓剑：《自然人侵权责任能力制度研究》，法律出版社2015年版，第285—286页。

③ 徐国栋：《罗马公法要论》，北京大学出版社2014年版，“为罗马公法的存在及其价值申辩——代序”。

上，研究权利能力制度思想基础的重要性不言而喻，我也曾搜集整理了一些资料，做过这方面的尝试，甚至希望通过这方面的研究让博士论文显得高大上，但这涉及哲学层面的问题，本人经过一段时间的努力之后，觉得实在力不从心，况且本书侧重于制度层面的研究，所以最终没有涉及，表示遗憾。其次，关于权利能力概念，可能存在矫枉过正之嫌。为了与人格相区别，为了强调权利能力的法定性，本书将权利能力定位于“具备法律人格之社会存在（自然人、法人、其他组织等）依法享有权利和承担义务的资格”。实际上，享有权利和承担义务者当然是民法上的主体，具备法律人格；享有权利和承担义务也只能依法为之。因此，这两个方面无须刻意强调。再次，本书认为法律意义上的人格和权利能力都是私法特有的概念，这一观点可能过于狭隘。一百多年之前德国法学家耶利内克就将人格、权利能力既用于私法，也用于公法，甚至认为“人格本身是公法性的”。[①] 奥地利法学家埃里希同样将权利能力既用于私法领域，如享有财产权的资格，也用于公法领域，如享有政治权利的资格。[②] 目前国内不少学者也认为人格是公法上的概念，甚至在公法领域使用权利能力概念表彰享有公权利的资格。此外，还涉及研究方法的问题。如果只盯着法律条文和法律制度本身，忽视对社会实际生活（埃里希所称的“活法”）的研究，忽视对法律制度思想基础的演进以及法律制度发展变化规律的研究，容易陷入教条主义的泥潭。基希曼那咒语般的警句：“立法者三句修改的话，全部藏书就会变成废纸。”可谓切中肯綮，鞭辟入里。任何法教义学研究者都不得不警醒。由于能力所限，本书还可能存在其他漏洞和错误，期待方家评判指正。

在本书即将出版之际，我要特别感谢余能斌教授！余老师是我硕士和博士生期间的导师，无论是在硕士研究生阶段，还是在留校工作以后

---

① ［德］格奥尔格·耶利内克：《主观公法权利体系》，曾韬、赵天书译，中国政法大学出版社 2012 年版，第 74 页。

② ［奥］埃里希：《权利能力论》（日文版），川岛武宜、三藤正译，岩波书店 1975 年版，第 17 页。

及在职攻读博士学位期间，老师一直给我无微不至的指导和关怀，学业上的指引和点拨，生活上的关心和爱护，工作中的嘱咐和叮咛。老师的教诲，使我受益匪浅。师恩浩荡，感念终身！感谢清华大学的马俊驹教授、华中师范大学的彭真明教授、武汉大学的孟勤国教授、张里安教授以及从武汉大学调至中南财经政法大学的温世扬教授，感谢各位专家在博士论文答辩中给予我学术上的启迪！感谢武汉大学法学院民商法教研室的余延满教授、陈本寒教授、李新天教授、张素华教授、刘应民副教授以及其他各位同事一直以来对我的关心和帮助！感谢我指导的民商法研究生熊倪、李雅男、宁园、梁江焕为搜集整理外文资料和校对文字付出的辛勤劳动！感谢家人多年来对我生活上的照顾、对我工作的理解和支持以及对我撰写博士论文的鼓励和鞭策！回忆起来，无论是博士论文的撰写和答辩，还是生活和工作中的点点滴滴，需要感激和感恩的人很多，虽未在此逐一列明，但我永远铭记。

感谢中国社会科学出版社的陈彪总监、许琳编辑以及其他编审！正是你们以专业的编辑素养和严谨的工作态度对本书进行严格的把关和细致的编校，才使本书得以顺利出版。

衷心感谢所有关心和帮助过我的人们！

张善斌

2016年3月30日